Walt Disney
DE MARCELINE PARA O MUNDO:
O PALCO DE SONHOS

Dados Internacionais de Catalogação na Publicação (CIP)
(Jeane Passos de Souza - CRB 8ª/6189)

Oliveira, Claudemir, PhD
    Walt Disney de Marceline para o mundo: o palco de sonhos / PhD. Claudemir Oliveira. - 2. ed. rev. atual. - São Paulo: Editora Senac São Paulo, 2017.

    Bibliografia
    ISBN 978-85-396-1302-1

    1. Disney, Walt, 1901-1966 2. Disney, Walt, 1901-1966: Empreendedorismo 3. Organizações Disney: Empreendedorismo 4. Parques de diversões: Empreendedorismo I. Título

17-579s
CDD-791.43092
658.42
BISAC PER004010
BUS025000

Índice para catálogo sistemático:

1. Cineastas: Biografia e obra   791.43092
2. Empreendedorismo: Cineastas   658.42

Claudemir Oliveira, PhD

Walt Disney

DE MARCELINE PARA O MUNDO:
O PALCO DE SONHOS

2ª EDIÇÃO REVISTA E ATUALIZADA

EDITORA SENAC SÃO PAULO – SÃO PAULO – 2017

ADMINISTRAÇÃO REGIONAL DO SENAC NO ESTADO DE SÃO PAULO
Presidente do Conselho Regional: Abram Szajman
Diretor do Departamento Regional: Luiz Francisco de A. Salgado
Superintendente Universitário e de Desenvolvimento: Luiz Carlos Dourado

EDITORA SENAC SÃO PAULO
Conselho Editorial: Luiz Francisco de A. Salgado
Luiz Carlos Dourado
Darcio Sayad Maia
Lucila Mara Sbrana Sciotti
Jeane Passos de Souza

Gerente/Publisher: Jeane Passos de Souza (jpassos@sp.senac.br)
Coordenação Editorial/Prospecção: Luís Américo Tousi Botelho (luis.tbotelho@sp.senac.br)
Márcia Cavalheiro R. de Almeida (mcavalhe@sp.senac.br)
Administrativo: João Almeida Santos (joao.santos@sp.senac.br)
Comercial: Marcos Telmo da Costa (mtcosta@sp.senac.br)

Edição e Preparação de Texto: Luiz Guasco e Heloisa Hernandez
Revisão de Texto: Viviane Aguiar, Karinna A. C. Taddeo, Gabriela L. Adami, Sandra Brazil
Projeto Gráfico: Antonio Carlos De Angelis
Capa e Editoração Eletrônica: Marcio S. Barreto
Imagem da Capa: iStock / © rendixalextian
Impressão e Acabamento: Gráfica CS Eireli

Proibida a reprodução sem autorização expressa.
Todos os direitos reservados à
Editora Senac São Paulo
Rua 24 de Maio, 208 – 3º andar – Centro – CEP 01041-000
Caixa Postal 1120 – CEP 01032-970 – São Paulo – SP
Tel. (11) 2187-4450 – Fax (11) 2187-4486
E-mail: editora@sp.senac.br
Home page: http://www.editorasenacsp.com.br

© Editora Senac São Paulo, 2017

Sumário

7 Nota do editor
9 Declaração
11 Dedicatória
13 Agradecimentos
17 Introdução
27 De Chicago a Marceline
43 De Marceline a Kansas City
51 De Kansas City a Chicago
55 Kansas City
65 A segunda conquista do Oeste americano: Hollywood
73 De volta à animação
93 Walt Disney e Charlie Mintz
103 Oswald, o Coelho Sortudo, e Mickey Mouse
129 A postura profissional de Walt Disney após a perda de Oswald, o Coelho Sortudo
143 Charles Lindbergh e Mickey Mouse em seu primeiro voo solo
151 *Flowers and Trees*
157 *Branca de Neve e os Sete Anões*
177 Período pós-*Branca de Neve e os Sete Anões*

185	Greve nos estúdios
199	Treinamento
227	Parques temáticos
247	Parques pelo mundo
261	Minha visita a Marceline e Kansas City
273	Disney University e Disney Institute
291	Cultura, cultura e cultura
309	O adeus a meu ídolo
317	Cronologia
325	Bibliografia
329	Fotos

Nota do editor

Com o objetivo de compreender melhor o legado Disney, o autor Claudemir Oliveira optou por estudar a trajetória desse pioneiro criativo desde o seu contexto familiar, os locais onde viveu e as suas escolhas profissionais até a filosofia inerente às suas criações e aos seus empreendimentos. Para tanto, dedicou mais de duas décadas para a realização dessa pesquisa, entrevistando familiares, aficionados e especialistas, além de viajar de trem – como fazia Disney – a todas as cidades onde ele viveu.

Contumaz empreendedor, Walt Disney sempre investiu na qualidade de seu trabalho, o que inicialmente implicou menor margem de lucro, mas garantia de melhor resultado final. Tal cuidado lhe rendeu maior credibilidade no mercado, sem nunca abandonar o conceito de que quanto maiores o aprendizado e a dedicação, melhores os resultados obtidos. Hoje, a marca Disney é referência em gestão de qualidade, seja sob o ponto de vista do funcionário, seja sob o prisma do público.

Esta publicação do Senac São Paulo revela aspectos da história de Disney, como determinação, empreendedorismo, gestão de qualidade e excelência em resultados, atrelados à paixão pelo que se faz.

Declaração

Este livro não é de nenhuma forma endossado, autorizado ou afiliado a The Walt Disney Company, suas subsidiárias ou afiliadas. Não se trata de um produto Disney. Qualquer menção a nomes e lugares associados a essa conceituada empresa e a seus negócios não tem intenção de infringir suas marcas registradas e é usada no contexto educacional. As informações contidas neste projeto são baseadas em experiências pessoais, conversas com amigos da empresa, dezenas de palestras com especialistas, entrevistas com pessoas que conviveram com Walt Disney e inúmeras viagens pessoais a Chicago, Marceline, Kansas City, Hollywood, Paris, Tóquio, etc., além de vasta literatura sobre a vida e a obra de Walt Disney acessível publicamente (internet, livros, artigos, vídeos, etc.) a qualquer pessoa interessada no assunto. Trata-se, portanto, de um livro de gratidão a Walt Disney e da concretização do sonho de poder ajudar pessoas a conhecerem mais a fundo a vida de alguém tão especial quanto ele.

O autor não representa, de nenhuma forma, a The Walt Disney Company, suas subsidiárias ou afiliadas. As opiniões expressas neste livro são pessoais e não necessariamente refletem as opiniões ou as políticas da The Walt Disney Company ou desta editora.

Por se tratar de obra subjetiva, o autor não se responsabiliza por interpretações ou pelo uso indevido de informações que possam, de alguma maneira, causar danos a leitores ou a empresas.

Dedicatória

Sempre honro meu pai, José Cícero de Oliveira, e minha mãe, Josefa Oliveira Melo. Por isso, não poderia deixar de dedicar a eles este novo livro. Agradeço a Deus por ser capaz de seguir os exemplos e a simplicidade de ambos.

Dedico este livro também a minha esposa, Deborah Lopes Oliveira, que me incentiva a seguir sempre em frente. Esta mulher faz parte de meus muitos sonhos. Uma bênção diária em minha vida.

Dedico-o, por fim, a um homem extraordinário, que me ensina todos os dias: Jim Cunningham. No dia em que minha empresa tiver sua própria sede, o melhor auditório levará seu nome, para manter seu espírito de aprendiz e mestre no DNA de nossa companhia. Este homem é daqueles que já dirigiram, muitas vezes, duas horas apenas para encontrar meus clientes no lobby do hotel, dizer "bem-vindos" com seu sotaque americano e, depois, voltar dirigindo mais duas horas para sua casa. Quando perguntam a Niffa, sua esposa, onde Jim vive, ela responde: "O coração dele vive batendo dentro do Seeds of Dreams Institute". A Jim manifesto uma gratidão eterna por plantar sementes de sonhos nos momentos em que mais precisei.

Agradecimentos

Meus pais me ensinaram a ser justo. Por isso, começo agradecendo a você, leitor, que se interessou por este livro. Em segundo lugar, homenageio todos os autores que, por meio de seus livros, artigos e filmes, me deram a oportunidade de aprender tanto sobre a vida de um homem que admiro. A todos que constam na bibliografia, além de citá-los em várias passagens, igualmente encaminho meus sinceros agradecimentos. Também, a qualquer pessoa que tenha contribuído para este livro e que por alguma razão eu tenha falhado em não mencionar. Gratidão e perdão ao mesmo tempo. Gratidão por ter comprado este livro. Gratidão por me acompanhar nesta viagem que não é só minha. É nossa. Desejo uma ótima leitura, e nos encontraremos nos campos das sementes de sonhos para, juntos, fazermos um mundo melhor.

Expresso também meus agradecimentos a cada uma das pessoas da Editora Senac São Paulo envolvidas na realização deste sonho, em especial Jeanne Passos de Souza e Márcia Cavalheiro Rodrigues de Almeida, respectivamente gerente e coordenadora editorial dessa instituição.

Agradecimento especial ao meu editor, Luiz Guasco, pelos ensinamentos e por toda a dedicação a este projeto com o qual sonhei por anos. Sua experiência trouxe este livro a um outro nível.

Finalmente, agradeço, do fundo do meu coração, aos meus queridos agentes de viagem, guias de turismo, estudantes e clientes do Seeds of Dreams Institute, pelo presente de tê-los em minha vida. Meu profundo respeito, agradecimento e admiração, pois devo muito do que sou e tenho a vocês.

Para dizer a verdade, mais coisas importantes aconteceram comigo em Marceline do que em qualquer outro lugar. E é pouco provável que outra cidade seja o palco de tantas coisas boas no futuro. Minhas primeiras experiências – a vida no campo, ver minha primeira parada de circo, assistir a minha primeira aula na escola, ver meu primeiro filme... Eu sei que você vai concordar comigo que essas primeiras vezes na infância são de extrema importância na vida de qualquer um... Eu fui com minha família viver em Marceline quando eu tinha 5 anos e fiquei lá até completar 9... Minha primeira impressão foi a de que havia um jardim lindo com vários salgueiros...

Sou feliz por ser uma criança de uma cidade pequena e sou feliz por Marceline ser a minha cidade.

Walt Disney

Marceline foi a parte mais importante da vida de Walt Disney. Eu me lembro de que, quando estávamos no trem cruzando o país, ele puxava as pessoas no meio da noite quando passávamos por Marceline. Ele tinha de mostrar-lhes a cidade onde tinha crescido. Ele não viveu lá muito tempo, mas havia algo de especial naquela fazenda que era tão importante para Walt. Ele dizia que nenhuma maçã tinha o mesmo sabor daquelas colhidas lá na fazenda...

Lillian Disney (esposa de Walt Disney)

Introdução

Quando criança, era comum, muito comum, o nome Valdinei. Sempre que jogava minhas bolinhas de gude, "chimbras", havia um Valdinei para brincar. Valdinei por aqui, Valdinei por ali. Valdinei na escola, Valdinei na roça, Valdinei no campo de futebol, Valdinei em todos os lugares. O Nordeste inteiro tem Valdinei! O tempo não apagou esse nome da minha memória e somente quando comecei a pesquisar sobre a vida de Walt Disney, muitos anos depois, é que percebi que se tratava de uma homenagem ao meu ídolo. Como a pronúncia não saía correta, acabou virando Valdinei. Provavelmente, a maioria dos Valdineis não sabe por que seus pais lhe deram esse nome. Provavelmente, muitos dos próprios pais nem saibam de onde ele vinha. Ou seja, ouviam o nome, que parecia bem sonoro e, então, davam-no à criança. Que pena não poder reencontrar esses amigos de então para contar um pouco da história do homem que inspirou seus nomes.

Este livro é fruto de mais de duas décadas de pesquisa sobre a vida e a filosofia de Walt Disney. Em 1995, minha vida profissional mudou completamente. Fui o primeiro a abrir um escritório no Brasil da Walt Disney Attractions, hoje Walt Disney Parks & Resorts. Essa divisão envolve todos os parques da Disney nos Estados Unidos (Flórida e Califórnia) e em Tóquio, Paris, Hong Kong e Xangai.

A Walt Disney Parks & Resorts é responsável não apenas pelos parques temáticos, mas também por todos os hotéis (cerca de 40 mil quartos em várias partes do mundo, incluindo o Havaí), Disney Cruise Line, DisneyQuest e muitos outros. Dos 180 mil funcionários da Walt Disney Company, acima de 100 mil trabalham na divisão Parks & Resorts. Por aí é possível fazer ideia da importância desse setor. Apesar de a empresa dividir a corporação em muitos segmentos, eu gosto de facilitar. Separo-a em três grandes áreas: Comunicação (Rede ABC, Disney Channel, ESPN, etc.), Licenciamento (produtos que compramos no nosso dia a dia) e Parks & Resorts (todos os parques espalhados pelo mundo, os hotéis, os cruzeiros, etc.). Os números acima são aproximados. A Disney faturou 48.813 bilhões de dólares em 2014.

Disneylogia

Criei as palavras "Disneylogia" e "Castologia" inspirado pela palavra *guestology* inventada por Bruce Laval, um ex-vice-presidente da Disney. Escrevi um artigo em que explico os motivos para essas criações. Para tentar entender a marca Disney e os motivos de a empresa ser tão endeusada pelo mundo, resolvi adotar a seguinte estratégia: se eu conhecesse a história do homem que a criou, a conheceria bem. Ou seja, queria beber a água da fonte, como diziam os poetas latinos. Queria saber as causas, não as consequências. Decidi arregaçar as mangas e ir além do que a empresa me pedia. Comecei pelos livros. Lia tudo o que havia sobre Walt Disney e, por meio das leituras, fui descobrindo outras formas de entrar a fundo no assunto. A primeira delas tem a ver com o título desse livro: Marceline. O que me chamou a atenção nessa cidade é que o próprio Walt disse, em várias entrevistas, que os poucos anos (1906-1911) que passou lá foram marcantes para toda a sua história, para toda a sua obra. Não perdi tempo. Tirei férias, comprei um bilhete São Paulo-Chicago-Kansas City e dirigi mais quatro horas até chegar à cidade-sonho. Detalhe importante: isso não fazia parte de meu trabalho, ou seja, foi investimento meu, não da empresa. Sou da opinião que não devemos esperar tudo apenas do patrão. Temos de acreditar em algo e investir esforço e muita ação para que a "montanha" seja "movida". Como digo a amigos, o homem que move montanhas é aquele que a move pedrinha por pedrinha. Repito: tudo isso saiu do meu bolso, saiu de meu interesse pelo assunto. Ressalto esse ponto por ter muitos amigos que estão esperando até hoje que a empresa pague isso ou aquilo, ou que custeie a universidade ou outra coisa qualquer.

Ainda trabalhando no Brasil, visitei Chicago, Marceline, a Disneyland Paris e Tóquio, algumas vezes, além de realizar várias idas à Disneylândia na Califórnia e, claro, de viajar para Orlando praticamente todos os meses, para cursos e reuniões.

Ao transferir-me para a matriz da empresa nos Estados Unidos, trabalhei nas áreas de marketing, treinamento e desenvolvimento. Entre minhas funções, a principal era criar os programas educacionais, fazer palestras e desenvolver estratégias, com doze escritórios internacionais, relacionadas às mensagens que deveriam ser incluídas nos seminários sobre o ponto de vista de vendas e marketing.

A maioria dos agentes de viagem, guias de turismo e funcionários que treinei ao longo desses quinze anos sempre me perguntava o motivo de eu gostar tanto da história de Walt Disney. Era comum alguém me dizer que gostaria muito de poder ter tudo aquilo de que se falava em livros sobre Disney. Além dos amigos no turismo, meus alunos no curso de pós-graduação na Escola Superior de Propaganda e Marketing (ESPM) sempre comentavam que eu devia escrever um livro sobre Walt. Como se pode ver, as sementinhas deste abençoado projeto começavam a ser plantadas já naquela época. Não é por acaso que a companhia que mais tarde fundei chama-se Seeds of Dreams Institute.

Perceber que eu amo (recuso-me a usar o tempo imperfeito ou o passado simples para falar de meu amor pela Disney) o meu trabalho é muito fácil: minhas inúmeras gravatas, meias, relógios e cadernos têm o Mickey Mouse. Ah, vocês precisavam ter conhecido meu escritório... Minha esposa e meus amigos me chamam, às vezes, carinhosamente, de Claudemickey.

Dos trinta dias de férias a que tinha direito por ano, usava sempre uns vinte para viajar a locais relacionados à história de Disney, fazer cursos na Disney University e no Disney Institute. Foram mais de trezentos cursos ao todo. Se algum dia você me encontrar e notar que estou usando um *pin* do Mickey vestido de professor, saiba que isso se deve ao fato de o pessoal da universidade, a certa altura, já não me aguentar mais por lá. Aliás, quando eu contava que estava fazendo cursos durante o meu período de férias, aí é que a confusão estava armada: ninguém entendia; achavam isso um exagero de minha parte.

INTRODUÇÃO

Este livro não é de caráter meramente biográfico, pois procuro dar um toque pessoal a cada informação, baseando-me em meus conhecimentos.

Ao longo da exposição, utilizo diálogos imaginários entre Walt Disney e muitas das pessoas que conviveram com ele – principalmente Roy Disney, que, para mim, foi mais do que um irmão para Walt; foi um verdadeiro pai. Embora fictícios, esses diálogos representam minha interpretação do que realmente deve ter ocorrido naqueles momentos; meu propósito, ao lançar mão deles, é simplesmente facilitar a leitura, torná-la mais leve, suave, a fim de transportar os leitores para o tempo em que o gênio Walt Disney viveu e de permitir que cada leitor "entre" na cena.

É de minha autoria a tradução das frases e das citações presentes neste livro, salvo aquelas em que menciono o tradutor. Busquei, ao máximo, o sentido e a prosódia adequados para nossa língua, evitando versões literais. Existe uma grande probabilidade de que haja leve diferença entre palavras e frases utilizadas em outras traduções que remetam aos mesmos episódios ou passagens. Mantive alguns nomes originais de filmes e de personagens quando não encontrei tradução correspondente em português ou quando não foram lançados no Brasil.

Com relação a números e datas, em minha pesquisa encontrei de tudo: datas trocadas, dólares a mais, dólares a menos, mesmo quando se tratava de escritores "especialistas", conhecedores de Disney. Isso me obrigou a fazer investigações mais aprofundadas, ao longo das quais tive de consultar várias obras para verificar o número ou a data correta, quando encontrei divergências. Caso você leia outros livros sobre Walt Disney, pode ser que encontre informações que não sejam idênticas às que apresento. Naturalmente, estou sujeito a errar, e me disponho a aprender com o leitor que aponte falhas em meu texto.

Algumas vezes, repeti propositalmente conceitos, datas históricas e fatos a que aludo. Como professor, há muito compreendi que a arte do aprender passa pela repetição.

Meu propósito, ao escrever este livro, é muito diferente daquele que noto na maioria das publicações sobre Disney, que criam controvérsias, muitas vezes sem fundamento histórico, apenas com o intuito de vender mais. Minha experiência de tantos anos na companhia me provou que, por questões éticas e humanas, uma boa história não precisa ser "inventada" para vender bastante. Um exemplo clássico é a especulação sobre o hipotético congelamento do corpo de Walt Disney após sua morte. Minha resposta está na ponta da língua: foi o contrário. Disney foi cremado. Apesar da concretude dos fatos, existem milhares de histórias infundadas sobre nosso ídolo.

Embora tenha trabalhado na divisão Parks & Resorts por quinze anos, pouco falo da história dos parques, assunto de que talvez, no futuro, trate em outro livro. O foco, aqui, é muito mais a vida de Walt do que uma divisão específica da empresa.

Se, por algum motivo, você estiver esperando o lado não tão bonito de Walt Disney, este é o livro errado. Ele, como todos nós, também teve suas fraquezas, e muitas. O mundo Disney não é perfeito. Se o fosse, talvez eu ainda estivesse lá. Fui feliz? Extremamente! Isso quer dizer que todos têm a mesma opinião? Não! Muito pelo contrário, existe muita gente insatisfeita, infeliz com tudo o que acontece no mundo

INTRODUÇÃO

mágico. Só não entendo por que essas pessoas não tomam uma decisão. Mas, repito, esse não é o assunto sobre o qual escolhi discorrer. Aliás, quem quiser saber mais sobre minha história completa com a Disney deve ler meu outro livro, *Psicologia positiva: a arte de materializar sementes de sonhos*,[1] em que narro minha triste saída da empresa. Mas você não precisa comprar um exemplar; pode encontrar na internet um artigo que escrevi, intitulado "67 dias de gratidão e liberdade". Talvez a última lição tenha sido a melhor de todas, do ponto de vista humano. Mas esse tema é do outro livro, não deste.

Minha visão de vida consiste em procurar ver muito mais o lado positivo do que o negativo das coisas. Diria que o foco, aqui, está voltado à genialidade e à contribuição de Disney para um mundo melhor, um mundo onde as pessoas podem sonhar e viver felizes. Para mim, tudo é como aquela história do copo meio cheio ou meio vazio. Tudo depende de quem o enxerga. De minha parte, sempre enxergo o copo meio cheio, e espero que meu querido leitor também pense assim, porque, no fundo, a vida já me provou que para essas pessoas os copos sempre enchem e transbordam de fartura.

Quero ressaltar que uso generalizações. Digo isso para frisar que minha realidade pode e deve ser diferente da sua, do seu momento, dos seus aprendizados. Pode ser que você não tenha necessariamente vivido as mesmas experiências que eu. Por exemplo, quando digo que os parques da Disney são impecavelmente limpos, isso é uma generalização,

---

[1] José Claudemir Oliveira, *Psicologia positiva: a arte de materializar sementes de sonhos* (São Paulo: Laços, 2013).

pois nenhuma empresa é perfeita. Ou seja, olho para o todo, para o quadro completo, e faço a generalização que não deixa de ser uma verdade, uma realidade: os parques são *impecavelmente* limpos.

Não se deve esquecer que podemos cometer erros quando escrevemos um livro – sejam eles gramaticais, sejam relacionados a fatos históricos. Se o objeto é a vida de Walt Disney, a possibilidade de errar passa a ser ainda mais complexa, com tantas publicações sobre o assunto. Então, não vejo meu livro como uma ciência exata, principalmente porque tomei a liberdade, inclusive, de recriar situações da vida dele, baseadas, naturalmente, em fatos. Um exemplo é a área total de Walt Disney World Resort. Eu ensino que o correto é 111 quilômetros quadrados, mas em outros livros você pode encontrar 114, 109. Eu "arredondei" para 111 para que, na mente do leitor, este seja um número inesquecível. Você há de concordar que lembrar 1-1-1 será muito, muito fácil.

Em resumo, este é um livro subjetivo, um livro com interpretações baseadas em minhas experiências e leituras sobre a vida desse grande gênio do entretenimento. Não é uma obra fechada. Está longe de ser uma obra completa, até por questão de espaço. Seria um erro chamar este livro de biografia, se levarmos em conta como elas são escritas. Estou mais para cronista do que para biógrafo. Abusei, inclusive, dos tempos verbais. Em algumas passagens, intercalei os tempos presente e passado para dar mais sabor ao texto. Quis, também, fugir do modelo tradicional desse tipo de escrita, que fornece um amontoado de datas que dificilmente alguém vai memorizar, e que considero sem muita criatividade. Esses textos acabam virando material para consultas e raramente são lidos do começo ao fim – embora, é óbvio, haja exceções. Não que este livro não tenha datas, etc.; mas quero proporcionar uma leitura mais leve e agradável para o leitor. Dito isso, deixo claro que nutro profunda admiração por pesquisadores; minha observação é puramente voltada ao estilo, à narrativa das biografias tal como vem sendo feita. Portanto, não se sinta constrangido ao fazer observações ou ao me alertar para qualquer dado histórico divergente do que você conheceu em algum outro livro ou artigo. Enfim, não poderia considerar este livro uma autêntica biografia também porque explano sobre vários assuntos distintos do tema Disney, mas que se conectam, de algum modo, a ele. Quem sabe, em edições revisadas, possa acrescentar algo que você venha a me ensinar. Deixo um endereço de e-mail para seus comentários: info@seedsofdreams.org.

De Chicago a Marceline

Marceline é uma cidadezinha no estado do Missouri. E o diminutivo "cidadezinha", aqui, não tem nada de depreciativo. É que não há outra forma de chamar um município com área total de menos de 9 quilômetros quadrados, onde vivem 2.233 pessoas, de acordo com o censo de 2010. Mas a pequena Marceline conquistou uma importância universal – e sua paisagem iria se tornar um dos cartões-postais mais fotografados e conhecidos do mundo. Explica-se: ela foi a cidade que moldou a personalidade de um dos grandes gênios criadores do século XX – Walt Disney. Suas ruazinhas inspiraram a entrada dos parques da Disney ao redor do mundo. Cada vez que um turista está fotografando a Main Street USA na Disney, está levando com ele um pedacinho de Marceline.

Como o próprio Walt disse:

> Para dizer a verdade, mais coisas importantes aconteceram comigo em Marceline do que em qualquer outro lugar. E é pouco provável que outra cidade seja o palco de tantas coisas no futuro. Minhas primeiras coisas – a vida no campo, ver minha primeira parada de circo, assistir a minha primeira aula na escola, ver meu primeiro filme... Eu sei que você vai concordar comigo que essas primeiras vezes na infância são de extrema importância na vida de qualquer um... Eu fui com

minha família viver em Marceline quando eu tinha 5 anos, e fiquei lá até completar 9... Minha primeira impressão foi a de que havia um jardim lindo com vários salgueiros.[1]

Se concordarmos que Disney e sua arte se inseriram na mente e no coração de milhões de pessoas, não é exagero dizer que há um pouco de Marceline em todos nós. Mas antes de chegar até Marceline, ou mesmo Chicago, onde ele nasceu, quero voltar alguns anos para que possamos analisar como o destino levou a família Disney àquelas cidades. O mais interessante disso é que existe uma grande coincidência no que vou descrever a seguir.

Os pais de Walt Disney casaram-se na Flórida no dia de ano-novo de 1888. Moraram em Kissimmee, na Flórida, na mesma região onde está hoje o Walt Disney World Resort. Não é realmente incrível?

Deixe-me explicar como isso aconteceu. O pai de Elias, Kepple Disney (avô de Walt), mudou-se com a família do Canadá para uma fazenda em uma cidadezinha chamada Ellis, no estado de Kansas (nada a ver com Kansas City, que fica no estado de Missouri). Foi nessa cidade que Elias se apaixonou por Flora Call, mãe de Walt. Elias teve de trabalhar em diferentes locais e, quando voltou a Ellis, descobriu que a família Call estava se mudando para a Flórida. Kepple Disney, com a família, quis acompanhar os vizinhos Call e também tentar a sorte naquele novo estado. Naturalmente, isso era tudo com que Elias sonhava, porque ele queria seguir Flora, o seu grande amor. Quando chegaram à Flórida, Kepple não se adaptou ao novo lugar e decidiu voltar para Kansas.

---

[1] Disponível em www.waltdisneymuseum.org/the-marceline-i-knew-by-walt-disney. Acesso em 25-05-2016.

Elias, no entanto, ficou para tentar conquistar sua amada. E, com sua persistência, conseguiu o que queria. Flora e Elias casaram-se na casa dos pais da noiva, em Akron, Flórida, no dia de ano-novo, em 1888. Elias tinha 28 anos, e Flora, 19. Compraram terra e gado perto de Kissimmee. Os negócios, entretanto, não foram para a frente.

Como dizem, sorte no amor...

Esse foi apenas o primeiro entre tantos fracassos na vida de Elias Disney. Depois, ele trabalhou em um hotel em Daytona Beach, emprego que terminou com o fim da temporada de férias. Nessa época, Flora engravidou e Elias conseguiu um emprego no correio em Kissimmee. Logo depois, compraram uma pequena plantação de laranjas. Elias chegou a trabalhar em quatro empregos em menos de um ano. No outono de 1888, quando apareceram rumores de uma guerra iminente na Espanha, Elias comunicou a Flora que iria se alistar. Pode ser que ele estivesse procurando algo com mais emoção do que a rotina de plantar e colher laranjas... Um ano depois, ele não estava mais no serviço militar nem com as terras. Ele e Flora arrumaram as malas, pegaram seu filhinho Herbert, nascido em 8 de dezembro de 1888, e mudaram-se para Chicago, esperando que o sucesso fosse mais fácil em uma metrópole que experimentava um grande crescimento econômico.

Em Chicago, a família finalmente fez as pazes com a estabilidade que Elias tanto buscava. Os anos que a família Disney viveu nessa cidade foram os mais proveitosos financeiramente.

Costumo sempre analisar uma pessoa pelo seu passado para entender seu presente e, claro, ter uma boa ideia sobre seu futuro. Meu mestrado e doutorado em psicologia, com foco na psicologia positiva, fortaleceu ainda mais esse conceito. Penso que somos resultado de tudo o que passamos desde o momento em que nascemos – ainda que haja exceções para todas as regras. Acrescento também que, apesar de considerar importante o passado para entender um ser humano, não acredito que ele determine nosso futuro. Dependendo de como o vemos, ele pode se tornar a catapulta de que tanto precisamos para o grande salto da vida. Por esse raciocínio, o gênio de Disney só pode ser explicado por meio do entendimento da época em que ele viveu, de uma análise de seu passado e das experiências que moldaram sua visão de mundo. É impossível compreender a importância de Mickey Mouse sem conhecer o sofrimento pelo qual Disney passou pouco antes da criação desse personagem. Dedicarei, aliás, um capítulo inteiro a esse tema. De momento, o que desejo é ressaltar que foco o passado de Walt Disney para entender a gênese de sua genialidade, cujos frutos perduram até os dias de hoje.

Assim, vamos tomar do princípio a história de Disney. avenida Tripp, 1249, Chicago, Illinois. É aqui, onde hoje há um simpático conjunto de pequenos sobrados brancos, que Walter Elias Disney nasceu, em 5 de dezembro de 1901. Era uma quinta-feira de inverno, em que são comuns os dias frios e com muito vento, afinal, isso é Chicago, *the windy city* – a cidade das ventanias.

A família era muito simples. O pai tinha conquistado alguma estabilidade por lá, mas não o suficiente para esbanjar ou gozar de conforto de sobra. Walt era o quarto filho (antes dele, vinham Herbert, nascido em 1888, Raymond, de 1890, e Roy, de 1893). Mais tarde nasceria Ruth, em 1903.

Um fato curioso é que, com exceção de Roy, todos os filhos nasceram no mês de dezembro.

O pai, Elias Disney, e a mãe, Flora Disney, não estavam muito contentes em Chicago. O mesmo crescimento que trazia maiores oportunidades de trabalho tinha como contrapartida barulho, agitação e criminalidade crescente – que mais tarde faria da cidade uma das capitais da máfia e construiria a fama de chefões como Al Capone. Conta-se, inclusive, que os pais decidiram em definitivo por uma mudança quando um vizinho foi assassinado. Eles queriam um lugar mais tranquilo para educar os filhos, com uma atmosfera rural, exatamente como eles tinham vivido na infância. Elias chegou a visitar o Colorado e o Alabama, mas decidiu pelo mesmo local onde seu irmão Robert tinha uma propriedade, com campo fértil e vista bonita das colinas.

Robert e sua esposa, Margaret, viviam em Kansas City e iam com frequência a Marceline. Walt adorava a tia, que sempre o presenteava com lápis de cor. De certo modo, eles eram os "ricos" da família. Em uma das dez viagens que fiz a Marceline, em 2015, perguntei a Kaye Malins, que vive na casa onde Walt Disney morou e é diretora do museu sobre a vida dele, a respeito de Robert. Segundo ela, se tivéssemos que falar em uma linguagem atual, eles se enquadrariam no que chamamos de classe média – por isso coloquei "ricos" entre aspas. Aliás, esse tio também viria a emprestar, anos depois, 500 dólares para que Walt e Roy fundassem a empresa na garagem de sua casa, a qual também tive o privilégio de visitar várias vezes nos últimos anos.

Essas viagens, que desde 1995 faço para pesquisas, acabaram resultando neste livro e em um programa de negócios baseado nos passos da vida de Walt Disney, que minha empresa elabora anualmente. O programa dura de dez a quinze dias. Saímos de Chicago, passamos por Marceline, depois Kansas City (cidade em que Walt faliu duas vezes e onde visitamos o estúdio e o Kansas City Art Institute, que ele cursou) e, finalmente, Hollywood. Nesta cidade visitamos, naturalmente, os parques, a casa do tio de Roy e de Walt, a do próprio Walt e a de Roy, e o estúdio onde o filme *Branca de Neve e os Sete Anões* foi produzido – fazemos, ainda, uma refeição no restaurante que Walt Disney utilizava com frequência, o seu favorito, e visitamos o parque onde ele teve a ideia de construir a Disneylândia, além de comentar outros acontecimentos interessantes que os historiadores relatam durante toda a viagem. Fazemos todo o percurso de trem (como Walt). O programa termina no local mais mágico do mundo, o Walt Disney World Resort, cuja inauguração se deu cinco anos após a morte de seu idealizador, em 1971. Esse programa de negócios, essa imersão na vida de Walt Disney, é focado na aplicabilidade da filosofia Disney a outras empresas.

Como o leitor pode perceber, não faltaram mudanças na vida de Disney – que começaram desde muito cedo e viriam a influenciar toda a sua formação. Bem, voltemos a elas. Em abril de 1906, parte da família se mudava para Marceline, distante 192 quilômetros de Kansas City, no Missouri. Flora chegou primeiro, trazendo seus três filhos pequenos: Roy, Walt e Ruth. O pai e os dois filhos mais velhos, Herb e Ray, vieram dias depois, trazendo a mudança. Walt passou sua infância nessa pequena cidade (de abril de 1906 até o verão de 1911). Foi uma permanência de apenas cinco anos que, entretanto, influenciou toda a sua vida e carreira, moldando seu destino.

Sendo o mais novo dos filhos homens, Walt teve a oportunidade de aproveitar o tempo para conhecer a fazenda e brincar com a irmã e os amigos. Por ser muito pequeno, foi o único dentre os irmãos a realmente desfrutar daqueles campos, correndo, pulando, brincando com animais. Uma paixão que ele desenvolveu nessa época era olhar os trens que passavam próximo à pequena fazenda – Marceline nasceu para ser uma estação de abastecimento para a ferrovia que ligava Kansas City a Fort Madison, em Iowa. Aliás, a cidade foi batizada com o nome da esposa de um dos diretores da linha férrea.

É importante ressaltar que os outros irmãos – Herbert, Ray e Roy – não viam essa fase da mesma forma que Walt. O velho Elias era muito rigoroso, e os filhos tinham de participar no sustento da família – trabalhando na lavoura, plantando maçãs, milho, trigo, cuidando dos cavalos, porcos, vacas… E sem receber nem um centavo pelo trabalho!

Como Walt e Ruth eram muito pequenos, foram poupados dessa dura realidade, pelo menos durante a época de Marceline. Dois de seus irmãos, Herbert e Ray, sofreram tanto com o trabalho exaustivo que fugiram, voltando para Chicago e, em pouco tempo, seguindo para Kansas City – sobre isso, voltarei a falar mais adiante.

Quando estive em Marceline, Kaye Malins, minha amiga e proprietária da casa onde Walt Disney viveu, mostrou-me a janela por onde Herbert e Ray fugiram de madrugada.

Foi como um sonho ter jantado com Kaye e seus pais, Rush e Inez Johnson, que conheceram pessoalmente Walt Disney. Eles me mostraram também a "árvore dos sonhos", que fica bem no fundo do quintal da casa, na sombra da qual Walt, quando menino, adorava ficar deitado, "sonhando". Com a autorização dessa hospitaleira família, cheguei a tirar fotos do quarto onde ele dormia.

Retornando à infância de Walt, Elias sempre pedia à esposa que economizasse manteiga o máximo possível. Os filhos adoravam a mãe, Flora, porque ela enchia os pães com muita manteiga e os passava a eles de forma que Elias não se desse conta. É notório que Disney, já famoso, tinha sorvetes e doces no escritório, presumivelmente para compensar o fato de não dispor dessas guloseimas quando criança.

Tudo o que Walt viveu ou presenciou em Marceline acabou influenciando sua obra, dos desenhos de Mickey Mouse às aventuras de *Silly Symphonies*, com temas relacionados à vida rural e a pequenas cidades. A propósito, Elias comprou, por 5.625 dólares, 45 acres de terra (correspondentes a 6,5 alqueires), valor que seria pago em prestações com o dinheiro que ele tinha a receber pelas casas que, como carpinteiro e construtor, havia erguido e vendido em Chicago. O contrato foi assinado em 1906. Cinco anos depois, ele perderia dinheiro ao vender as terras por 5.175 dólares – um prejuízo considerável para uma família que já não era exatamente abastada.

Já li em livros e até vi filmes nos quais se comenta que o pequeno Walt, durante sua infância na fazenda, já tinha tido o primeiro contato com um camundongo, sugerindo, assim, que ele se inspirou nessa época para criar seu famoso Mickey Mouse. Minhas pesquisas, no entanto, não indicam isso de forma tão clara, apesar de camundongos não serem incomuns em fazendas. Em contrapartida, o que encontrei de concreto foi o fato de Walt possuir um porquinho chamado Skinny, que ele alimentava com uma mamadeira. Esse porquinho mais parecia um cachorrinho, pois o seguia por toda parte, na fazenda.

Mais adiante, terei oportunidade de falar detalhadamente sobre a encantadora história de Mickey Mouse. Mas já adianto que, pelo amor de Deus, ratos não são camundongos! Mickey é um camundongo, não um rato. Na visão dos americanos, ratos são aqueles bichos feios, sujos, transmissores das piores doenças, que saem de buracos e vivem nos esgotos; já os camundongos são vistos, nessa cultura, como roedores mais limpos. Faço essa distinção por me lembrar dos primeiros dias dc trabalho para a Disney, em que chamava meu chefe querido, Mickey, de ratinho bonitinho. Meus colegas americanos riam de mim e explicavam que Mickey Mouse não é um rato, mas um camundongo.

Um detalhe importante nessa fase de Walt Disney é que, certa vez, ele fez o desenho de um cavalo chamado Rupert, que pertencia a um médico aposentado, L. I. Sherwood, ou simplesmente Doc Sherwood – pessoa muito próxima a Walt, com quem este costumava passear pelo centro de Marceline. Esse foi, na realidade, o primeiro contato de Walt com o desenho, mas é óbvio que, pela própria idade, não havia nele ainda nenhuma intenção de ser artista – afinal, estamos falando de um garoto de 6 ou 7 anos. O senhor Sherwood deu 25 centavos a Walt por ele ter desenhado Rupert, e isso deixou o menino feliz da vida. Foi o primeiro dinheiro que Walt ganhou com sua arte, o que deve ter sido muito marcante.

Ainda sobre os feitos do pequeno Walt, existe uma história em que ele e a irmã Ruth aprontaram uma bela de uma presepada, como dizemos lá no Nordeste – ou seja, fizeram besteira. Ele convenceu sua irmã mais nova a usar um grande barril de piche para "pintar" uma das paredes da casa. Ruth, inocente e preocupada ao mesmo tempo, indaga ao travesso Walt:

– Walt, essa pintura sai?

Ruth temia que o piche ficasse em definitivo – e foi exatamente isso o que aconteceu. É claro que Walt, à sua pergunta, respondeu afirmativamente, e que ele, tampouco, tinha a menor ideia do que sucederia. Coisa de menino... Por meses e até anos, os pais de Walt nunca deixaram de lembrar os dois do que tinham feito naquela parede. A propósito, quando estive em Marceline, vi o local onde eles fizeram sua "arte": o único "grafite" conhecido dos irmãos Disney.

Uma experiência dos irmãos que talvez tenha sido convertida em produção artística remete ao costume de Walt e Ruth de passear pelas fazendas próximas. Segundo se conta, a irmã sempre voltava para casa quando percebia alguns búfalos por perto. Os dois tinham pavor desses animais. Acredita-se que Walt recordou essa fase no filme *Ferdinand, the Bull (Ferdinando, o Touro)*.

Também durante a infância Walt Disney assistiu a *Peter Pan, or the Boy Who Wouldn't Grow Up (Peter Pan, ou o menino que não queria crescer)*, uma produção da Broadway em cartaz entre 1909 e 1911. Depois de ver a peça, ele chegou a fazer o papel de Peter Pan na escola. É curioso – mas explicável – o fato de uma produção da Broadway ter sido encenada em uma cidade de menos de cinco mil habitantes, na época. Na verdade, as peças iam a cidades como Kansas City e Saint Louis, situadas nos lados extremos do estado do Missouri. Quando encerravam a temporada em uma cidade e seguiam para a outra, tinham de passar por Marceline e, como havia muitos trabalhadores nas linhas férreas, a produção aproveitava a oportunidade para apresentar o espetáculo ali.

É interessante contrapor a atmosfera da Marceline em que Disney viveu à dos grandes centros urbanos dos Estados Unidos, que estavam impulsionando, então, profundas transformações no país, na passagem para o século XX. Era um tempo de transição para a indústria moderna, em que grandes cidades começavam a despontar. Só para que se faça ideia do fenômeno, Chicago já somava mais de 1 milhão de habitantes em 1901. Esse, como vimos, foi um dos motivos que levou o pai de Disney a mudar-se de Chicago, uma vez que desejava educar seus filhos em um local mais calmo. Além disso, a cidade infelizmente já demonstrava sua vocação para a violência, com a formação e a atuação de gangues. Diante disso, Marceline representou a localidade ideal para o pequeno Disney viver a vida intensamente e em paz. A cidade era uma ilha de tranquilidade em uma fase febril da vida americana, que implicou a formação das megametrópoles, o fim da pacata vida rural e a transição do sentido de coletividade das pequenas comunidades para a individualidade massacrante das grandes capitais.

Marceline foi fundada em 1888 e estabelecida como um ponto de parada para a recém-criada linha férrea Atchison, Topeka and Santa Fe Railway, que tinha fundamental importância para o desenvolvimento da região, levando carvão e produtos agrícolas para Kansas City e Chicago. Isso sem mencionar os empregos gerados para os novos habitantes locais. A cidade, em menos de seis meses de existência, contava com 2.500 habitantes (embora, como vimos anteriormente, nunca tenha crescido muito). Apesar de Elias ter escolhido se fixar em Marceline, a família Disney parecia destinada a viajar. A fazenda não ia bem: a produção ficava muito abaixo do esperado. Conta-se que um dos motivos para isso foi a recusa de Elias a utilizar fertilizantes. A situação, por si só precária, tornou-se crítica quando ele contraiu febre tifoide em 1910, a que se seguiu uma pneumonia. Flora, sua esposa, ficou desesperada – e com razão –, uma vez que, naquela época, a febre tifoide matava com certa frequência. Recebendo muitos cuidados e carinho, Elias melhorou, para a felicidade de todos. Entretanto, ele sabia que não mais estaria apto a ganhar a vida trabalhando na fazenda.

Não podendo mais trabalhar no campo, Elias vendeu tudo – mas não conseguiu sequer recuperar o montante que havia pagado pela propriedade, ficando com um prejuízo de 450 dólares. O episódio foi muito duro para a família e, especialmente, para o pequeno Walt, que via aquela vida rural e idílica desaparecer precocemente. É importante relembrar também que os dois irmãos mais velhos de Walt e Roy – Herbert e Raymond – tinham fugido de lá por não aguentarem o trabalho difícil do campo. Isso aconteceu em 1908. O pai de Walt, portanto, só contava nesse momento com a ajuda de Roy para o trabalho braçal da fazenda. Nesse ponto, poderíamos nos perguntar sobre o que teria acontecido se os outros dois irmãos de Walt e Roy tivessem ficado, ajudando o pai no campo. Talvez tudo fosse diferente, mas, como costumo dizer, tudo acontece por uma razão.

Walt visitou Marceline três vezes depois que saiu da cidade, em 1911. A primeira em 1946; a segunda em 1956, quando, em um 4 de julho, ele e o irmão Roy foram homenageados no parque municipal Walt Disney; e a terceira vez em 1960, quando a escola em que ele estudou durante parte da infância foi reinaugurada, passando a se chamar Walt Disney Elementary School. Alguns autores afirmam, todavia, que ele voltou a Marceline em duas ocasiões apenas.

Para a cidade de que guardava tão boas recordações, Walt Disney chegou a cogitar o Marceline Project. Esse projeto tinha como objetivo fundar um tipo de parque cujo tema seria a vida rural. Disney preocupava-se muito com a ideia de que crianças nascidas em grandes cidades não tinham oportunidade de conhecer um pouco da vida de que ele desfrutara em uma cidadezinha como Marceline. Imaginado com a colaboração do pai de Kaye, Rush Johnson, o projeto foi abandonado após a morte de Disney, em 1966.

Para terminar este capítulo, nada como lembrar uma canção do musical *Walt Disney: One Man's Dream (Walt Disney: o sonho de um homem)*. Os versos que reproduzo a seguir também podem ser encontrados no livro *A magia do império Disney* (2009), de Ginha Nader, uma grande amiga escritora cuja força de vontade muito admiro e que, como eu, aprecia as realizações de Disney. Para proporcionar melhor entendimento da letra da canção, acrescento, depois de transcrevê-la, alguns comentários sobre o pai de Walt Disney.

Marceline...

Todas as estradas levam a Marceline...
Uma fazenda no Missouri ensolarada...
Uma família que vivia muito ocupada...
Foi um tempo em que o mundo lá fora era cheio de maravilhas...
Tudo era possível lá em Marceline...
Todas as estradas levam a Marceline...
Onde um menino podia tranquilamente sonhar...
Porque sempre havia um amanhã a esperar...
O amanhã é dourado, sim, em Marceline.

Você terá um dia de ganhar a vida...
E talvez saiba o que fazer na hora...
Você pode conseguir realizando seus sonhos de agora...
Mas papai diz que você nunca será nada...
O trabalho não é sonho não...
O mundo não é todo cheio só de diversão...
Papai deve saber...
Mas por que... se há novidades no ar?
Por que tem de ser assim?
Tanta coisa para fazer agora...

Sonhos para sonhar...
Brincadeiras para brincar...

Nesse excerto, o verso que se inicia com as palavras "mas papai" evidencia que Elias Disney, o pai de Walt, era um homem difícil de lidar. Embora minha intenção não seja defendê-lo, a percepção que desperta é a de um homem sobrecarregado pelas tarefas do trabalho rural, cuja preocupação de dar o melhor para os filhos acaba ultrapassando o que chamamos de amor. Também cresci no campo, e lembro quão duros meus pais tiveram de ser com os filhos; hoje, porém, vejo que não agiram assim por maldade, mas movidos, talvez, por uma preocupação demasiada com nossa sobrevivência, que transmitia a sensação de rigor, de dureza. Aliás, segundo a canção, Walt Disney, mesmo admitindo que "papai deve saber", questiona-se sobre por que tem de ser assim, quando há tantas coisas para fazer, tantos sonhos para sonhar, tantas brincadeiras para brincar... Em resumo, os versos deixam claro que a inquietação de Walt com relação ao pai não o paralisou, mas o fez sonhar ainda mais, o que, hoje, se converteu em muita história para contar.

A canção ilustra, também, a etapa em que estava chegando ao fim a experiência do pequeno Walt Disney naquela cidade mágica. Os anos seguintes viriam a ser difíceis, porque Walt iria, inexoravelmente, trabalhar tão pesado quanto os irmãos maiores, Herbert, Raymond e Roy, trabalharam na fazenda. Assim como os dois primeiros deixaram Roy sozinho na propriedade em Marceline, agora Roy é quem não vai suportar a intensa jornada de trabalho que o espera em Kansas City. Consequentemente, o caçula, Walt, é quem terá de assumir as difíceis tarefas que seu pai determina. Mal entrado na adolescência, Walt desempenhará, assim, seu primeiro trabalho na área de comunicação: entregar jornais nas madrugadas congelantes do Missouri.

Antes, porém, de abordarmos a fase da vida de Walt transcorrida na cidade de Kansas City, examinemos um outro trecho de canção do musical *Walt Disney: One Man's Dream*. O texto da passagem selecionada continua a enaltecer Marceline, mas prepara, também, o terreno para o que será Kansas City para Walt Disney. Assim, se no texto anterior é dito que "todas as estradas levam a Marceline...", no excerto a seguir afirma-se que "todas as estradas saem de Marceline...". A intenção dos versos é não deixar dúvida acerca do significado de Marceline para a vida de Walt Disney. De fato, as últimas duas linhas dizem tudo sobre essa que, para Walt, era a cidade de sonhos: "Mas você nunca esquecerá Marceline... Você foi feliz enfim... em Marceline.". Em suma, a ida de Walt Disney para Kansas City representa o fim de sua infância, e o texto deixa isso claro.

É hora de trabalhar, Walt.
Mas por que... com um mundo lá fora...
Quem pode ser feliz... tanta coisa para fazer agora...
Sonhos para sonhar... trilhas a explorar...

Oh Marceline...
Todas as estradas saem de Marceline...
Lá fora as aventuras irão acontecer...
Você tem de se apressar ou o espetáculo vai perder...
Você vai pegar o trem que para Kansas vai te levar...
E vai demorar...

Mas você nunca esquecerá Marceline...
Seu coração estará em Marceline...
Embora não soubesse onde a estrada ia dar...
O que você queria ser, o que iria se tornar...
Você foi feliz enfim... em Marceline.

De Marceline a Kansas City

No ano de 1910, o pai de Walt Disney muda-se para Kansas City, que prosperava como centro comercial e crescia rapidamente – mas sem o gigantismo de Chicago. A cidade contava, nessa época, 248.381 habitantes. Segundo dados oficiais, em 1920 esse número subia para 324.410 e, no ano 2000 – ou seja, oitenta anos depois –, a cidade somava 441.545 habitantes.

O que nenhum livro cita é o fato de que Elias segue viagem sozinho. Na verdade, a senhora Flora e os filhos mudam-se no ano seguinte, no verão de 1911, e a razão é simples: as crianças estavam na escola em Marceline.

Elias alugou uma casa por seis meses em Marceline, na avenida North Kansas, 508, logo após a venda da fazenda. Para minha surpresa, o biógrafo oficial de Walt Disney, Bob Thomas, menciona que a família se mudou em 1910 para Kansas City. Também pesquisei no The Walt Disney Family Museum (Museu da Família de Walt Disney) e lá apenas mencionam que a família se mudou em 1911. Não há nada que mencione o fato de Elias ter ido antes.

Nas várias viagens que fiz a Marceline, sempre me detive em Kansas City para pesquisar um pouco mais sobre a vida de Walt. Visitei a escola onde estudou, a casa onde viveu e, mais importante, o Kansas City Art Institute – onde ele estudava aos sábados –, além do estúdio onde começou seus desenhos. Aliás, esses locais fazem parte do programa de negócios que minha empresa monta a cada ano para, literalmente, seguir os passos da vida de Walt Disney.

Em Kansas City circula, também, uma história sobre a origem de Mickey Mouse. Conta-se que Walt costumava dar comida a um ratinho, quer dizer, um camundonguinho, que todos os dias se aproximava da prancheta em que ele trabalhava. Comentarei mais detalhadamente essa possível explicação da gênese do personagem no capítulo que dedico ao nascimento de nosso amado Mickey Mouse.

Como vimos anteriormente, Elias Disney não pretendia residir com a família nas megalópoles que estavam se formando, como a Chicago de que ele se mudara. Entretanto, doente e triste com a venda da fazenda, de que se desfez por ter se tornado incapaz de tocá-la, sua opção voltava a ser a busca por oportunidades em uma cidade grande. E Kansas City podia ser imensamente maior do que Marceline, mas estava bem longe do tamanho de Chicago ou de Nova York: era algo como um meio-termo.

Elias necessitava, portanto, arrumar um tipo de negócio que não exigisse esforços físicos. Com o dinheiro obtido com a venda da terra, 5.175 dólares, ele comprou o direito de distribuição para a entrega, a aproximadamente setecentos assinantes, dos jornais *The Kansas City Times*, pela manhã, e *The Kansas City Star* à tarde e aos sábados. Alguns autores falam em 2 mil assinantes, mas acredito que setecentos seja o número mais próximo da realidade. No livro *Walt Disney's Missouri: The Roots of a*

Creative Genius (2002), escrito por Brian Burnes, Robert W. Butler e Dan Viets, encontramos a informação de que, quando os Disney assumiram o controle da distribuição, em julho de 1911, tinham 680 assinantes para o *Times* e 635 assinantes para o *Star*. Quando a família vendeu a rota, em março de 1917, esses números tinham atingido a marca de 925 assinantes para o *Times* e 876 para o *Star*. Uma curiosidade a respeito, veiculada por esse mesmo livro, é que o verdadeiro dono da distribuição era Roy Disney, o filho, e não o pai. A razão para isso seria que Elias, vendo-se debilitado pelas limitações impostas à sua saúde e pela velhice que se avizinhava (vale lembrar que, naquele tempo, 51 anos de idade implicavam uma qualidade de vida muito inferior à de que desfrutamos, hoje, ao atingir essa faixa etária, pois contamos com vários benefícios resultantes de conquistas da ciência), considerava, em contrapartida, que o filho seria capaz de comandar o negócio no futuro. Mas isso é especulação; creio que nunca vamos saber ao certo que motivações moveram Elias Disney, mas o fato é que, no contrato, Roy era apontado como dono do negócio.

Aproveito para tecer, a propósito, um pequeno comentário. À primeira vista, pode parecer que o fato de começar a trabalhar com jornais possa ter influenciado Walt Disney a ingressar na área da comunicação, mas a verdade é que esse serviço só trouxe uma lembrança ao pequeno Walt: a de um trabalho árduo, exaustivo, quase escravo. Walt e Roy acordavam ainda de madrugada, por volta das 3h30, e iniciavam a distribuição por volta das 4h30. Seu pai proibira que os jornais fossem jogados das bicicletas, como os outros entregadores faziam. Dessa forma, eles eram obrigados a deixá-los na porta dos assinantes. Isso protegia o jornal de chuva, neve, ataques de cachorros brincalhões – mas também retardava a execução da tarefa, expondo por mais tempo os garotos a condições climáticas bastante adversas, como as fortes chuvas da primavera e as intensas nevadas do inverno. Anos mais tarde, o próprio Walt, ao falar dessa época, não hesitaria em classificá-la como uma das mais difíceis de sua vida.

Ele relembrava que, muitas vezes, chorava quando não havia ninguém por perto. Confessava também que acordava no meio da noite, achando que tinha se esquecido de entregar jornais a certos assinantes. Era tudo um pesadelo, mas podemos, a partir de ocorrências como essas, mensurar o impacto psicológico causado por aquela rotina extenuante. Junte-se a tudo isso um pai exigente, que não dava um centavo a seus filhos pelo difícil trabalho que executavam.

Analisando essa passagem da vida de Walt, tendemos a achar que seu pai era realmente desumano; pessoalmente, porém, acredito que existissem razões suficientes para que Elias agisse assim. Nada, sem dúvida, justificaria grosserias ou maldades – mas será que ele estava reduzido a isso, apenas? Será que aquele homem não tinha suas razões? Elias estava doente, não mais contava com o vigor que tivera aos 20 anos de idade, e a fazenda não tinha dado certo – mas, acima e apesar de tudo, tinha uma família de que cuidar. E o negócio da distribuidora de jornais, afinal, era o maior patrimônio da família Disney. A preocupação financeira era prioritária e, portanto, cabia naquele momento evitar gastos.

A despeito, entretanto, das possíveis boas intenções do pai, Roy Disney não aguentou o tranco, para usar uma expressão bastante popular em nossos dias.

Decidiu cair fora em 1912, seguindo o exemplo dos outros dois irmãos, Herbert e Ray, que tinham desistido de acompanhar o pai ainda na época da fazenda. Walt ainda era muito criança para tomar uma decisão dessas. Tinha apenas 11 anos; por isso, teve de continuar trabalhando duro nos anos seguintes.

Durante o período em que esteve ao lado de Walt na entrega dos jornais, Roy sempre tentava arrumar um serviço avulso para ele e para o irmão. Era uma forma de ganhar algum dinheiro, já que seu pai não lhes dava nenhum. Diane Disney Miller, filha de Walt, conta que o tio Roy uma vez conseguiu como extra a lavagem de um carro funerário. Poderiam gastar o dinheiro ganho com a execução do trabalho em um circo que estava chegando à cidade. Roy praticamente lavava o automóvel sozinho, pois Walt (compreensivelmente) preferia brincar dentro da viatura, fingindo que estava morto e que, de repente, "ressuscitava", assustando as pessoas.

É curioso notar, no que diz respeito a dinheiro, que Disney se viu obrigado a lidar com limitações financeiras durante boa parte de sua vida. No começo, por causa da condição humilde de sua família. Mas, mesmo mais tarde, já famoso, era frequentemente pressionado pelos credores – mais especificamente, o Bank of America.

Ainda sobre as privações que o pequeno Walt vivia à época em que trabalhava na entrega de jornais, existe uma história belíssima, digna de um filme. Conta-se que Walt costumava brincar com trenzinhos e carrinhos movidos a corda encontrados nos jardins das casas onde deixava os jornais. Ele, às vezes, atrasava seu itinerário por ficar brincando um pouco com o que achava pelas portas ou calçadas dos assinantes. Eram brinquedos que outras crianças esqueciam na calçada; alguns mostravam-se tão velhos que sem dúvida só podiam ter sido abandonados. Mas Walt, apesar de se entreter com eles, nunca tomou nenhum para si. Sempre deixava os brinquedos nos locais encontrados, como se não tivessem sido tocados. Era essa a postura ética de Disney desde garoto. Se um dia eu pudesse dirigir um filme sobre ele, não deixaria de gravar essa tocante e instrutiva cena.

Diante do sucesso na distribuição dos jornais, o pai de Walt decidiu investir em uma empresa de geleia em Chicago, chamada O'Zell Company. Na ocasião, O'Zell, o presidente da empresa, planejava produzir um tipo de bebida para concorrer com a Coca-Cola, e convenceu Elias de que aquele refrigerante seria de grande futuro. Elias vendeu a rota de jornais e investiu 16 mil dólares no novo negócio, tornando-se um dos responsáveis pela fábrica, o que o obrigou a retornar a Chicago. Infelizmente, porém, essa parceria não durou muito, por falta de honestidade de O'Zell.

O exame desse episódio permite concluir que o negócio de distribuição de jornais foi realmente um sucesso; afinal, o posterior investimento dos 16 mil dólares deixa isso bem claro. Lembremos, aliás, que Elias vendeu a fazenda em Marceline por apenas 5.175 dólares. A volta para Chicago, portanto, só pode ser explicada pela oportunidade de aumento de renda. Acredito que o sonho de ganhar muito dinheiro com a fábrica de geleias fez o pai de Walt Disney relevar o fato de que sua família tinha saído de Chicago por ser uma cidade muito grande e violenta já naquela época.

Enquanto seu pai se deslocava novamente para aquela cidade, Walt ficou em Kansas City com Roy na casa de Herbert, que havia se casado e tinha uma menina de 2 anos chamada Dorothy. Foi durante essa permanência em Kansas City que ele começou a desenvolver para valer suas habilidades como desenhista. Ele já as exercitava quando vivia na fazenda, mas de uma forma muito simples – como no caso, já mencionado, do desenho do cavalo Rupert. Em Kansas City, ele começou a frequentar aulas para crianças no Kansas City Art Institute. Foi nessa época, também, que ele encontrou um de seus melhores amigos, Walt Pfeiffer, com quem passou a fazer apresentações teatrais na própria escola.

Em 1917, Walt terminava o que chamamos, no Brasil, de ensino médio – sem ter, porém, uma ideia clara de que carreira profissional poderia seguir. Gostava muito de desenhar e de atuar em comédias, e já se interessava por outro campo, o dos desenhos animados. A animação era, então, algo muito recente. A primeira projeção animada foi realizada na França, por Charles-Émile Reynaud, um professor de ciências, em 28 de outubro de 1892. Seus filmes não foram fotografados, mas desenhados diretamente na faixa transparente que servia como película. Por volta de 1900, mais de 500 mil pessoas já tinham visto suas obras. A primeira projeção animada no sentido tradicional – ou seja, em película de filme – foi *Fantasmagorie*, do diretor francês Émile Cohl, criada em 1908. A década dourada da animação em massa ainda estava por vir – nos anos 1920. E Disney viria a ser o nome mais brilhante dessa nova era.

De Kansas City a Chicago

As mudanças de domicílio dos Disney sempre estiveram associadas, de alguma maneira, à questão econômica. Foi o dinheiro (ou a falta dele) que os levou de Chicago para Marceline (além, como vimos, da crescente criminalidade naquela cidade), de Marceline para Kansas City e, depois, de volta para Chicago. Tudo isso iria influenciar a vida do já adolescente Walt.

Voltarei a esse assunto mais adiante; por ora, contudo, adianto que essas dificuldades determinaram uma atitude peculiar de Walt em relação ao dinheiro. Para ele, possuir ou levantar um capital era um instrumento, e não um objetivo, pois Disney achava que a finalidade do dinheiro era a de ser usado para a concretização de projetos importantes, não importando a quantia que tivesse de empregar para isso. Assim, para desenvolver um produto de boa qualidade, ele investia tudo, tudo mesmo. Não pensava em acumular, só em investir, em tornar realidade as suas criativas idealizações.

Antes que Walt retornasse a Chicago, Roy decidiu ajudá-lo, arrumando um emprego para ele na Santa Fe Railway. Walt adorava o uniforme azul com botões dourados que usava na companhia férrea, enquanto vendia jornais, doces, frutas e refrigerantes. Foi uma fase muito feliz de sua vida. Conhecer pessoas – engenheiros, bombeiros, maleiros – era o que mais gostava, sem contar as visitas a cidades para ele desconhecidas, onde dormia em pensões.

Mais uma particularidade dos hábitos de Disney que cairia bem em um filme sobre ele: ao visitar uma dessas pequenas cidades, Walt apreciava caminhar pela região central, para conhecer suas lojas, sorveterias, e, principalmente, lojas de brinquedos.

Sempre que tinha oportunidade, ficava de pé diante da vitrina que separava seus sonhos antigos de um brinquedo desejável no passado. A parede de vidro tornava-se, assim, duplamente intransponível: pela impossibilidade de contentar um menino que já crescera e pelo dinheiro curto que, mesmo agora tendo um emprego, só podia destinar a prioridades muito bem estabelecidas. Mas Disney deixava-se ficar diante dela, longamente, imerso em nostalgia.

Infelizmente, foi por Walt se deter demoradamente diante desses brinquedos que, certa vez, policiais o prenderam, ao suspeitarem que estivesse planejando roubar a loja.

Uma vez que Walt Disney privilegiava muito mais a criatividade, e não os ganhos, em seus negócios – comportamento que se mostraria recorrente ao longo de toda a sua vida – ele não estava lucrando quase nada como vendedor nos trens.

No fim do verão de 1917, ele se juntou à família, em Chicago, mas sua mente estava voltada para a guerra na Europa. Nesse meio-tempo, estudou na McKinley High School, onde fez os primeiros desenhos para um jornal dos estudantes chamado *Voice*, e no Chicago Institute of Art, onde conheceu vários cartunistas do *Herald* e do *Tribune*, e trabalhou na O'Zell Company – a empresa do fracassado refrigerante com que seu pai se envolvera.

Para contentar Elias e evitar que ele pegasse no seu pé por causa dos desenhos, Walt resolveu trabalhar em vários empregos de baixa remuneração para ajudar em casa: vigia em uma fábrica, porteiro, carteiro. Em 1918, no entanto, querendo se livrar da escola e com ciúme do irmão Roy, que tinha se alistado para a guerra, ele resolveu entrar para as forças armadas.

Walt, contudo, tinha um grande problema: tinha só 17 anos, um a menos da idade mínima requerida para se engajar. Ficou sabendo que no Canadá aceitavam menores de idade, mas essa estratégia também não funcionou. Descobriu, por fim, que havia uma alternativa para chegar ao campo de batalha: unir-se à Cruz Vermelha Internacional, que aceitava jovens de sua idade. Havia apenas cinquenta vagas para essa missão, e Walt Disney não achava que seria selecionado para integrar o corpo de enviados. Mas a sorte acabou por ajudá-lo, e, dos nomes escolhidos, o dele foi o último a ser chamado.

Walt tinha, porém, de solucionar uma grande dificuldade para concluir seu engajamento na Cruz Vermelha: necessitava da assinatura dos pais em um documento. Seu pai, Elias, negou-se terminantemente a subscrevê-lo. Flora, sua mãe, também; mas, percebendo que Walt partiria de qualquer forma, acabou por firmar o documento. Walt, por sua vez, falsificou a assinatura de Elias e, para se assegurar de que tudo correria bem, colocou, como data de nascimento, 5-12-1900, em vez de 5-12-1901. Com isso, simulava ter 18 anos, mais do que a idade mínima requerida.

Durante o período em que ficou em Paris, como motorista, Walt nunca sofreu qualquer tipo de acidente. Continuou a fazer desenhos para o jornal da escola em que havia estudado e enviou, também, criações para as revistas humorísticas líderes na época, a *Life* e a *Judge*, que os rejeitaram. Essas negativas, todavia, não o desanimaram.

Persistência, aliás, é a lição fundamental que podemos extrair da trajetória de Disney; muitas pessoas talentosas subestimam ou sabotam sua capacidade por não insistirem em exercê-la.

J. K. Rowling, por exemplo, a autora da milionária série *Harry Potter*, foi rejeitada por doze editoras antes de conseguir que seu trabalho fosse publicado. Se ela tivesse desistido depois da primeira negativa, hoje não seria uma das autoras mais ricas e vendidas no mundo.

Outro caso sintomático é o da gravadora Decca Records, que, em 1962, rejeitou um grupo musical que a procurou, por acreditar que conjuntos que tocavam guitarras elétricas estavam saindo de moda e que aqueles garotos, em particular, "não tinham futuro no *show business*". O nome do grupo, que naturalmente recorreu a outro estúdio, era The Beatles.

Em setembro de 1919, terminada a missão na Europa, Walt voltava para casa, ileso, apesar de ter testemunhado as agruras da guerra. Voltou determinado a seguir a carreira de cartunista.

Mas Chicago não era a cidade onde ele poderia fazer isso.

Kansas City

Elias e Flora Disney ficaram em Chicago, ao passo que Walt decidiu seguir para Kansas City. Foi morar na casa do irmão Herbert, junto a Roy. Desejava reencontrar amigos e estava seguro de que o jornal *Kansas City Star* iria empregá-lo como cartunista político.

Nessa época, um homem tentou vender uma câmera cinematográfica para Walt – que, para variar, não tinha dinheiro para comprá-la. Ele, então, perguntou ao homem se não poderia ficar com a máquina por alguns dias, para experimentá-la. O homem aceitou. Walt conhecia um médico cuja esposa acabara de ter um bebê. Foi até ele e perguntou: "O senhor não gostaria de ter um filme do seu filhinho?". O médico respondeu que sim.

Walt fez filmes semelhantes para outros clientes que ele mesmo prospectou e recebeu entre 10 e 20 dólares por trabalho. Antes de acabar de "experimentar" a câmera, já amealhara dinheiro suficiente para comprá-la, e o fez. Roy tentou persuadi-lo a procurar um emprego mais sólido, talvez em outro banco, já que ele mesmo trabalhava para o First National Bank of Kansas City, ganhando 90 dólares por mês. Mas Disney estava obstinado em ser cartunista, apesar de nada parecer dar certo quanto a essa aspiração naqueles tempos.

É nessa altura que Walt viria a conhecer Ubbe Iwwerks – nome que, mais tarde, seria alterado para Ub Iwerks. Ub nasceu em Kansas City, em 1901, mesmo ano do nascimento de Walt, e morreu em 1971, em Burbank, Califórnia, vitimado por um ataque cardíaco. Ub foi o grande desenhista de Mickey Mouse. Walt sempre reconheceu, ao longo de sua trajetória, que muitas vezes tinha empregado artistas que desenhavam bem melhor do que ele próprio. Afinal, seus grandes talentos eram a visão sistêmica do negócio de entretenimento e, claro, a habilidade única para encontrar e recrutar os maiores talentos. Ub era o melhor desenhista, não apenas de Disney, mas da época, sendo chamado de gênio. Essa condição se traduziu, também, em gratificações sucessivas: em 1924 ganhava 40 dólares por semana e, em 1927, com o sucesso de *Oswald, o Coelho Sortudo*, já estava ganhando 120 dólares. Um ano mais tarde, fez um acordo para ter participação na empresa. Além de tudo isso, era um grande amigo de Walt, tendo sido, inclusive, autor da ideia de que ele deveria usar o nome Walt Disney, em vez de Walter Elias Disney ou W. E. Disney.

Ainda a respeito de Ub Iwerks, é corrente certo entendimento de que Mickey Mouse não teria sido criação apenas de Walt Disney, sugerindo-se que Iwerks tenha participado de maneira decisiva de sua concepção. Na realidade, contudo, há várias versões sobre a origem do famoso camundongo, sobre as quais discorrerei em detalhe em capítulo específico, conforme já anunciei. Quanto a Ub, sempre que perguntado sobre esse assunto, respondia que não importava quem tinha criado Mickey Mouse; o mais importante naquela história, destacava, era saber o que Walt tinha feito com Mickey Mouse.

Ao tempo em que se conheceram, e vendo-se, ambos, em dificuldade para obter trabalho, Walt e Ub pensaram em abrir um negócio próprio em janeiro de 1920. Disney escreveu para sua mãe pedindo os 500 dólares que ele economizara durante a guerra. A mãe insistia em saber no que ele pretendia aplicar aquele montante, e ele respondia que seria na área de desenhos. Depois de muitas cartas trocadas entre os dois, a mãe decidiu enviar-lhe metade da quantia. Os sócios queriam chamar a empresa de *Disney-Iwerks*, mas decidiram, no final, pelo nome *Iwerks-Disney Commercial Artists*. O primeiro nome (Disney-Iwerks) não soava bem porque remetia a uma empresa de óculos, por causa do som formado pela pronúncia das duas palavras justapostas, em inglês. Iwerks fazia os desenhos enquanto Disney, além de também os executar, era o homem de vendas. Ele visitava os teatros, as lojas e, até, as companhias de petróleo, em busca de serviços. Os negócios do primeiro mês chegaram a 135 dólares líquidos, muito mais do que eles estavam recebendo no emprego anterior, no estúdio Pesmen-Rubin. Apesar disso, a empresa só durou mais um mês, pois apareceu um anúncio para cartunistas no *Kansas City Star*. Disney e Ub chegaram à conclusão de que seria uma boa ideia tentar o emprego em vez de manterem só a empresa, com todas as responsabilidades que vêm no pacote: impostos, obrigações jurídicas, entradas incertas de capital, etc.

Verner Cauger, principal executivo do jornal, ficou impressionado com os desenhos de Walt e decidiu contratá-lo por 40 dólares por semana. Disney tentou negociar com Verner para trabalhar apenas meio período, de modo a poder continuar com sua empresa com Ub. Verner, porém, foi categórico: queria Walt em período integral. Walt voltou a conversar com Ub e chegaram à conclusão de que Walt não poderia perder aquela oportunidade. Ub achava que conseguiria manter a empresa sozinho, mas ele não era um homem de vendas e, por isso, os negócios não tiveram sucesso. Em março de 1920, Walt persuadiu Verner a empregar Ub, fechando, em seguida, a empresa que os dois tinham fundado.

Para nós, que hoje nos debruçamos sobre a biografia e as realizações de Disney, é impossível não nos perguntarmos o que teria acontecido se Walt tivesse ficado com Ub Iwerks. Será que a empresa deles não teria tido sucesso, por fim?

Quando estive em Marceline, nas comemorações dos 100 anos do nascimento de Walt Disney, nos dias 21, 22 e 23 de setembro de 2001, tive o privilégio de conhecer o filho de Verner Cauger, Ted R. Cauger, um senhor muito simpático com o qual conversei por horas. Ted aposentou--se como vice-presidente do UMB Bank. Ele falava com orgulho que seu pai foi, na verdade, o primeiro patrão de Walt Disney na área criativa. Como se vê, Marceline nos reserva encantadoras surpresas.

Na mesma época em que Walt e Ub encerravam as atividades de sua empresa, Roy recebeu diagnóstico de tuberculose e, por isso, mudou-se para Santa Fé, no Novo México, onde o clima seria mais favorável para a recuperação de sua saúde. Quanto a Elias Disney, como a empresa de geleias em Chicago falira, ele havia voltado com Flora e Ruth para Kansas City, mas por pouco tempo. Como carpinteiro, Elias não conseguia emprego em Kansas, por causa dos problemas da economia no pós-guerra. Seu filho mais velho, Herbert, encontrava-se em Portland, no Oregon, nesse período, e pediu, em novembro de 1921, que os pais se mudassem para lá. Disney foi para a estação para se despedir dos pais, e, segundo conta Ruth, lágrimas correram de seus olhos.

Encerrado o negócio que mantivera com Ub, Disney começou a produzir alguns trabalhos à noite, depois de sua rotina na Film Advertising (Film Ad), uma empresa de criação de animações para propaganda de produtos e serviços, onde conseguira trabalho. Novos projetos passaram a surgir, e Disney não conseguia fazer tudo sozinho. Colocou anúncios em jornais, destinados a garotos que se interessassem em aprender a arte de desenhar. Disney não tinha dinheiro para pagar os três candidatos que apareceram, e que desejava colocar a seu serviço, mas prometeu dividir lucros com o sucesso da empresa no futuro. Além disso, ministrava aulas noturnas de desenho para iniciantes. Trabalhou com sua jovem equipe durante seis meses, sempre durante à noite, na primeira produção, *Little Red Riding Hood*. Walt ficou tão satisfeito com o desenho que pediu demissão na Film Ad, onde ele já estava ganhando 60 dólares por semana, um alto salário para a época.

No dia 23 de maio de 1922, ele incorporou a Laugh-O--Grams Films por 15 mil dólares, com dinheiro de investidores locais que contribuíram com cotas que variavam de 250 a 500 dólares cada. Laugh-O-Grams era um estúdio de cinema localizado no segundo andar do edifício McConahay, mais precisamente na rua East 31, 1.127, em Kansas City, no Missouri.

Confesso que, até hoje, não entendi como Walt conseguiu convencer tantos investidores a colocar tanto dinheiro na empresa. Naquela época, 15 mil dólares era uma quantia considerável, especialmente para Walt, que estava falido e cuja experiência anterior tinha sido um fracasso. Para fazermos ideia do que significava o montante levantado, lembremos que Walt ganhava, então, 60 dólares por semana, o que era considerado um ótimo salário.

A Laugh-O-Grams Films produziu os seguintes filmes:

- *Cinderella* (1922);
- *Goldie Locks and the Three Bears* (1922);
- *Jack and the Beanstalk* (1922);
- *Little Red Riding Hood* (1922);
- *Puss in Boots* (1922);
- *The Four Musicians of Bremen* (1922);
- *Tommy Tucker's Tooth* (1922).

Walt trouxe de volta Ub Iwerks, que estava trabalhando na Film Ad. Juntaram-se aos dois outros cinco desenhistas: Hugh Harman, Rudolf Ising, Carman Maxwell, Lorey Tague, Otto Walliman, além de um gerente de negócios, um gerente de vendas, uma pintora e uma secretária.

Os negócios, entretanto, não prosperaram, e Ub Iwerks acabou voltando para a Film Ad. A situação estava tão crítica que, em um determinado dia de dezembro, um dentista chamado Thomas B. McCrum ligou para a empresa e ficou surpreso ao descobrir que apenas Disney estava lá. Ele queria um filme para promover cuidados com os dentes. No fim da ligação, Thomas pediu para Disney ir até sua casa para fechar os detalhes finais da produção, orçada em 500 dólares. Walt disse que não poderia ir, confessando que o único par de sapatos que possuía estava no conserto, e que ele não tinha 1,50 dólar para pagá-lo.

O dentista foi até a Laugh-O-Grams e resolveu aquela difícil situação. Walt contratou alguns amigos para fazer *Tommy Tucker's Tooth*, em dezembro de 1922. Esse filme passou a ser usado como recurso educacional nas escolas da época. Com a entrada inesperada desse projeto, Walt voltou a se animar. Pensou, então, no que viria a ser *Alice's Wonderland*, e introduziu, com esse filme, uma técnica que permitia usar pessoas em conjunto com a animação. Mas, em termos de encomendas, nada de muito concreto acontecia.

O dinheiro estava desaparecendo rapidamente e, para ilustrar a que ponto isso era problemático, basta mencionar que a conta de Walt em um restaurante grego, por exemplo, crescia a cada dia, sem jamais ser nem ao menos amortizada. Quando a dívida atingiu a soma de 60 dólares, Jerry, um dos donos do estabelecimento, viu-se obrigado a recusar Disney como cliente: "Walt, creia-me, eu lhe daria crédito ilimitado, mas o meu sócio diz que a coisa assim não vai, e que temos de cortar o seu crédito". Dois dias depois, Jerry foi ao escritório da Laugh-O-Grams e encontrou Walt sentado em uma caixa, comendo feijão frio e pão seco, tirado de uma lata. Eram sobras de um piquenique, que tinham sido abandonadas em um estúdio fotográfico e oferecidas a ele. A cena fez Jerry reconsiderar sua decisão: "Walt, não me importo com o que o meu sócio, Louie, vai dizer. Desça ao nosso restaurante para comer alguma coisa".

Ao terminar *Alice's Wonderland*, Walt não tinha mais um centavo. Procurou os primeiros investidores para ajudá-lo a reconstruir o negócio, mas ninguém demonstrou interesse em apoiá-lo. Incapaz de continuar pagando o aluguel no edifício McConahay – um endereço que nem sequer era caro –, Walt mudou-se para escritórios menores. A situação estava muito difícil e ele confidenciou isso a Roy, que então havia se internado em um novo hospital, dessa vez em Los Angeles. Roy respondeu ao irmão dizendo que ele deveria sair daquela cidade e abandonar aqueles negócios. A falência foi decretada. Walt queria desaparecer de Kansas City, distanciar-se do palco de mais um fracasso. Queria, inclusive, desistir da área de animação.

Resolveu tornar-se diretor de filmes e, assim, em vez de ir para Nova York, onde os desenhos animados eram produzidos, foi tentar a vida em Hollywood.

Desde 1910, as grandes empresas cinematográficas estavam se instalando em Los Angeles, ou nos arredores. A razão para isso era simples: no início dos anos 1900, a maioria das patentes de captura de imagem em movimento era de propriedade da Motion Picture Patents Company, de Thomas Edison, em Nova Jersey, que frequentemente sustava filmagens mediante ações judiciais. Para escapar do problema, os cineastas começaram, por isso, a se deslocar para o Oeste, onde as patentes de Edison não tinham validade legal. Além disso, o clima na Califórnia era estável e oferecia, ainda, muito sol, o que favorecia a filmagem de sequências externas. Desse modo, ao tempo em que Disney chegou à cidade, Los Angeles estava rapidamente se consolidando como a capital da indústria cinematográfica.

Walt foi mais um entre os milhares de sonhadores que decidiram se aventurar no novo polo da indústria cinematográfica. Mas havia um problema para que pudesse realizar esse plano, o problema de sempre: dinheiro. Para adquirir o bilhete de trem, Walt foi, de porta em porta, fotografando bebês, acumulando alguma reserva. Ao final, vendeu sua máquina fotográfica e comprou um bilhete somente de ida para a Califórnia. Dizem que foi em vagão de primeira classe e com apenas 40 dólares no bolso.

Contrariando suas expectativas, tudo o que Walt conseguiu em sua incursão a Hollywood foi uma "ponta" em um filme de faroeste – mas, além de chover no dia em que a cena seria rodada, o diretor resolveu substituí-lo, sem dar-lhe nenhuma explicação para isso. A respeito desse episódio, Walt certa vez ironizou: "Aquele seria o fim da minha carreira como ator".

Após essa nova frustração, Walt decidiu voltar ao que ele realmente sabia fazer: animações. Ele tinha em mãos *Alice's Wonderland*, feito com o dinheiro que ganhara ao produzir *Tommy Tucker's Tooth*, o desenho educativo encomendado pelo dentista Thomas B. McCrum. Era preciso conseguir exibi-lo comercialmente.

A segunda conquista do Oeste americano: Hollywood

Os caçadores de peles tornaram-se símbolos de desbravamento na história americana. Essas pessoas, na vanguarda civilizatória da futura nação, romperam as muitas barreiras existentes em direção ao Pacífico, na conquista do Oeste. Suas riquezas reduziam-se ao que traziam nas mochilas penduradas em suas costas. Haviam deixado para trás suas casas e o passado como cidadãos já estabelecidos, que se debatiam com o problema de transformar as treze colônias independentes em um único país – os Estados Unidos da América. Os pioneiros que seguiram esses caçadores fizeram-se acompanhar por suas famílias, nas quais as mulheres, além de cuidar da casa e de costurar, lutavam contra os índios, se necessário.

O posterior episódio conhecido como Corrida do Ouro, acontecido na Califórnia por volta de 1850, é a história de um país que parecia ter enlouquecido. Após circularem as primeiras notícias de descobertas do metal precioso na região, mais de 20 mil pessoas partiram para o Oeste, arriscando suas próprias vidas, sem mensurar os inúmeros riscos que corriam, estimuladas pela ilusão do enriquecer facilmente. Outros milhares chegaram por mar. Mas, na Costa Leste, quinhentos navios ficaram parados nos portos, por falta de marinheiros, e jornais foram suspensos por já não ter pessoal nas redações.

O que isso tem a ver com a biografia de Walt Disney? Tudo! Pois, ao falarmos da conquista do Oeste americano, esbarramos na palavra *pioneirismo*, termo que melhor pode descrever Walt Disney em quase tudo o que fez – aspecto que discutirei em detalhes quando falar de sua obra. Outra relação que faço entre a Corrida do Ouro e a aventura de Disney em Hollywood baseia-se no fato de que ele estava indo para a Califórnia em busca de trabalho, de dinheiro. Assim como os primeiros caçadores possuíam apenas sua mochila nas costas ao partirem em busca do Oeste, Disney, ao viajar para lá, usava apenas um paletó axadrezado e uma calça que não combinava com ele, além de portar uma maleta de imitação de couro, em que levava uma camisa, duas cuecas, dois pares de meias e algum material com desenhos.

A viagem foi feita em julho de 1923, no trem *California Limited*, célebre por oferecer serviços de excelente qualidade de modo a atrair novos negócios para a companhia Atchison, Topeka and Santa Fe Railway. O falido Walt tinha no bolso apenas 40 dólares, como ressaltei poucas páginas atrás. Um detalhe importante, a que também já aludi, é que comprou somente o bilhete de ida, mas na *primeira* classe, no melhor trem que fazia o trajeto para o destino a que Walt queria chegar. Se era para começar uma nova vida, que pelo menos fosse em grande estilo. Sim, estou repetindo isso de propósito, pois essa viagem (que também faço todos os anos no nosso programa de negócios) transformaria toda a carreira de Walt Disney.

Aparentemente, Disney estava negando todos os anseios que cultivara até então. Afinal, para alguém entusiasmado com a arte dos desenhos animados, Nova York, que sediava esse tipo de produção, é que constituía a cidade onde Walt poderia encontrar oportunidades de negócio.

Hollywood era o centro da produção cinematográfica, ou seja, da indústria do cinema tal como a conhecemos hoje, na qual os personagens são vividos por atores, por pessoas atuando, em vez de representados por desenhos fotografados em acetato. Filmes e desenhos de animação eram, então, praticamente indústrias separadas, embora seu meio de circulação – a sala de cinema – fosse o mesmo.

Além de abrigar o enorme parque industrial em que trabalhavam numerosos profissionais do cinema, Hollywood tinha um charme especial, que os seduzia e motivava a se transferirem para a cidade: o clima era ótimo, havia praias lindíssimas nas proximidades, desertos e uma variedade de povos distribuída por outras pequenas e grandes cidades vizinhas. Em pouco tempo, nas décadas de 1930 e de 1940, Hollywood se converteria em uma capital das artes do mundo ocidental. Entre os músicos de prestígio, residiam ali compositores como o russo Ígor Stravinski e o austríaco Franz Walter Schönberg, além do maestro alemão Otto Klemperer. Escritores alemães como Thomas Mann, Bertolt Brecht e Lion Feuchtwanger também estavam morando por lá.

Outro fator a impulsionar a prosperidade de Hollywood foi o aparecimento da cultura de massa. O surgimento de entretenimento comercializado no começo do século – pequenos parques de diversão, difusão dos esportes profissionais, criação de clubes musicais e de rádios, etc. – trouxe novo oxigênio para o povo. E o cinema representou o ápice dessa nova era.

Por que Walt teria decidido ir para Hollywood, e não para Nova York? Com certeza, não foi por causa das paisagens ou das companhias de que talvez pudesse desfrutar na primeira. Absolutamente. O fato é que Disney queria desistir de tudo pelo que lutara até aquele momento, inclusive a carreira com desenhos animados. Cheguei a ouvir que um amor não correspondido teria, também, sido a causa dessa mudança, mas minhas pesquisas não confirmam essa versão.

Walt estava muito desiludido com o ramo de animação; começava a achar que tinha entrado muito tarde nessa área. Teve esse pensamento principalmente ao perceber que *As fábulas de Esopo*, de Paul Terry, eram um sucesso. O Gato Félix também já conquistara muitos fãs, e Walt pensou: "Eu devia ter começado no negócio de desenho animado há seis anos. Não vejo como posso bater aqueles garotos de Nova York". Ele foi para Hollywood, portanto, para tentar a carreira de diretor – para dirigir atores, e não para criar personagens e desenhos animados, pois já estava farto das decepções sofridas com estes.

Diria, também, que o fato de seu irmão oito anos mais velho estar morando em Los Angeles o ajudou nessa resolução; afinal, Roy era o irmão predileto, aquele que sempre o auxiliou. Naquele momento, Disney estava precisando de solidariedade e de atenção – sentia-se fragilizado e não tinha como reagir a isso sozinho.

Para finalizar este capítulo que fala da incursão de Disney por Hollywood e anuncia uma guinada em sua carreira, permito-me um salto no tempo e apresento as várias marcas compradas pela Disney nas últimas décadas, tornando a empresa um verdadeiro império e corroborando o espírito de pioneirismo e realização que Walt nela imprimiu, desde sua fundação. Entre essas aquisições, as principais foram:

Canal ABC – American Broadcasting Company

Em 1995, ano em que abri o escritório da empresa no Brasil, a Disney investiu 19 bilhões de dólares para fazer uma das maiores compras da história da comunicação nos Estados Unidos. Ela adquiriu o controle da ABC, rede de televisão que conta com diversos canais, entre eles o mais famoso da tevê aberta americana, que leva seu nome.

Na compra da ABC, a Disney assumiu, ainda, 80% das ações da ESPN, que também tem como sócia a Hearst Corporation. O maior canal de esportes dos Estados Unidos detém o direito de transmitir as maiores ligas dos esportes favoritos dos americanos.

Um detalhe curioso dessa história é que Michael Eisner, então CEO da Disney, tinha começado sua carreira na ABC, na pior área da tevê: a infantil. Certa vez, ao lhe ser perguntado por que tinha aceitado a área de menor audiência, respondeu: "Não se pode cair do chão". Ou seja, do chão a gente não passa. Conta a história que ele teve problemas na empresa, na época – mas, em 1995, realizou o sonho de "comprá-la" por intermédio da Disney.

Pixar

Após disputar o mercado por muitos anos com a empresa que criou filmes como *Toy Story*, *Vida de Inseto* e *Procurando Nemo*, a Disney resolveu investir para "acabar" com sua concorrente – ou melhor, para convertê-la em fonte de renda, incorporando-a. Em 2006, pagou 7,4 bilhões de dólares para adquirir os estúdios que estavam na mão do cofundador da Apple, Steve Jobs.

Nessa ocasião, foi o CEO Robert Iger quem dirigiu toda a transação. Anos antes, Michael Eisner havia brigado, e muito, com Steve Jobs. A razão era simples: quando a Pixar estava prestes a falir e precisando urgentemente de um distribuidor, Michael Eisner viu o grande potencial dela e fez um negócio de ouro. Apesar de não dispor de números, como a Pixar estava desesperada por essa negociação, fez valer condições mediante as quais a Disney levava quase tudo, deixando "migalhas" para a Pixar. Anos depois, Steve Jobs tentou renegociar esses termos, e foi aí que os problemas aconteceram com Michael Eisner. Com a saída de Michael, Robert Iger, muito inteligentemente, convenceu Steve Jobs quanto à transação. Muita gente não sabe, mas com as ações adquiridas nessa negociação, Steve passou a ser o maior acionista individual da Disney, com 7% das ações.

Marvel

Em 2009, a Disney anunciou um acordo para adquirir a Marvel Entertainment por 4 bilhões de dólares. A transação foi finalizada em 31 de dezembro daquele ano, quando a Disney assumiu plena propriedade da Marvel. A Disney afirmou que sua aquisição não afetaria os produtos da Marvel Entertainment, tampouco a natureza dos seus personagens. O capital da Disney foi crucial para os produtos lançados pela empresa nos anos seguintes, entre eles o blockbuster *Os Vingadores*, de 2012.

Lucasfilm

Em 2012, a Disney anunciou planos de aquisição da Lucasfilm e de lançamento de *Star Wars Episódio VII*, em 2015. Em 4 de dezembro de 2012, a fusão Disney-Lucasfilm foi aprovada pela Comissão de Comércio Federal, permitindo que a aquisição fosse finalizada sem sofrer limitações impostas pela legislação antitruste. Em 21 de dezembro de 2012, o acordo foi concluído com o valor de aquisição aproximado de 4 bilhões de dólares, e, a partir daí, a Lucasfilm tornou-se uma subsidiária integral da Disney.

Em 29 de maio de 2013, a Disney definiu as datas de lançamento para vários filmes de animação até 2018: quatro da Disney Animation e três da Pixar Animation. As animações, algumas delas já lançados, são: *Divertida Mente* (2015, Pixar), *Zootopia e Moana* (2016, Disney Animation), *Procurando Dory* (2016, Pixar), *Toy Story 4* (2018, Pixar), e dois lançamentos da Disney Animation ainda não revelados para 2018.

De volta à animação

Antes de explicar as razões que levaram Walt Disney a voltar a desenhar, gostaria de falar um pouco sobre a história dos desenhos animados e do real significado dessa arte.

O sentido etimológico da palavra animação oferece algumas pistas para isso. O termo remete ao ato ou efeito de animar, de dar vida, infundir ânimo, valor, energia. Tem origem na palavra latina "anima", que significa princípio vital.

Essa definição é essencial para entendermos a fundo o tema. Walt Disney costumava dizer que os personagens precisavam ter "alma", precisavam ir além de movimentos. Muita gente entende animação como desenho em movimento, apenas. Qualquer pessoa pode conferir movimento a um desenho, mas é na arte de dar alma a um personagem que reside todo o sucesso da animação, e Walt Disney foi incomparável no exercício dessa arte. O segredo está no storytelling, ou seja, na história por trás do desenho, que dará vida (alma) ao personagem. No momento em que escrevo este capítulo, estou lendo o livro *Creativity, Inc.: Overcoming the Unseen Forces that Stand in the Way of True Inspiration* (2014), de Ed Catmull, presidente da Pixar. Ele fala a mesma coisa do ponto de vista de desenhos feitos por computador, inovação da Pixar com *Toy Story*, lançado em 1995 (por coincidência, o ano que entrei na Disney). Segundo Ed, sem a percepção de que os personagens são reais, não existe animação. Portanto, repito: a animação seria mais bem definida como a arte de dar vida, alma aos personagens de um desenho. Como colocar esses personagens em movimento é questão secundária.

Animação: antes e depois de Walt Disney

Sabe-se que o homem, desde tempos pré-históricos, sempre tentou reproduzir o movimento em sua arte. Os primeiros homens a desenhar animais nas cavernas, nas pedras, talvez ficassem intrigados por não conseguir tal feito. O primeiro recurso utilizado para obter um simulacro de movimento foi, no caso da figuração de animais, dar-lhes pernas extras, a fim de confundir os olhos e proporcionar a sensação de que os animais estavam se movendo.

Outro exemplo dessas primeiras tentativas, muito mais próximo de nossa época, é o desenho de Leonardo da Vinci, realizado por volta de 1492, em que ele, ao representar as proporções do corpo humano, dá, além de formas, movimentos aos braços e às pernas.

A animação, tal como é conhecida e apreciada hoje, não poderia ter sido criada sem que as pessoas passassem a entender como funciona o olho humano no tocante à persistência da visão. Em 1828, pela primeira vez, isso foi demonstrado pelo britânico Peter Mark Roget, que inventou o taumatrópio (roda de magia, em grego) – embora a autoria desse aparelho seja polêmica. Era um disco com dois cordões amarrados em extremidades opostas. Uma face do disco mostrava um pássaro e a outra, uma gaiola vazia. Quando, por meio dos cordões, o disco era girado de modo a exibir rápida e sucessivamente cada uma de suas faces, o fenômeno da persistência da visão fazia com que o observador visse o pássaro dentro da gaiola. O experimento provou que os olhos retinham imagens quando elas eram expostas em série, rapidamente.

Em 1892, o francês Charles-Émile Reynaud trouxe o desenho animado para o mundo dos negócios. Émile, fascinado pelas tentativas anteriores de animação, construiu um aparelho a que deu o nome de praxinoscópio, um projetor com que ele exibia sobre uma tela, em espetáculos públicos, imagens que proporcionavam a ilusão de movimento.

Pouco mais tarde, o desenvolvimento da câmera de filmar e do projetor por cientistas, entre eles Thomas Edison, tornou possível introduzir, em um desenho, a ilusão de movimento. Essa conquista só se deu quase uma década depois que a indústria da animação havia sido iniciada. Três pessoas importantes estão associadas ao advento da animação cinematográfica: James Stuart Blackton, Émile Cohl e Zenas Winsor McCay.

Finalizo esse breve comentário sobre momentos determinantes da animação ressaltando que todo esse desenvolvimento acabou culminando na criação dos estúdios sediados em Nova York, nas primeiras décadas do século passado. Os primeiros desenhos realizados então não tinham personalidade; eram feitos sem muita elaboração. Daí a maioria não ter sobrevivido, ainda mais depois do advento da sonorização para o desenho animado. É, aliás, com o surgimento da banda sonora que Disney começa a aparecer no cenário da história da animação. Mas, como dizia, a maior parte dos desenhos não sobreviveu por não ter personalidade. Nem mesmo o Gato Félix, que foi o personagem que mais conquistou o público do cinema animado mudo, resistiu. O último filme regular de Félix, desenhado por Pat Sullivan e Otto Messmer, saiu em agosto de 1928, três meses antes do estrondoso sucesso de *Steamboat Willie*, com Mickey Mouse cantando, pulando e assobiando. O próprio Disney já havia desenhado, antes dele, *Plane Crazy* e *The Galoppin' Gaucho*, e ambos não tinham feito tanto sucesso, certamente por não serem sonorizados.

Os criadores do Gato Félix tentaram, várias vezes, fazer com que ele retornasse, mas nunca mais o personagem atingiu o êxito alcançado nos anos 1920. O desenvolvimento das técnicas de desenho prosseguiu, e um dos preceitos então estabelecidos chegou até os dias de hoje. Trata-se do uso de formas arredondadas, de desenhos estruturados em círculos. Foi assim que Ub Iwerks desenhou Mickey Mouse: cabeça redonda, olhos redondos, nariz redondo, corpo redondo; dessa forma, o desenhista nunca tinha de se preocupar com os ângulos; não importava como o personagem se movia, pois ele sempre poderia ser representado, mediante o emprego das versáteis formas circulares.

Explicados alguns tópicos da história da animação, voltemos a Walt Disney e a sua chegada a Hollywood. Walt ansiava por uma oportunidade como diretor e andava de estúdio em estúdio – mas nenhuma proposta de trabalho surgia. Por isso, Walt, apesar de querer ser diretor, começou a aceitar a ideia de desempenhar qualquer ocupação dentro de um estúdio, desde que ela representasse uma oportunidade futura. Sua teoria era que, para subir na vida, era preciso estar dentro de um negócio. Esse pensamento o levou a aceitar uma chance para atuar – ocasião em que ele foi substituído no último momento, como já mencionei.

Os 40 dólares com que Walt chegara à cidade desapareceram enquanto ele percorria insistentemente os estúdios. Uma vez esgotado o dinheiro, passou a ser sustentado por seu irmão, Roy. Diante dessa situação difícil, Walt teve de voltar para as pranchetas de desenho.

Nada é por acaso. Quando a gente junta o quebra-cabeça da vida, começa a entender como se consolidou determinado destino.

Walt e Roy fundam o Disney Brothers Studio em 16 de outubro de 1923. Walt voltava a dar uma nova oportunidade a si mesmo com os desenhos animados. No começo, pensava em retornar a eles apenas até que as coisas melhorassem um pouco, para então tentar, novamente, a carreira de diretor. Realmente, Walt não tinha ideia do que seu regresso ao desenho de animação acarretaria para ele. Entre as produções que viriam a transformar a vida de Walt, está *Alice Comedies*. Essa série foi uma espécie de ganha-pão dos irmãos Disney. Walt tentou, sem sucesso, convencer Alexander Pantages, dono de uma cadeia de cinemas, a comprar filmes cômicos.[1]

Posteriormente, Disney recebeu uma oferta para fazer doze filmes de Alice para um distribuidor de Nova York, bem distante de Hollywood. O projeto se concretizou mediante contrato com a Lloyds Film Storage Company.

---

[1] Pantages era um nome fundamental no ramo do entretenimento da época. Esse produtor grego possuía um circuito de salas de cinema em todo o Oeste dos Estados Unidos e no Canadá. No auge de seu império, chegou a operar 84 salas. Mas era um homem conhecido pela crueldade e pelo modo desumano de tratar as pessoas. Em 1929, foi acusado de estuprar uma dançarina de 17 anos de idade. A publicidade negativa decorrente dessa suspeita o levou a vender suas operações, o que o anulou como força de expressão no negócio. Morreu em 1936, com uma pequena fração do que tinha sido seu enorme patrimônio.

A empresa pagava 1,5 mil dólares por filme, que demorava um mês para ficar pronto. Havia, porém, um grande problema a solucionar, para que os irmãos pudessem fazer esse sonho se tornar realidade: como sempre, eles não tinham dinheiro.

Quando terminaram o primeiro filme, tinham gastado 750 dólares, exatamente a metade do que eles iriam receber pelo trabalho. Esse foi o primeiro lucro que os irmãos tiveram em Hollywood. Os filmes seguintes passaram a custar mais do que o inicial, pois Disney estava sempre preocupado com a qualidade. Queria um *cameraman* profissional (até tentou que o irmão fizesse isso, mas não deu certo), começou a pagar melhores salários aos seus artistas, alugou máquinas mais modernas, etc. Walt fez praticamente sozinho os seis primeiros filmes. Depois, trouxe seu antigo sócio comercial, Ub Iwerks, que ainda estava em Kansas City. Já tinha contratado um outro jovem, com o nome de Rollin (Ham) Hamilton. Ub ganhava 50 dólares em Kansas City, na Film Ad, e foi ganhar 40 dólares na Califórnia. Walt fazia os esboços e os dois completavam o trabalho.

> Está tudo correndo muito bem conosco, e estou feliz em saber que você decidiu vir para Hollywood. Você jamais se arrependerá, pois este é o seu lugar, um mundo ideal para se trabalhar e se divertir. Eu te darei um trabalho como cartunista. Nos Estúdios Disney, grande parte do que fazemos são desenhos animados. Responda-me imediatamente, e [diga] o que você quer para começar. No momento, tenho um camarada me ajudando com animação e três garotas ajudando com a tinta. Roy toma conta da parte administrativa.[2]

---

[2] Disponível em http://www.cartoonbrew.com/disney/disneys-1924-letter-to-ub-iwerks-38855.html. Acesso em 17-5-16.

Walt escreveu essas palavras em uma carta que enviou de Los Angeles, em 1 de junho de 1924, para seu grande amigo em Kansas City, Ub Iwerks. Ao trazer de volta Ub Iwerks, Walt praticamente encerra sua carreira como desenhista. Ub assumiria essa função. Mas ele era tão genial que trouxe o melhor profissional que havia para fazer exatamente o que ele não sabia fazer tão bem. A propósito, Disney sempre reconheceu isso, conforme podemos notar por meio de suas próprias palavras:

> Não sou, em nenhum sentido da palavra, um grande artista, nem mesmo um grande animador; eu sempre tive homens trabalhando para mim cujas habilidades eram melhores que as minhas próprias. Sou um homem de ideias.
> [...]
> Você pode sonhar, criar, desenhar e construir o local mais maravilhoso desse mundo, mas pessoas são necessárias para fazer do sonho uma realidade.
> [...]
> Existe um grande sentimento de satisfação quando se ganha um prêmio por um trabalho bem feito; uma única pessoa não pode ter todos os créditos pelo sucesso de um filme.[3]

Walt nunca negou que devia seu sucesso à equipe, às pessoas que trabalhavam para ele. Podemos perceber essa postura ao longo de sua história. A seguir, mais um exemplo de como Disney entendia seu papel dentro da empresa, explicando-o a uma criança que conversou com ele:

---

[3] Disponível em http://www.disneydreamer.com/walt/quotes.htm. Acesso em 17-3-16.

– O senhor desenha o Mickey Mouse?
Tive de admitir que não o desenhava mais.
– Então, o senhor cria todas aquelas historinhas?
– Não – eu disse –, não as crio mais!
Finalmente, ele olhou para mim e perguntou:
– Senhor Disney, então o que o senhor faz nessa empresa?
– Bem – respondi –, algumas vezes me sinto como uma pequena abelha. Vou de uma área do estúdio para outra, juntando pólen, e tento estimular todos. Acho que é esse o trabalho que faço.
(Thomas, 1976, p. 232)

Na altura em que Walt e Roy montaram sua equipe de produção em Hollywood, a qual incluía Ub, o aumento das despesas na empresa os obrigou a controlar os gastos. Os dois passaram a dividir o mesmo quarto em uma pensão e a compartilhar entre si as refeições que faziam. Assim, em um restaurante, um pedia um prato com carne e o outro, uma salada. Depois, repartiam a comida vinda em cada um dos pratos. O expediente faz lembrar a ocasião em que Walt foi encontrado a se servir, em seu escritório em Kansas City, de feijão frio e de pão seco.

Infelizmente, as despesas na Disney Brothers Studio não paravam de aumentar, chegando a um ponto em que o valor recebido por um filme já não era suficiente para que se pudesse prosseguir na produção do seguinte. Para completar, Margaret J. Winkler, que fazia a distribuição dos desenhos da Disney Brothers, tinha se casado com Charlie B. Mintz, que assumira os negócios.

Margaret Winkler foi uma figura-chave na história da animação e a primeira mulher a produzir e distribuir filmes de animação. Nascida na Hungria, começou sua carreira como secretária pessoal de Harry Warner, um dos fundadores da Warner Bros. Durante a maior parte da era dos filmes mudos, a Warner Bros. era estritamente uma distribuidora de filmes – e não um estúdio de produção de conteúdo – e Harry Warner era o homem que fazia os negócios.

Em 1917, a Warner Bros. começou a distribuir as tirinhas dos personagens Mutt e Jeff para jornais de Nova York e Nova Jersey. Warner ficou impressionado com o tino comercial de Winkler, que conduziu as negociações, e a encorajou a iniciar sua própria empresa. Em 1922, ela assinou um contrato com a Pat Sullivan Productions para produzir os desenhos do Gato Félix, o que rapidamente a catapultou para o topo do ainda imaturo mundo do desenho animado.

Dois anos depois, em 1924, Margaret casou-se com Charles Mintz – e ele assumiu o controle da empresa da esposa, a Winkler Pictures. Lidar com Margaret Winkler era muito mais fácil para Walt Disney. Com o marido dela, a vida de Walt transformou-se em um verdadeiro pesadelo. Charlie começou a enviar metade do pagamento. Walt escreveu para ele em 29 de agosto de 1924, reclamando dos atrasos nos pagamentos.

> Precisamos de dinheiro. Temos gastado nas produções exatamente o que você tem enviado. E como você só está enviando 900 dólares, isso nos deixa em uma situação extremamente complicada; estou disposto a sacrificar um pouco de nosso lucro para produzir algo com qualidade, mas eu espero que você mostre sua compreensão ajudando-nos. (Thomas, 1976, p. 75)

Charlie chegou a cogitar o cancelamento do contrato, que previa a produção de doze filmes. Segundo ele, a série já não estava tão interessante quanto no começo. Fizeram um acordo, pois Walt já tinha o sétimo filme pronto e queria vê-lo nas telas, de qualquer jeito. O sétimo filme da série *Alice Comedies* foi um sucesso enorme. Sua filha Diane uma vez perguntou qual era a diferença entre o sexto e o sétimo filme, e Walt não tinha uma explicação lógica. "De algum modo, deve ter caído em um padrão diferente", disse ele; "ou talvez minhas piadas estivessem melhores" (*Ibidem*).

O êxito do sétimo filme da série *Alice Comedies* suscita um comentário específico e delicado. Como afirmei em outro capítulo, Ub Iwerks foi considerado o melhor desenhista dos estúdios Disney de todos os tempos. Chegou a ser apontado como o melhor dos Estados Unidos. Ele se juntou à equipe de Walt Disney exatamente quando o sétimo filme, que viria a dar fôlego à empresa, começaria a ser realizado. Os cinco filmes que faltavam para o cumprimento do contrato foram concluídos também com sua participação, e, na sequência, Charlie Mintz encomendou mais doze. Diante disso, por mais que admire o talento e a genialidade de Walt Disney (inclusive a de saber contratar os melhores profissionais), não posso deixar de pensar que essa reviravolta deve ser atribuída à colaboração de Ub Iwerks. O episódio pode ter sido resultado de um lance de sorte, de uma súbita inclinação do público por aquele sétimo filme, mas também pode ter sido fruto da qualidade que Ub Iwerks imprimiu à produção da série a partir do momento em que passou a integrar a equipe de Walt. Existe um livro fascinante sobre a vida de Ub Iwerks chamado *The Hand Behind the Mouse: an Intimate Biography of Ub Iwerks* (2001), de John Kenworthy.

É interessante notar, a propósito, que nenhum crítico tenha imputado a Ub a responsabilidade por essa virada, e que o gênio de Walt, em contrapartida, continue a ser enaltecido – apesar de, em última análise, sempre se poder reconhecer a Disney a capacidade de trazer o artista certo, no momento certo, para o filme certo.

A série de Alice (1923-1927) teve 57 desenhos, pelos quais os irmãos Disney foram bem remunerados. Alguns livros divergem quanto a esta contagem, mas a lista apresentada no quadro a seguir não deixa dúvida quanto ao número real de produções da série.

ALICE COMEDIES
1. *Alice's Wonderland* (1923)
2. *Alice's Day at Sea* (1924)
3. *Alice's Spooky Adventure* (1924)
4. *Alice's Wild West Show* (1924)
5. *Alice's Fishy Story* (1924)
6. *Alice and the Dog Catcher* (1924)
7. *Alice the Peacemaker* (1924)
8. *Alice Gets in Dutch* (1924)
9. *Alice Hunting in Africa* (1924)
10. *Alice and the Three Bears* (1924)
11. *Alice the Piper* (1924)
12. *Alice Cans the Cannibals* (1925)
13. *Alice the Toreador* (1925)
14. *Alice Gets Stung* (1925)
15. *Alice Solves the Puzzle* (1925)
16. *Alice's Egg Plant* (1925)
17. *Alice Loses Out* (1925)
18. *Alice Gets Stage Struck* (1925)
19. *Alice Wins the Derby* (1925)
20. *Alice Picks the Champ* (1925)
21. *Alice's Tin Pony* (1925)
22. *Alice Chops the Suey* (1925)
23. *Alice the Jail Bird* (1925)

(cont.)

ALICE COMEDIES

24. *Alice Plays Cupid* (1925)
25. *Alice Rattled by Rats* (1925)
26. *Alice in the Jungle* (1925)
27. *Alice on the Farm* (1926)
28. *Alice's Balloon Race* (1926)
29. *Alice's Little Parade* (1926)
30. *Alice's Mysterious Mystery* (1926)
31. *Alice's Orphan* (1926)
32. *Alice Charms the Fish* (1926)
33. *Alice's Monkey Business* (1926)
34. *Alice in the Wooly West* (1926)
35. *Alice the Fire Fighter* (1926)
36. *Alice Cuts the Ice* (1926)
37. *Alice Helps the Romance* (1926)
38. *Alice's Spanish Guitar* (1926)
39. *Alice's Brown Derby* (1926)
40. *Alice's Lumber Jack* (1926)
41. *Alice the Golf Bug* (1927)
42. *Alice Foils the Pirates* (1927)
43. *Alice at the Carnival* (1927)
44. *Alice at the Rodeo* (1927)
45. *Alice the Collegiate* (1927)
46. *Alice in the Alps* (1927)
47. *Alice's Auto Race* (1927)
48. *Alice's Circus Daze* (1927)
49. *Alice's Knaughty Knight* (1927)
50. *Alice's Three Bad Eggs* (1927)
51. *Alice's Picnic* (1927)
52. *Alice's Channel Swim* (1927)
53. *Alice in the Klondike* (1927)
54. *Alice's Medicine Show* (1927)
55. *Alice the Whaler* (1927)
56. *Alice the Beach Nut* (1927)
57. *Alice in the Big League* (1927)

Em 1927, *Alice* começou a deixar de ser um sucesso de bilheteria. Carl Laemmle, o agressivo empresário fundador da Universal Pictures, tinha dito a Charlie Mintz que queria um seriado de desenho animado com um coelho. Margareth Winkler Mintz sugeriu ao marido, Charlie, que Walt Disney fizesse essa série para substituir *Alice*. Walt ficou entusiasmado com a ideia. Os primeiros desenhos feitos pela equipe de Walt não foram bem recebidos pela Universal, mas aos poucos foram melhorando.

No livro *A história de Walt Disney* (1960), de Diane Disney Miller, a filha de Walt, é dito que a ideia do coelho foi de seu pai. Diane coloca essas palavras na boca de Walt: "Escrevemos uma série de possíveis nomes para o animal. Jogamos esses nomes em um chapéu e eu pedi ao Charlie para tirar um. Ele sorteou o nome Oswald" (Miller, 1960). No entanto, segundo Bob Thomas, considerado o biógrafo oficial de Disney, a concepção é do fundador da Universal, Carl Laemmle. Já quanto ao nome do personagem, Bob afirma que ele foi dado por Charlie Mintz, mas não menciona em nenhum momento, em seu livro *Walt Disney: an American Original* (1976), que Walt tenha feito várias sugestões.

Walt teve de mudar os métodos que utilizava até então com *Alice* – ou seja, passou a não mais usar desenhos com personagens humanos.

O coelho tinha orelhas compridas, pés grandes e uma pequena bola no lugar da cauda. O distribuidor (a filha de Disney, em seu livro, nunca usa o nome Charlie Mintz, designando-o como "o homem do Leste", por ele ter se tornado *persona non grata* para a família Disney, por motivos que esclarecerei mais adiante) empregou um cunhado,

George Winkler, para representá-lo em Hollywood. George era responsável pela entrega dos cheques a Roy Disney, cada vez que ia recolher novos desenhos do coelho Oswald e o cartaz promocional a ser colocado nos cinemas.

Walt e Roy não percebiam que havia algo de errado na parceria que mantinham com Mintz; só viriam a se dar conta disso mais adiante, e quando já era tarde demais para se precaverem do grande problema que se abateu sobre os dois irmãos. A maneira como Walt reagiu constitui, em minha opinião, uma das passagens mais belas da história de Walt Disney, mas deixarei isso para o capítulo sobre Mickey Mouse.

Por ora, convém falar um pouco mais sobre a relação entre Walt Disney e Charlie Mintz, ainda na época da produção de *Alice Comedies*, de modo a esclarecer as circunstâncias em que Mickey nasceria.

Com Ub Iwerks na folha de pagamento, não sobrava muito dinheiro para Walt e Roy, fundadores da empresa. Como tudo na vida, sempre há o lado positivo e o lado negativo da história: apesar de os sócios reduzirem seu lucro por contratarem Ub, ganharam muito na qualidade dos desenhos e na rapidez com que eles eram feitos, pois Ub Iwerks, além de ser um grande desenhista, era também extremamente rápido.

A limitação financeira era a maior dificuldade para os estúdios. Como já afirmei, Walt chegou a enviar a Charlie Mintz uma carta, datada de 29 de agosto de 1924, queixando-se de que todo o dinheiro que recebia estava sendo consumido na produção dos filmes. Mintz respondeu explicando que sua empresa também enfrentava problemas financeiros, o que o impossibilitava de remunerar os filmes acima do que já vinha pagando. Ele aproveitou, também, para dizer que a qualidade de *Alice Gets in Dutch* não era das melhores. Além disso, Charlie Mintz estava pressionando Walt para fazer mais comédias. Walt cedeu, começando a trabalhar nessa direção. Feita essa alteração, o sucesso de público e de crítica não tardaria, impulsionado pelo aprimoramento dos desenhos.

Em dezembro de 1924, foi oferecido um contrato de dezoito meses para *Alice Comedies*, estipulando o valor de 1,8 mil dólares por filme entregue, mais uma parcela do lucro do aluguel das cópias para os cinemas. Finalmente, o Disney Brothers Studio funcionava a todo vapor. Walt convidou mais dois ex-alunos do falido Laugh-O-Grams, Hugh Harman e Rudy Ising, para irem de Kansas City a Hollywood.

Edna Francis e Lillian Bounds Disney

Roy casou-se com Edna Francis em 11 de abril de 1925. Há quem diga que, naquela altura, Roy e Walt já não aguentavam mais morar juntos. Conta-se que, enquanto compartilhavam da mesma residência, era Roy quem cozinhava e que, certa noite, ele ficou muito nervoso quando Walt reclamou da comida. Roy concluiu, então, que já não era possível aos dois viverem sob o mesmo teto.

Foi no casamento de Roy e Edna que Walt conheceu Lillian Bounds, a Lilly, que viria a ser sua esposa. Lillian soubera, por meio de uma amiga, que os estúdios Disney precisavam de uma funcionária para pintar alguns dos desenhos. O salário não era alto – apenas 15 dólares por semana –, mas Lillian vivia muito perto do trabalho. Walt andava bastante ocupado, na época, para dar atenção àquela nova funcionária, até que comprou um Ford, com o qual oferecia carona a seus colaboradores. Um dia, Walt, ao deixar Lillian na casa da irmã dela, comentou: "Vou comprar um novo terno. Quando eu o tiver, você se incomodaria se a convidasse para sair?" (Thomas, 1976, p. 78). Ela aceitou imediatamente o convite. Recebido o primeiro cheque de Margaret Winkler, Walt convenceu Roy de que deveriam comemorar com a compra de um novo terno. Foram até a loja Foreman e Clark, no centro de Los Angeles. Walt comprou dois ternos e Roy, um. Podemos antecipar, uma vez narrado esse pequeno acontecimento, que Walt gostava de gastar, enquanto Roy era mais comedido ao fazer despesas. Assim seria a vida inteira: Roy sempre tentando mostrar ao irmão que ele gastava demais. Voltando ao assunto, naquela mesma noite, Walt foi visitar Lillian e a primeira pergunta que fez a ela foi: "O que você acha do meu novo terno?" (Thomas, 1976, p. 78).

Walt havia prometido a si mesmo que não se casaria até completar 25 anos e ter, no mínimo, uma poupança de 10 mil dólares. Não cumpriu nenhuma das duas condições desse compromisso. Roy acompanhou Walt quando este foi comprar um diamante para Lillian e, apesar de seu esforço para que o irmão adquirisse uma peça de 35 dólares, Walt não resistiu e escolheu outra, que custava 75 dólares. No dia 13 de julho de 1925 (alguns livros falam 13 de junho), eles se casaram. É importante mencionar que 75 dólares, em 1925, era um bom dinheiro. Provavelmente algo em torno de 8 milhões de dólares nos dias atuais.

O resultado da visita à joalheria constitui mais um exemplo que diz muito a respeito de Roy e de Walt. O primeiro sempre buscando economizar, e o segundo aspirando sempre ao melhor, a despeito do custo que isso implicasse. Assim foi o tempo todo, tanto na vida pessoal quanto na execução de grandes empreendimentos, como um parque. Walt sempre visava ao melhor, e realmente considerava o custo final apenas um detalhe – detalhe esse, porém, que fez Roy suar nas ininterruptas idas e vindas a bancos, em busca de empréstimos para tornar os projetos idealizados pelo irmão uma realidade.

O casamento trouxe-lhes novas responsabilidades, o que motivou, ainda mais, os irmãos Disney a expandir seu negócio. No dia 6 de julho de 1925, os dois sócios fizeram o primeiro pagamento de 400 dólares referente à aquisição de um lote na avenida Hyperion, 2719, onde planejavam construir um estúdio maior. Precisaram de mais 100 dólares para finalizar a compra, emprestados pelo tio Robert Disney (o mesmo que tinha terras em Marceline e que recomendara ao irmão, Elias, pai de Walt e Roy, a pequena cidade como o melhor local para criar seus filhos).

Nesse endereço da avenida Hyperion, região de alto padrão em Hollywood, hoje se encontra o Gelson's The Super Market, um supermercado que comercializa produtos orgânicos.

Em 2014, antes de lançar o programa de negócios Marceline Project, com que minha empresa leva, anualmente, clientes para percorrer as cidades que influenciaram a vida de Walt Disney (Chicago, Marceline, Kansas City, Hollywood e Orlando), fiz uma viagem, sozinho, de trem, para observar todo o trajeto e obter informações importantes para o lançamento oficial do programa. Já conhecia, na verdade, todos os lugares previstos no roteiro de visitas, mas não tinha realizado o percurso pela linha férrea; meu foco, portanto, era montar um programa que encantasse os participantes mesmo ao utilizar deslocamentos de trem.

Em Hollywood, entrei no Gelson's The Super Market e fui tirar uma foto ao lado dos caixas, onde está exposta uma fotografia antiga, que mostra como era o estúdio em que foram feitos vários filmes de Disney, incluindo o inesquecível *Branca de Neve e os Sete Anões*. Uma mulher muito simpática estava pagando suas compras naquele momento e, ao notar minha alegria em tirar aquela foto, indagou: "Você deve ser um fanático por Walt Disney, não é mesmo?". Sorri, e ela continuou: "Você não vai acreditar, mas eu e meu marido somos tão apaixonados pela vida de Walt Disney, que compramos a casa onde ele nasceu em Chicago e estamos a transformando em um ponto de interesse histórico". Fiquei muito admirado e contente com tamanha coincidência. O nome dessa senhora é Dina Benadon, e ficamos amigos imediatamente. Quando contei a ela que tinha passado, havia apenas quatro dias, pela casa em que Disney nascera, ela também ficou muito surpresa. Dina mora bastante perto das casas nas quais Walt e Roy residiram. Sugeriu que eu seguisse seu carro para que as mostrasse a mim, na avenida Lyric.

As coincidências não pararam aí. Dina tinha um evento marcado para dali a duas semanas em Celebration, na Flórida, local onde vivi entre 2000 e 2004. O evento destinava-se a arrecadar fundos para o projeto de restauração da casa em Chicago. Durante sua realização, conheci

Brent Young, o esposo de Dina, e o diretor do projeto, Todd Regan, pessoas com as quais mantenho contato até hoje. Os três me ajudaram muito na elaboração do meu programa de negócios e eu, por minha vez, decidi investir em dois aspectos do projeto deles em Chicago. Além da iniciativa de recuperação da antiga casa de Disney, Dina Benadon e Brent Young são fundadores, em Hollywood, do Super 78 Studios.

Walt Disney e Charlie Mintz

Como já mencionei em capítulo anterior, a criação do personagem Mickey Mouse está estreitamente vinculada ao relacionamento de Walt Disney com Charles Mintz, de quem já esbocei algumas particularidades. Cabe, agora, analisar mais de perto a maneira como se dava essa parceria e acompanhar as circunstâncias que culminaram no surgimento do camundongo que transformaria a vida dos irmãos Disney.

As finanças do estúdio Disney dependiam, nessa época, quase que exclusivamente do que Walt e Roy recebiam de Margaret Winkler mediante a entrega de cada desenho animado. Para entender essa situação, é importante ter em vista que, naqueles tempos, os donos do negócio do cinema eram os distribuidores, não os criadores de conteúdo.

O negócio de distribuição de cinema – quer se trate de filmes com atores ou de animações – inicia-se com a inauguração, em Nova York, no ano de 1894, da primeira sala de cinetoscópios, criada pelos irmãos Holland.

Desenvolvido por técnicos dos laboratórios de Thomas Edison, o cinetoscópio era uma máquina que permitia a um único observador de cada vez assistir, por meio de um visor individual, à sucessão das imagens de uma fita colocada em movimento. Thomas Edison vendia essa invenção à empresa dos Holland e a algumas outras, mas em breve não mais estaria sozinho nesse mercado. Companhias concorrentes passaram a vender suas próprias versões do cinetoscópio – entre elas a American Mutoscope Company, a International Film Company e a Edward Amet. Em 1901, Edison conseguiu o monopólio da invenção e de seus aperfeiçoamentos subsequentes, como os que permitiram a projeção de filmes em telas. Isso mudou por completo as regras do negócio do cinema. Edison começou a processar todas as empresas que exibissem filmes sem sua autorização – e, portanto, sem pagar royalties à sua companhia –, fundando, posteriormente, com a finalidade de exercer maior controle sobre essas produções, a Motion Pictures Patents Company (MPCC), em 1909.

Alguns produtores começaram a se rebelar contra o poder de Edison. Foi iniciado um movimento para se libertar do controle do MPCC. Alguns distribuidores independentes começaram a processar a MPCC por monopólio, e foi criada a Independent Moving Pictures Company (IMP), que deu vida a uma nova força no cinema. Carl Laemmle emerge como um dos mais ativos protagonistas dessa contestação no período e, em 1912, com Pat Powers e Mark Dintenfass, cria a Universal Studios. Em seguida, surgem novos distribuidores independentes. Em 1915, William Fox funda a Fox Film Corporation, que combinava produção, distribuição e cadeias de cinemas. Entre 1915 e 1924 surgem a United Artists, a Warner Bros., a MGM e a Columbia. A era dos estúdios começava a despontar, substituindo a era dos distribuidores. Mas, naquele momento de transição entre modelos de negócio, quem dava as cartas ainda era quem tinha poltronas nos cinemas para vender.

Voltando a Disney, os cheques para pagamento por seus filmes eram entregues pessoalmente por George Winkler, o cunhado de Charlie Mintz – mas, infelizmente, não estavam chegando a tempo para que Disney pudesse, por sua vez, honrar seus compromissos.

Walt queixou-se a Mintz a esse respeito e, a partir de então, teve início a troca de uma série de cartas entre eles, cujo teor era, em geral, nada agradável. Para que se faça ideia do tom de que estavam impregnadas, transcreverei algumas passagens delas, que li em *Walt Disney: an American Original* (1976), livro de autoria de Bob Thomas, o biógrafo oficial de Walt Disney. É minha a versão para o português desses trechos.

De Walt Disney para Charlie Mintz, em 2 de outubro de 1925:

> Primeiro, quero que saiba que é minha intenção cumprir o [nosso] contrato e espero que você faça o mesmo [...] Pretendo continuar enviando os filmes para você o mais rápido possível, ou seja, aproximadamente a cada dezesseis dias. Espero que você os receba e os remeta imediatamente [para distribuição]. Caso não faça isso, você estará quebrando nosso contrato e serei forçado a procurar outros distribuidores. (Thomas, 1976)

De Charlie Mintz para Walt Disney, em 6 de outubro de 1925:

> [...] Será que você não tem um mínimo de consideração em sua alma, ou nós vamos ter de enfrentar a mesma situação que enfrentamos depois de ter colocado um certo desenho no mercado e não ter tido o resultado esperado?
> Agora, deixe-me dizer algo mais. Os primeiros sete desenhos foram uma perda total e você pode acreditar no que digo: nós não ganhamos um único dólar em nenhum dos filmes que pegamos [...] Você deveria ter total vergonha de si mesmo. (*Ibidem*)

De Charlie Mintz para Walt Disney, em 17 de novembro de 1925:

> Em primeiro lugar, acredito que você concordará comigo quando digo que perdemos muito dinheiro com a primeira série de *Alice Comedies*. Acho que você também vai acreditar em mim quando digo que, até agora, na segunda série, estamos bem longe de falar em lucros. Creio que você também vai concordar comigo quando digo que continuar nesses termos não seria uma decisão [inteligente], plausível.
> Se você estiver lendo os jornais e se encontrando com pessoas do nosso ramo, saberá muito bem que essa é a realidade. Na verdade, é fato que o mercado de filme independente está próximo de quebrar... (*Ibidem*)

De Walt Disney para Charlie Mintz, em 15 de dezembro de 1925:

> Nosso contrato expira em 5 de janeiro de 1926, com sua opção de pedir mais 26 filmes para o ano seguinte. Criei minha organização para que possa completar todos os pedidos [filmes] a cada duas semanas, no próximo contrato, caso você decida pela renovação. Com a minha presente folha de pagamento, certamente perderia dinheiro se tivesse que receber (seu cheque) a cada três semanas, e cortar meu pessoal está fora de cogitação. Você bem sabe quão difícil é ter homens [bem] treinados nessa área de animação. Meus artistas são todos capazes e experientes, difíceis de serem substituídos com qualquer salário. Como posso admitir essa perda caso seus pagamentos cheguem atrasados? (*Ibidem*)

Antes de escrever este livro, meus conhecimentos sobre Charlie Mintz resumiam-se aos relacionados a Oswald, o Coelho Sortudo. Mas, após ler essas cartas e pesquisar um pouco mais, concluí que a briga entre Disney e Mintz, em 1928, de que falarei no capítulo seguinte, vinha de longe.

As cartas deixam claro, para mim, que Walt Disney estava, sem saber, caminhando sobre gelo fino. É impossível não notar que os argumentos de Charlie Mintz são fortes. Acredito que o ego de Walt Disney estivesse inflado com o sucesso de seus primeiros desenhos, mas que, em contrapartida, do ponto de vista financeiro, do ponto de vista da distribuidora, esses filmes, até então, não eram um grande negócio. Mesmo supondo que Charlie Mintz estivesse exagerando, a fim de constranger Disney, penso que ele não teria sido tão ríspido se realmente não estivesse perdendo dinheiro, ou ganhando muito pouco.

Se nos detivermos um pouco mais na análise desses trechos de cartas, perceberemos que Walt Disney simplesmente ignora os comentários de Charlie Mintz, concentrando-se na questão de receber em dia os pagamentos. Por motivos óbvios, Walt em nenhum momento aceita discutir a afirmação feita por Mintz, segundo a qual ele estava perdendo dinheiro. Nessa época, Walt tinha pouco mais de 20 anos de idade, e apenas começava a aprender a lidar com o mundo do cinema, no qual os criadores estavam, de certa forma, nas mãos dos distribuidores. Não bastava, para obter êxito nesse universo, ser um artista genial, pois o eventual sucesso de um filme dependia de quem viesse a distribuí-lo, apostando no talento de seu criador.

Walt estava, realmente, "cutucando a onça com vara curta". No entanto, apesar de todos os atritos, Charlie Mintz propôs um novo contrato de 1,5 mil dólares por filme da série *Alice,* mais metade dos lucros após o lançamento. A única condição do contrato, no que dizia respeito à participação nos lucros, era de que eles seriam divididos apenas depois de Charlie receber 3 mil dólares por filme, resultantes de sua distribuição. A esse propósito, Charlie escreveu para Walt:

> Isso pode parecer um pouco difícil para você, mas antes que tome qualquer decisão definitiva, eu o aconselharia a digerir essa carta completamente; discuta o assunto com Roy e seu tio [Robert] ou com quem quer que você queira, e não tome nenhuma decisão precipitada. (*Ibidem*)

As negociações continuaram por telegrama pelos dois meses seguintes, marcadas pelo mesmo tom de desencontro. Disney, em um desses telegramas, agrava ainda mais a situação:

> Minha oferta é o limite até onde posso ir. Suas propostas são todas inaceitáveis para mim. Como consequência, com a entrega do último desenho, considero o término do nosso contrato. (*Ibidem*)

Charlie Mintz tentou outras ofertas e, em 8 de fevereiro de 1926, Walt Disney enviou um telegrama com uma proposta que foi aceita. Tratava-se de detalhes, apenas detalhes – mas seria a partir deles que a empresa de Disney se transformaria nos anos seguintes. Walt concordou em fazer os filmes com qualidade melhor e insistiu que todos os negócios relacionados com eles seriam de sua responsabilidade. Também incluiu uma cláusula prevendo que, se o nome de *Alice Comedies* fosse explorado de qualquer forma, fora do ramo de cinema, como em brinquedos, livros, roupas, etc., os lucros seriam divididos. E, o mais importante: Disney estipulou que todos os direitos autorais seriam dele, e não da distribuidora. Esse processo coincidiu com a mudança para o novo estúdio na avenida Hyperion, distante alguns quilômetros de Los Angeles, o que nos leva a pensar que, contando com novas e mais amplas instalações, e com definições contratuais que protegiam de maneira mais justa seus direitos, a empresa de Disney poderia, finalmente, se expandir.

Alguns autores dizem que, por essa época, Roy Disney, refletindo sobre o nome do estúdio, teria chegado à conclusão de que o uso do nome de um só dos irmãos teria mais apelo comercial, uma vez que possibilitaria uma identificação mais imediata – daí a conversão do Disney Brothers Studio em Walt Disney Studios. Essa versão dos fatos, entretanto, não parece ser verdadeira. Ao pesquisar mais a fundo o episódio, encontrei fontes que argumentam ter sido Walt Disney, com seu egocentrismo, quem convenceu o irmão mais velho a alterar o nome do estúdio.

Respaldo minha concordância com essa segunda versão em declarações feitas por Roy Edward Disney, o sobrinho de Walt Disney, cuja atuação foi fundamental, nos anos 1980, para a sobrevivência da empresa. Tive o privilégio de acompanhar presencialmente muitas palestras por ele proferidas, durante os quinze anos em que trabalhei na empresa. Em uma dessas ocasiões – e ressalto que também já o vira manifestar-se sobre o assunto da mesma maneira em uma entrevista na televisão –, Roy confessou que a decisão de Walt Disney de colocar apenas seu nome na empresa deixou seu pai muito triste na época.

Uma curiosidade a respeito de Walt, ignorada por quase todo mundo, é o motivo por que ele começou a usar bigodes nos anos 1920. A razão é simples: por ser muito jovem, sua aparência não inspirava credibilidade quando ele tinha de negociar; o bigode contribuía, assim, para construir uma imagem de homem mais velho e maduro.

Em princípio, o novo contrato acordado entre Disney e Mintz pode nos induzir a imaginar que, dali por diante, a parceria entre ambos se normalizou. Infelizmente, porém, as coisas não transcorreram assim. Outra dissenção surgiu, dessa vez por causa do desempenho comercial de *Alice Comedies*. Após dois anos de exibição da série, o próprio Walt se deu conta de que ela estava perdendo público. O expediente de combinar a atuação de uma garotinha com personagens animados, sobre o qual se estruturava cada um dos filmes, já estava ficando ultrapassado. O problema ensejou, outra vez, a troca de cartas com ditos um tanto mordazes.

De Charlie Mintz para Walt Disney, em 13 de fevereiro de 1926:

> *Alice's Mysterious Mystery* [...] é apenas um outro desenho, que não tem nada de extraordinário. Se continuarmos fazendo negócios juntos, no futuro, acredito que você vai entender que provavelmente sei um pouco mais do que você sobre o que o mercado quer. (*Ibidem*)

De Walt Disney para Charlie Mintz, em 1 de março de 1926:

> Concordo com você em alguns aspectos e farei todo o possível e impossível para melhorar os desenhos. Sempre que possível, vou procurar trazer a imagem da menina para mais perto da câmera [...] Estou feliz que você faça críticas aos meus filmes, e qualquer sugestão terá a devida atenção. No entanto, quero que você entenda que é quase uma impossibilidade física fazer de cada filme um sucesso [extraordinário], e apenas espero que você seja justo o suficiente para me avisar quando faço um bom filme. (*Ibidem*)

De Charlie Mintz para Walt Disney, em 20 de maio de 1926:

> Você me pediu, algum tempo atrás, para ser justo com você e informá-lo quando você fizesse um bom filme. Acho que *Alice the Fire Fighter* é melhor do que todos os outros que você entregou. Também vou ser um pouco mais justo com você e dizer que fazer bons filmes o transforma em seu próprio inimigo, por fazê-lo recusar-se a receber comentários sinceros sobre fracassos passados. (*Ibidem*)

De Walt Disney para Charlie Mintz, em 15 de junho de 1926:

> Quero agradecer-lhe pelos cumprimentos a *Alice the Fire Fighter*, e quero dizer, aqui, que não estarei satisfeito até que todos saiam melhores. Estou colocando todos os esforços nesse sentido e espero que em muito pouco tempo nossos filmes sejam ainda melhores (incluindo *Krazy Kat*). (*Ibidem*)

Oswald, o Coelho Sortudo, e Mickey Mouse

Espero, apenas, que nunca nos esqueçamos de uma coisa: que tudo começou com um camundongo.

Walt Disney

As pessoas riem do Mickey Mouse porque ele é muito humano; esse é, na realidade, o segredo de sua popularidade.

Walt Disney

Como vimos anteriormente, a série *Alice Comedies* vinha perdendo popularidade com o passar dos anos.

Concomitantemente a esse processo natural de desgaste, que preocupava Disney, no fim de 1926, Carl Laemmle, o homem que tinha vencido as pretensões monopolistas de Thomas Edison e se tornara fundador e proprietário da Universal Pictures, tinha comunicado a Charlie Mintz que desejava um desenho animado estrelado por um coelho. Ao saber disso, Margaret Winkler Mintz sugeriu a seu esposo propor a Disney que encampasse tal projeto. Walt ficou entusiasmado com a ideia e começou a rabiscar alguns desenhos de coelhos, que enviou para Charlie Mintz. A Universal aprovou os esboços, e Disney começou a trabalhar no primeiro filme. Charlie Mintz batizou o novo personagem de Oswald, o Coelho Sortudo. Em abril de 1927, o primeiro filme, intitulado *Poor Papa*, ficou pronto.

Infelizmente, por ter sido elaborada às pressas, a produção tinha vários deslizes, o que acarretou muitas críticas dirigidas a Disney pela Universal. Entre elas, destacavam-se:

- a abertura do filme é muito ruim, por causa da pobreza da animação;
- há muitas cenas idênticas;
- Oswald não tem nada de engraçado;
- Oswald deveria ser jovem e romântico, mas ficou velho e gordo.

Walt Disney aprendeu muito com essa primeira experiência relacionada a Oswald. Uma das principais lições colhidas foi conscientizar-se de que os filmes precisam de uma boa história e de um bom personagem, com personalidade forte, para envolver o espectador. Walt defendeu Ub Iwerks quanto à qualidade do filme, duramente criticada. Os dois trabalharam intensamente para melhorar o desenho.

Em carta, Walt admite a Charlie Mintz alguns problemas desse desenho-piloto:

> Este filme está longe de ser o que desejo para o futuro. Quero fazer Oswald ter mais personalidade e acredito que, com um pouco de paciência de sua parte e da Universal, vamos desenvolver uma série que será um tremendo sucesso. Estamos mudando o coelho ainda mais do que você vê nesse filme. Eliminamos algumas coisas e mudamos o rosto de forma considerável no terceiro filme. Estou instalando também uma nova câmera, para eliminar certa irregularidade na fotografia. (Thomas, 1976, p. 84)

Depois de se empenhar muito no aperfeiçoamento da criação e de tanto pedir paciência à Universal Pictures, Walt Disney finalmente pôde colher os frutos de seu trabalho. A imprensa começou a falar bem do desenho. A revista *Moving Picture World*, por exemplo, afirmou:

> Além de ter algo novo como um coelho, essas criações de Disney são brilhantes, rápidas e genuinamente engraçadas [...] A animação é boa, e a forma clara como Disney faz suas criações com gestos e expressões de seres humanos completa a diversão. (Thomas, 1976, p. 84)

A crescente popularidade de Oswald acarretou a utilização do personagem em produtos de consumo. Primeiro, ele apareceu em uma bala de chocolate feita pela Vogan Candy Corporation, de Portland, no Oregon. Na embalagem, constava a seguinte mensagem: "Procure por Oswald na Universal Pictures". Walt Disney não recebia nada por isso.

Com o sucesso de Oswald, Walt contratou mais artistas, o que lhe possibilitou fornecer um novo desenho a cada duas semanas. A Universal e Charlie Mintz estavam, naturalmente, muito felizes. Um cheque de 2.250 dólares era assinado logo após a entrega do desenho.

A SÉRIE *OSWALD, O COELHO SORTUDO*

Os filmes produzidos pelos estúdios Walt Disney para a série são os seguintes:

1927
- *Poor Papa*
- *Trolley Troubles*
- *Oh Teacher*
- *The Mechanical Cow*
- *Great Guns*
- *All Wet*
- *The Ocean Hop*
- *The Banker's Daughter*
- *Empty Socks*
- *Rickety Gin*

1928
- *Harem Scarem*
- *Neck 'n' Neck*
- *The Ol' Swimmin' Hole*
- *Africa Before Dark*
- *Rival Romeos*
- *Bright Lights*
- *Oh, What a Knight*
- *Sagebrush Sadie*
- *Ride'em Plow Boy*
- *Sky Scrappers*
- *Ozzie of the Mounted*
- *Hungry Hobos*
- *The Fox Chase*
- *Tall Timber*
- *Sleigh Bells*
- *Hot Dog*

O contrato para a produção da série *Oswald* expiraria em fevereiro de 1928. Walt e sua esposa, Lillian, foram a Nova York para negociar sua renovação, no início daquele ano. Charlie Mintz foi recebê-los na estação de trem. Margaret, que no passado havia começado a distribuição da série *Alice* para Disney, e que agora era esposa de Charlie, juntou-se ao grupo para o almoço no Hotel Astor. Oswald era, então, um sucesso de público e estava presente nos melhores cinemas. Walt recebia, na ocasião, 2.250 dólares por desenho e, levando em conta o êxito do personagem, pediu que o novo contrato previsse a remuneração de 2,5 mil dólares por filme. Para Disney, o aumento de apenas 250 dólares por episódio produzido seria aplicado no melhoramento da qualidade do desenho. Walt imaginava que seria fácil fechar aquele contrato, uma vez que Oswald estava rendendo dinheiro tanto para ele como para o distribuidor. No total, Disney já havia fornecido 26 desenhos de Oswald; faltavam apenas três para que o contrato em curso fosse integralmente cumprido.

Depois do almoço, Walt dirigiu-se à rua 42, onde ficava o escritório de Charlie Mintz, para discutir as condições do novo contrato. O que se deu ali, entretanto, foi um verdadeiro torneio de braço de ferro: Disney tentava melhorar as condições de seu contrato, ao passo que Mintz jogava pesado para reduzir sua despesa com o estúdio. Disney admitia que, com relação à série *Alice Comedies*, o público começara a perder o interesse no sexto filme; argumentava, porém, que, no caso de Oswald, embora o começo tivesse sido muito difícil, o personagem, em seguida, passara a agradar. Disney lembrou, também, que sofrera dificuldades financeiras durante as produções anteriores (*Alice*

Comedies), uma vez que apenas metade do dinheiro combinado chegava às suas mãos. Reconhecia, entretanto, que a encomenda da Universal Pictures e a criação de Oswald inauguraram uma fase muito mais satisfatória – que poderia ser melhorada se a remuneração por episódio fosse reajustada para o valor de 2,5 mil dólares. Mintz, porém, virou a mesa: a Universal Pictures, disse ele, queria reduzir o preço por episódio dos atuais 2,25 mil para 1,8 mil dólares. E mais: a empresa estava preparada para, se necessário, retomar a produção sem a participação de Disney.

A negociação, portanto, não só tomava rumo contrário ao esperado por Disney como revelava um grave deslize da parte deste: Walt não notara, ao assinar o contrato, que o documento não o apontava como proprietário dos direitos de Oswald.[1]

Disney saiu atordoado do escritório. Não conseguia acreditar no que havia se passado naqueles minutos. Era um pesadelo. Não podia assimilar a ideia de que estava perdendo Oswald e, com ele, também seus meninos, como costumava chamar seus desenhistas. Mas essa era a pura realidade: segundo dissera Charlie Mintz, todos os artistas, com exceção de Ub Iwerks, tinham aceitado mudar para a Universal e dar prosseguimento à série *Oswald* na nova empresa.

---

[1] O fato não é inédito na história da animação. O roteirista Jerry Siegel e o desenhista Joe Shuster criaram o Super-Homem em 1933 e o venderam para a DC Comics por uma ninharia, em 1938. Por causa disso, jamais se beneficiaram dos imensos lucros que sua criação, mais adiante, gerou. Os direitos intelectuais, naquele tempo, ainda estavam engatinhando e, por isso, os artistas ficavam à mercê de organizações poderosas e dos batalhões de advogados por elas contratados.

Tudo que Walt pôde fazer, diante das surpresas que o atingiram durante aquela reunião, foi tentar ganhar tempo. Assim, quando Mintz revelou ter contatado todos os empregados envolvidos na criação dos filmes de Oswald, Disney propôs marcar nova reunião, na qual daria uma resposta final a Charlie Mintz. Em seguida, correu para o hotel e telefonou para Roy, que, após realizar uma rápida investigação, confirmou que realmente todos os empregados estavam prontos para trabalhar na Universal. A exceção era o sempre fiel Ub Iwerks.

No dia 7 de março de 1928, Walt enviou uma carta ao irmão, falando da situação difícil pela qual estava passando.

> Antes de receber esta carta, espero que tenha recebido um telegrama com boas notícias. Não posso apressar as coisas por aqui. Tenho de fazer apenas o que posso. Mas lutarei com todas as forças, nem que isso leve todo o verão. Certamente, se parece com uma luta que será decidida nos momentos finais. Charlie está determinado a ter controle absoluto de tudo e fará tudo em seu poder para ganhar essa disputa. Mas ele não sabe que temos um poder mais forte do nosso lado... De qualquer maneira, acredito que o que acontece é para o melhor. Anime-se, irmão, porque vamos sorrir por último, e quem ri por último ri melhor. (Thomas, 1976, p. 86)

Antes da reunião seguinte, Walt Disney tentou conversar com outros estúdios para distribuir *Oswald*, mas nenhum se interessou.

Charlie Mintz, por sua vez, aguardou a próxima reunião para desferir o tiro de misericórdia, ao ressaltar que, por contrato, *Oswald* era propriedade da Universal Pictures.

Walt, para não assustar o irmão, ou para não o deixar preocupado, não comentou absolutamente nada a respeito do resultado do segundo encontro com Mintz. Apenas enviou a ele um telegrama final, no dia 13 de março de 1928 (às 19h34, para ser mais preciso), em que dizia:

> Saio esta noite, passando por Kansas City. Chego em casa no domingo cedo, às sete e trinta. Não se preocupe.
> Está tudo bem. Darei detalhes quando chegar.
> (Thomas, 1976, p. 87)

Se atentarmos para as datas em que Walt escreveu a Roy, poderemos estimar que ele deve ter sofrido durante pelo menos duas ou três semanas na disputa por Oswald. Considerando que o telegrama acima está datado de 13 de março de 1928, e que o contrato de Oswald terminaria no fim de fevereiro, podemos supor que Walt Disney viajou para Nova York em meados de fevereiro. Todavia, não encontrei, durante minha pesquisa, menção à data exata de sua chegada à cidade.

Após a reunião que selou o destino de Oswald, o Coelho Sortudo – que ironicamente deixava, naquela ocasião, de fazer a sorte dos estúdios Disney –, Walt retornou, perturbado, ao hotel em que estava hospedado, para aguardar a volta de sua esposa, que fora fazer compras e, quem sabe, desabafar com ela. Aqueles minutos de angústia, enquanto esperava por Lillian, sozinho no quarto, deram a oportunidade a Disney de tirar do recente acontecimento talvez a maior lição de sua vida. A partir daquele episódio, Disney decidiu que nunca mais cederia direitos de seus personagens a nenhuma companhia. A partir dali, tudo o que viesse a criar seria dele, somente dele.

Na noite seguinte, Walt e Lillian iniciaram a viagem de regresso. Walt tomou o trem imerso na tristeza pelo que havia ocorrido. Mais uma vez, Nova York não lhe fizera nenhum bem. Lembremos, a propósito, que anteriormente Walt não quisera ir para aquela cidade porque os "tubarões" da animação já estavam ali há muito tempo. O episódio relacionado a Charlie tornava-se uma pedra no sapato de Walt. O que fazer diante de uma situação como essa? Walt acabava de perder seu principal personagem, o único que vinha proporcionando maior exposição a ele e ao estúdio – e, para completar, perdia seus principais colaboradores, os seus meninos. A viagem seria longa; a travessia seria triste.

O tempo parecia não passar. Apesar disso, o trem para, em dado momento, em Kansas City para baldeação. Dificilmente Walt deixaria de lembrar o quanto havia sofrido naquela cidade, em que ele tanto trabalhara. Fora ali que tivera de enfrentar a árdua rotina de entrega dos jornais, durante a qual, vez ou outra, encontrava brinquedos que jamais pudera possuir jogados diante das casas dos assinantes; partiam dali suas viagens quando trabalhava na companhia férrea; fora em Kansas City que abrira seu primeiro estúdio, o Iwerks-Disney Commercial Artists, com seu grande amigo Ub. Ali também vendera, depois da falência, sua última câmera, para comprar um bilhete para Los Angeles, onde iria tentar a sorte como diretor. Ali estava Walt de novo, em Kansas City, e com um problemão em suas mãos.

Após a parada regulamentar, o trem parte novamente, com destino a Los Angeles. Apenas algumas horas depois, Walt começa a relembrar sua infância na fazenda e sua adolescência em Kansas City. Sua cabeça roda, roda. Tudo o que ele quer é um substituto para Oswald. Aqui começa uma longa história. Walt lembra-se, então, dos tempos em que, no seu escritório, alimentava um pequeno camundongo enquanto trabalhava. Walt começa a fazer alguns rabiscos e fica entusiasmado com o personagem que estava surgindo. Tinha um pouco de Oswald, pois suas orelhas eram grandes; seu traçado, de formato oval, era fácil de desenhar.

Ele apresenta o primeiro esboço para a esposa. Tinha um novo personagem: o camundongo Mortimer! Mas Lillian não se entusiasma muito. Acha o nome pomposo para um camundonguinho. Pouco depois, Walt sugere outro nome. Mais curto, mais sonoro: Mickey Mouse. Lillian é a primeira, entre milhões de pessoas, a gostar de Mickey.

Nascia ali, em um momento crucial para Disney, o personagem com que um novo universo de fantasia e entretenimento seria fundado, e cujo sucesso financeiro prossegue na atualidade.

A maioria dos autores credita à esposa de Walt a escolha do nome dado ao famoso camundongo. De minha parte, entendo que Lillian apenas não gostou do nome Mortimer. Isso fez com que Walt propusesse outro nome, que ela aprovaria. Ainda assim sua participação no episódio não seria pequena; afinal, se ela não tivesse opinado a respeito, provavelmente o personagem seria chamado Mortimer até hoje. Foi fundamental, portanto, que ela interviesse, argumentando que aquele nome não caía bem para um camundongo.

Um ponto a levar em conta, a propósito de eventuais discrepâncias entre os diversos relatos sobre um mesmo fato da história da Disney Company, é a importância de se permitir contemplar diferentes visões da empresa – algo que aprendi durante os anos em que trabalhei ali. Ao longo de minha pesquisa, procurei ao máximo ser fiel a dados comprováveis e, quando deparei com controvérsias, limitei-me a expor o que acredito que possa ter realmente acontecido. O processo de definição do nome Mickey Mouse é apenas um dos tantos mistérios que se conservam na história de Walt Disney – e eu não brigaria por um ou outro entendimento a esse respeito.

Como se não bastasse a questão em torno da origem do nome do personagem, há também divergências sobre quem seria seu criador. Há livros que atribuem a Ub Iwerks a autoria de Mickey Mouse, uma vez que, quando Disney voltou da viagem a Nova York despojado de Oswald, apenas Ub, o único desenhista do estúdio que recusara a proposta de Charlie Mintz, estava disponível para se dedicar, ao lado de Walt, ao urgente esforço de criação de um novo personagem. Os dois teriam passado vários dias imersos em pesquisas, fazendo esboços de cachorros, gatos e outros animais e lendo revistas na tentativa de obter alguma inspiração, até se decidirem, finalmente, por um camundongo, que Ub desenhou.

A história mais aceita, entretanto, é a de que Disney concebeu o personagem na viagem de retorno de Nova York a Los Angeles. Mas sua criação teria se limitado à determinação do nome do novo personagem e ao animal em que se basearia – um camundongo. Ub Iwerks, por sua vez, teria dado forma e personalidade a Mickey Mouse, fazendo-o mover-se de maneira característica, cantar e assobiar.

Particularmente, acho que a ideia de criar um camundongo como personagem realmente surgiu durante a viagem, mas não acredito que Walt teria chegado a desenhá-lo –

quando muito, pode ter feito algum esboço. A finalização de Mickey realmente deve ter sido feita com a estreita colaboração de Ub Iwerks.

Se quisermos colocar mais lenha na fogueira, podemos prosseguir nessa discussão recorrendo à comparação entre Oswald e Mickey. Qualquer pessoa que coloque lado a lado os desenhos dos dois personagens constatará que eles são extremamente parecidos. Isso nos leva a indagar se, no fundo, Mickey Mouse não teria sido um aprimoramento de Oswald. Eles apresentam muitas semelhanças entre si: são pequenos, têm orelhas grandes, o formato da boca é idêntico. Em resumo, e com muita modéstia, afirmo que Mickey é um Oswald melhorado.

Mas que tal um pouquinho mais de lenha na fogueira?

É difícil imaginar que Walt conseguisse desenhar seu personagem mais famoso tão bem quanto Ub – mas isso não quer dizer que Mickey não seja sua criação. Walt mais de uma vez declarou que Ub era muito melhor desenhista do que ele. Por fim, outro fato importante – e, creio, decisivo para provar meus argumentos – é que os créditos, na abertura dos primeiros desenhos de Mickey, exibiam o seguinte texto: "Mickey Mouse por Ub Iwerks".

Apesar do crédito a ele atribuído, Ub, quando perguntado se realmente teria criado Mickey Mouse, sempre respondeu de forma enigmática: "O que importa é o que Walt fez com o Mickey, não quem o criou".

A propósito do nome e do crédito de Ub registrado na abertura dos desenhos, vale lembrar, ainda, uma curiosidade: o nome de Ub Iwerks era originalmente grafado Ubb

Iwwerks, com as letras "b" e "w" dobradas. Por parecer demasiado estranho, combinou-se que seria escrito com apenas um "b" e um "w".

Segundo Walt Disney, porém, parte do sucesso inicial de Mickey residiria, entre outros fatores, na inusual grafia Ubb Iwwerks. Walt achava que as pessoas sempre se aproximavam dos cartazes publicitários de Mickey para se certificarem de que não tinham se enganado ao lerem aquele nome esquisito. Com isso, acabavam se familiarizando com o novo personagem.

Quando Mickey Mouse começou a fazer sucesso, Walt recebeu uma ligação de um executivo que desejava distribuir o desenho ao redor do planeta. O nome do interlocutor? Charlie Mintz. É possível imaginar o que lhe teria dito Walt nessa ocasião... De todo modo, a postura de Walt com relação a parcerias mudara completamente: qualquer contrato cujo objeto fosse Mickey Mouse ou que o implicasse de alguma maneira seria lido e relido letra por letra, palavra por palavra, de preferência com uma lupa, pois Disney nunca mais se exporia à possibilidade de perder outra criação, depois do episódio com Oswald. Começava a era em que Walt Disney passava a redigir os contratos que regravam as obrigações mútuas entre ele e seus parceiros. Até hoje, trabalhar com a Disney é difícil, por causa das severas exigências da empresa destinadas a proteger suas marcas e seus produtos e serviços – e, portanto, a zelar por sua imagem, no mercado e diante da sociedade. Não tenho a menor dúvida de que esse rigor se originou da perda de Oswald, o Coelho Sortudo.

> ### WALT, OS CAMUNDONGOS E A CULTURA EMPRESARIAL DA DISNEY COMPANY
>
> No livro *A história de Walt Disney*, Diane, a filha de Walt, conta que seu pai chegou a comentar com ela sobre a criação de Mickey. "Ao contrário de muitas histórias que têm sido publicadas", disse Walt a Diane, "aquela é verdadeira. Realmente, gosto dos ratos de modo especial. Os camundongos se reuniam ao redor da minha cesta de papel quando eu fazia serão, à noite. Eu os tirava de lá e os mantinha em pequenas gaiolas, sobre a minha escrivaninha. Um deles era particularmente um amigo para mim. Então, antes de partir de Kansas City, carreguei-o cuidadosamente até um campo aberto e soltei-o" (Miller, 1960).
>
> No trecho acima, a palavra *mice* – plural de *mouse* – foi traduzida de duas maneiras diferentes: primeiro como "ratos" e, depois, como "camundongos". Talvez a intenção do tradutor (cujo nome a edição não fornece) fosse evitar a repetição de termos, o que, em português, soa desagradável. Entretanto, para qualquer pessoa que esteja familiarizada com a empresa fundada por Disney, utilizar a palavra rato para referir-se a Mickey Mouse é um deslize que não pode ser cometido. Mickey é um camundongo, e deve ser assim designado – um animalzinho a que não se associam as imagens negativas normalmente desencadeadas pelo uso do vocábulo rato.

Costumo perguntar ao público, em minhas palestras, quais personagens da Disney são seus favoritos. Há muita gente que gosta do Mickey, mas há também muitas pessoas que adoram o Pato Donald – pelo seu jeito de falar as coisas, por sua irritabilidade, etc. Outras, ainda, preferem o Pateta, por sua inocência; cada pessoa, enfim, tem sua preferência, em função de sua personalidade. Pergunto, então, à plateia: se todos os personagens de Disney são queridos por um grande número de pessoas, qual é a razão para que a imagem de Mickey esteja difundida por toda parte? Ela é reproduzida em cadernos, lápis, meias, camisas, canetas, em tudo. Creio que a famosa frase de Walt Disney, que citei no início deste capítulo, responde de forma incontestável a questão: "Espero, apenas, que nunca nos esqueçamos de uma coisa: que tudo começou com um camundongo".

Mickey Mouse representa a reviravolta na vida de Walt. A partir de seu surgimento, a empresa nunca mais foi a mesma, seja do ponto de vista financeiro, seja do ponto de vista de exposição. Até o advento de Mickey, Alice e Oswald eram as criações cujos desenhos demonstravam o talento de Walt, mas a situação dos estúdios Disney ainda era instável. Com Mickey, tudo mudou. Absolutamente tudo. Aliás, não é exagero considerar que muitos salários, na empresa, foram ou são pagos com os lucros gerados por esse personagem – o meu, inclusive, enquanto estive integrado ao quadro da companhia.

MICKEY MOUSE SEGUNDO A REVISTA *TIME*
Mickey e seu famoso par de orelhas são um dos ícones culturais mais famosos dos séculos XX e XXI. Ele posou para fotos com todos os presidentes dos Estados Unidos desde Harry Truman, exceto um (Lyndon Johnson nunca visitou um parque temático da Disney). A Disney afirma que Mickey teve uma taxa de conhecimento de 98% entre as crianças com idade entre 3 e 11 anos em todo o mundo. As vendas de mercadorias relacionadas com o camundongo [...] representam cerca de 40% dos produtos de consumo na receita da empresa Disney. Mickey voltou à tela grande para uma participação especial em 1988 no filme *Uma Cilada para Roger Rabbit*. Pernalonga, da Warner, também estava no filme, e as duas empresas exigiram que cada personagem tivesse o mesmo tempo de participação [...] Mickey voltou a ser um ícone *fashion* e está em todos os lugares da moda: em *Sex and the City* ele apareceu em uma camiseta de Sarah Jessica Parker, e está nas butiques mais caras. Em 2002, apareceu no jogo Kingdom Hearts, do videogame PlayStation 2. E, em 2006, tornou-se 3-D pela primeira vez. Agora você pode vê-lo em *A casa do Mickey Mouse* nas manhãs do Disney Channel ou reservar um voo para os parques Disney e apertar sua mão naquela luvona pessoalmente.[2]

---

[2] Disponível em http://content.time.com/time/arts/article/0,8599,1859935,00.html. Acesso em 30-3-2016.

Como podemos verificar, o trabalho de Ub Iwerks foi imprescindível para que Disney pudesse, finalmente, consolidar sua empresa. Contudo, essa intensa parceria nem sempre se revelou tranquila.

Na realidade, houve um episódio muito complicado na relação entre Walt e Ub, que convém examinar em seus vários elementos.

Após perder os direitos de Oswald, Walt decidiu não depender de nenhuma empresa de distribuição; mas, como não tinha dinheiro para distribuir ele mesmo os seus produtos, teve de contar com a ajuda de Pat Powers para que Mickey e filmes posteriores chegassem às salas de exibição. Entretanto, ao passo que, na distribuição de Oswald, o personagem pertencia à Universal, agora o personagem pertencia a Disney. A dependência em relação a Pat Powers, portanto, era acentuadamente menor da que vivera em relação à Universal, não chegando a constituir um fator de pressão externa.

Já do ponto de vista da organização interna dos estúdios Disney, Walt considerava que a produção dos desenhos era baseada em relações de interdependência. Para ele, a indústria de animação era como uma reminiscência de sua vida em Marceline, onde os fazendeiros trabalhavam juntos para fazer as cercas, colher as frutas e realizar tantas outras atividades. Assim como na fazenda, a arte de animação era um processo de equipe: um desenha, outro pinta, outro cria histórias, etc.

Com o sucesso de uma criação, porém, a vaidade de alguns artistas podia se excitar, o que os tornava propensos a impedir que outros fizessem modificações em suas obras. Não foi diferente com Ub Iwerks. Ele começou a não gostar das constantes alterações que Walt exigia em seus desenhos.

Por fim, é preciso que nos detenhamos, novamente, na questão do dinheiro. De fato, mesmo com o êxito fenomenal de Mickey Mouse e de *Silly Symphonies*, o fluxo de caixa permanecia precário nos estúdios Disney, pois os cheques enviados por Pat Powers chegavam atrasados e com valores menores do que o esperado.

Inquieto com essa situação, Roy Disney resolveu ir a Nova York, em 1929, para verificar o que estava acontecendo. Ele depressa percebeu o que os homens de negócios de Nova York já sabiam há muito tempo: que Pat Powers não era um homem honesto nas transações que fazia. Roy comprovou isso de maneira inequívoca quando Pat se recusou a mostrar-lhe os números financeiros relacionados ao desempenho comercial dos desenhos de Walt Disney.

Ao retornar da viagem, Roy disse ao seu irmão: "Walt, Pat Powers é um canalha, um ladrão. Não consigo confiar nele!".

Ao ouvir essa opinião, Walt Disney, entretanto, achou que Roy estava irritado e que apenas não acreditava nas pessoas. Roy, então, sugeriu a Walt que fosse ele mesmo investigar o que se passava.

Assim, Walt e Lilly embarcaram para Nova York em janeiro daquele ano, acompanhados por um advogado, que se juntou a eles a pedido de Roy.

Walt só começou a entender o que seu irmão tentara lhe transmitir quando se reuniu com Pat Powers. Talvez tenha, inclusive, revivido a sensação opressiva que experimentou diante de Charlie Mintz quando perdeu Oswald. A verdade é que, agora que Mickey Mouse se tornara um sucesso absoluto, Pat Powers não se mostrava satisfeito com seu contrato anterior. Ele queria mais: ambicionava ter poder sobre Mickey Mouse.

Pat Powers imaginou que conseguiria colocar Walt contra a parede recorrendo a um estratagema simples: ciente de que Walt e Roy necessitavam de dinheiro urgentemente, fez a Disney uma proposta que julgava ser irrecusável. Ofereceu 2,5 mil dólares por semana – 130 mil dólares por ano – para que Walt desistisse de sua operação e aceitasse trabalhar para ele.

A soma implicada no lance feito por Powers estava longe de ser desprezível. Para que façamos ideia do que ela representava na época, basta lembrar que os vencimentos do presidente dos Estados Unidos eram, então, de 75 mil por ano. Diante disso, é fácil entender por que Pat acreditava que Walt não resistiria a tanto dinheiro – afinal, os irmãos Disney estavam endividados, com contas atrasadas –, e, ao mesmo tempo, é muito instigante tentar imaginar quanto Mickey Mouse devia valer de fato na ocasião, uma vez que Powers se propunha a remunerar tão generosamente o proprietário do já famoso camundongo.

Para sua surpresa, porém, Disney recusou a oferta. Walt tinha realmente aprendido com o episódio de Charlie Mintz. Perdera Oswald, mas assimilara uma importante e inesquecível lição.

Pat Powers, por sua vez, ao ver sua proposta recusada, partiu para o plano B. Comunicou a Walt Disney que estava trazendo Ub Iwerks para trabalhar com ele, ganhando um salário três vezes maior do que recebia nos estúdios Disney. A essa notícia, Walt hesita um pouco; vem-lhe à memória a experiência com Charlie Mintz quando perdera todos os empregados. Parecia um pesadelo renovado o que estava escutando. Para abalá-lo ainda mais, Pat mostra-lhe um telegrama em que Ub confirma aceitar o emprego.

Após desferir esse golpe contundente, com o qual certamente visava desarticular Walt, Pat tenta minimizar a gravidade da situação, para insistir em sua manobra de pressão e persuasão sobre Walt – pois sabe que não basta ter Ub ao seu lado, que é preciso desfrutar da genialidade de Walt.

"Walt", arremata ele, "não fique chateado. Você na verdade não perdeu Ub. Você ainda pode tê-lo em sua empresa. Tudo o que eu quero é que aceite minha proposta."

Mas Walt consegue resistir a esse último argumento, não se deixando envolver por Pat:

"Não! Agora eu também não o quero mais! Se ele já assinou com você, jamais poderia trabalhar com ele!"

Ub Iwerks só voltaria aos estúdios Disney em 1940, para ali trabalhar até o fim de sua vida.

De minha parte, penso que, ao deixar Disney em 1929, Ub Iwerks cometeu um erro enorme, que só muito mais tarde pôde mensurar, mas não reverter. Ele tinha 20% da empresa de Disney, que valia 2.920 dólares. Ele recebeu da Disney essa quantia, devolvendo, assim, a Walt e Roy, a porcentagem que tinha na sociedade.

Tenho a coleção de desenhos que Ub criou durante os dez anos em que ficou separado de Walt. É óbvio que não se pode negar a qualidade desses filmes, mas também é impossível não notar que falta muito em termos de história, elemento que Disney sabia aprimorar como ninguém. Dos muitos desenhos que Ub realizou nessa fase, apenas um resistiu no mercado por mais de dois anos: *Flip the Frog*. Ub chegou a ser acusado de plágio ao criar a animação chamada *Circus*, em que ele desenha uma mesma sequência que havia feito para o episódio *The Karnival Kid* (1929), de Mickey Mouse. Trata-se da passagem em que um vendedor de salsichas as ensina a serem mais bem-educadas.

Refletir sobre a saída de Ub dos estúdios Disney remete-me a um dos muitos aprendizados que recolhi de algumas das experiências de Disney: no caso, o de que, se um bom produto for entregue a alguém que não sabe usá-lo, vai se tornar um fracasso, na certa. Peguemos, como exemplo, o coelho Oswald. Walt Disney estava tendo sucesso com esse desenho e o perdeu. O que aconteceu com Oswald nas mãos de Charlie Mintz? Nada! E quanto a Ub Iwerks? O que aconteceu com ele nas mãos de Pat Powers? Nada! Walt Disney não pôde ter Oswald de volta, mas criou Mickey Mouse. E o que aconteceu com Ub Iwerks quando voltou a trabalhar para Walt Disney, em 1940? A resposta é simples e direta, e comprova minha teoria: ele tornou a ser o talento que sempre fora. Criou várias inovações para os desenhos dos estúdios Walt Disney posteriores a 1940.

Naturalmente, Disney extraiu uma grande lição desse incidente. Desde então, deixou de endeusar seus empregados, entendendo que essa atitude prevenia que concorrentes viessem à procura deles. É a partir daí que Walt passa a sempre relembrar, a todos os seus colaboradores, que só há um grande nome naquela empresa, e que esse nome é Walt Disney.

Lembremos, a propósito dessa nova disputa por um personagem e da deserção de Iwerks, o que escreveu Walt a seu irmão Roy, quando estava prestes a perder Oswald para Charlie Mintz: "Quem ri por último ri melhor".

Uma ilustração, espécie de bilhete de Disney para Carl Laemmle em que aparecem as figuras de Mickey e de

Oswald, representa esse famoso e antigo ditado aplicado por Walt às vicissitudes pelas quais passou. Aliás, Walt estava certo, outra vez.

O desenho é autoexplicativo: nele, Mickey, sorridente, surge caminhando da esquerda, exibindo uma das palmas erguida, em saudação a Oswald. Este, porém, com os punhos fechados e colocados na cintura, franze a testa, em uma demonstração de recusa e desagrado. O recado grafado à mão, em letra técnica, é uma dedicatória para Carl Laemmle, presidente da Universal Studios na época, que havia ficado com os direitos de produção de Oswald, o Coelho Sortudo. Em tradução livre, o texto diz o seguinte:

> Para Carl Laemmle, em memória dos dias em que eu produzia Oswald para a Universal.
> Sempre com os melhores votos.
> Sinceramente,
> Walt Disney.

O tom irônico sobressai tanto das palavras como do desenho – pois, considerando as expressões de Mickey e de Oswald, dificilmente deixaremos de recordar as palavras de Walt quando da perda de Oswald. Realmente, quem ri por último ri melhor.

O desenho parece estar datado de 1 de outubro de 1935. Sua execução, portanto, teria se dado apenas sete anos após a perda de Oswald, que ocorrera em 1928. Mesmo que se considere o início da produção de Oswald (1927), seriam oito anos, somente, até que Mickey surgisse, radiante, fazendo uma saudação alegre e expansiva a um reticente e contrariado Oswald.

Seria injusto terminar este capítulo repleto de reviravoltas sem falar de uma última, que constitui um final feliz para a trajetória de Oswald. O fato deu-se muito depois da morte de Disney, mas demonstra como a empresa permaneceu fiel a seus princípios – e como, mais uma vez, seria verdade que "ri melhor quem ri por último".

Ninguém se surpreenderia se Oswald nunca mais fosse visto no mundo da animação. Afinal, acabara se eclipsando pouco tempo depois de sua produção ser assumida pela Universal Pictures. Entretanto, Robert Iger, que se tornou o CEO da Disney em 2005, após vinte anos de liderança de Michael Eisner, tinha como prioridade reconectar a companhia com suas tradições. Iger viu a grande oportunidade de reintegrar Oswald à Disney quando a rede de televisão NBC Universal demonstrou interesse pela contratação do apresentador de esportes Al Michaels, profissional atuante na ESPN e na rede ABC de televisão (ambas pertencentes à Disney, embora muitos não saibam). Robert Iger, então, propôs uma transação no mínimo curiosa: liberar seu empregado do contrato vigente em troca do retorno, à Disney, dos direitos de Oswald. Estou certo de que Walt Disney teria vibrado de alegria com essa decisão de Robert Iger.

Como resultado da negociação, além de recuperar o personagem para a companhia, a Disney também obteve os direitos sobre os 26 desenhos de Oswald feitos pelo próprio Disney na época em que manteve contrato com a Universal.

Muitas pessoas perguntam-me o porquê dessa estranha transação. Muitas indagam se a Disney se comportou dessa maneira movida pela intenção de desforra, impingindo à

Universal uma desfeita que indicaria qual das duas empresas tem mais poder, passadas algumas décadas.

Levando em conta o que conheço da empresa, penso que a Disney não faz nada antes que determine metas muito claras e objetivas. No caso em exame, a recuperação, para a companhia, de um personagem cuja perda fora muito grave retificou, de certo modo, um desvio acontecido no passado. Não descarto, porém, a ideia de que, ao concluir de maneira muito hábil a negociação para reaver Oswald, Robert Iger não pretendesse propiciar à Disney uma desforra da Universal. Mas o principal motivo, ainda em minha opinião, é comercial. O personagem vem sendo exposto, desde sua restituição, nos parques da companhia e em jogos interativos por ela produzidos; não acharia surpreendente, por isso, se ele vier a ter ainda mais visibilidade no futuro.

A iniciativa de Robert Iger de trazer de volta para a Disney o personagem Oswald faz-me lembrar de outro importante regresso por ele promovido; não o de uma criação dos estúdios, mas o de uma pessoa cuja ligação com a história da companhia é estreita: Roy Edward Disney, filho de Roy e sobrinho de Walt.

Roy Edward havia se afastado da empresa por causa das discordâncias agudas que teve com Michel Eisner, nos últimos anos da gestão deste como CEO da companhia. O motivo dessas divergências era o entendimento, por parte de Roy, de que Eisner estava se desviando do enfoque familiar da companhia, o qual deveria orientar todas as suas produções. Se pensarmos que um filme de conteúdo violento como *Pulp Fiction* foi realizado, nessa época, pelos estúdios Disney, não poderemos deixar de dar razão a Roy.

O conflito agravou-se de tal modo que Roy Edward acabou por pedir demissão do conselho da empresa e lançar, em seguida, um site chamado *www.savedisney.com*, em cujas páginas pleiteava a saída de Michael Eisner – um executivo que, anos antes, o próprio Roy reconhecera como extremamente capaz, a ponto de lutar por sua entrada na companhia em 1984, quando ela estava à beira da falência.

Enquanto trabalhei na Disney, tive o privilégio de, por várias vezes, ver em ação não só Robert Iger como também seu antecessor, Michael Eisner. Foram várias as palestras proferidas por um e por outro, exclusivamente para funcionários, a que tive a oportunidade de assistir em Orlando.

De Eisner, posso dizer, com todo o respeito, que foi um CEO propenso à instauração de polêmicas. Daí as disputas com Steve Jobs (que culminaram, afinal, na compra da Pixar pela Disney), com Jeffrey Katzenberg (que fundou com Steven Spielberg e David Geffen a DreamWorks, cuja sigla SKG carregava as iniciais dos três), com Michael Ovitz e, até, com a própria filha de Walt Disney, Diane Disney Miller, entre outros. Entretanto, em que pese a turbulência de sua gestão, a verdade é que salvou o império Disney da falência.

Encerro esse breve comentário sobre a companhia com uma opinião bastante pessoal: creio que, com a morte de Roy Edward Disney, em 2009, e de Diane Disney, em 2013, a empresa perdeu muito, pois os dois eram os únicos familiares de Walt Disney ainda "envolvidos", de uma certa forma, no negócio. Coloquei o termo entre aspas porque embora, na realidade, eles não participassem diretamente da gestão, sua presença sempre acabava por sugerir a de Roy e Walt Disney, como que colocando a administração atual em contato com a dos fundadores da empresa. Aliás, nesse ponto aproveito para satisfazer, por antecipação, a curiosidade de muitos: a família Disney não desempenha nenhum papel na liderança da companhia; apenas possui ações dessa vasta organização.

A postura profissional de Walt Disney após a perda de Oswald, o Coelho Sortudo

A perda de Oswald alterou radicalmente a postura profissional de Walt. Como já comentei, Walt se compenetrou, desde esse fato, de que não poderia jamais permitir que alguém ou alguma empresa assumisse, no futuro, controle sobre os personagens que os estúdios Disney viessem a criar. Ele ainda dependeu, por mais alguns anos, de Pat Powers, que foi o último a distribuir seus desenhos – mas vimos, no capítulo precedente, como preferiu enfrentar suas dificuldades financeiras e, até, abrir mão de seu principal desenhista, a novamente submeter a terceiros o destino de suas criações.

Movido por essa consciência empresarial e autoral mais apurada, Walt Disney registrou o nome Mickey Mouse em 21 de maio de 1928. Ou seja, passados dois meses da derrota diante da Universal, ele criou Mickey e não perdeu tempo, registrando imediatamente o nome do nosso famoso camundongo.

O que pretendo comentar, neste capítulo, são alguns aspectos do lado difícil de lidar de Walt Disney. Deixo claro, logo de início, que atribuo a maioria das atitudes que adotou ao episódio da perda de Oswald. Walt passou, desde então, a ser um homem muito possessivo em relação a tudo o que tinha e fazia. Cometeu, com certeza, muitos exageros por causa disso.

Conta-se, por exemplo, que, quando a empresa foi transferida de um estúdio pequeno para outro, recém-construído e muito maior, Walt teria comunicado ao irmão Roy que, a partir daquele momento, os estúdios mudariam, também, de nome: de Disney Brothers Productions para Walt Disney Studios, Home of Mickey Mouse and Silly Symphonies. Segundo se diz, Roy decidiu não resistir a essa alteração – o que equivalia a reconhecer que Walt era o bambambã daquela empresa, que seu poder era indivisível, que ele era o número um.

É verdade que existe outra versão para essa modificação do nome, conforme mencionei em outro capítulo. De acordo com essa explicação, os irmãos achavam que um nome apenas – Walt Disney – soava melhor que Disney Brothers. Particularmente, não acredito nessa versão. Creio, sim, que além da necessidade de administrar de maneira mais estrita os negócios da empresa, para melhor proteger seus interesses, o motivo da mudança de nome dos estúdios pode ser resumido com uma palavra apenas: ego. Walt Disney tinha uma personalidade egocêntrica, totalmente diferente daquela de Roy – que era mais humilde, mais calmo, conseguindo viver nos bastidores sem que a ostensiva exposição de Walt o perturbasse.

No filme *Walt: the Man Behind the Myth* (*Walt: o homem por trás do mito*), pessoas que trabalharam com ele durante muitos anos declaram que Walt não costumava elogiar seus empregados diretamente. Quando queria fazer isso, usava outros funcionários. Por exemplo, se Marc Davis fizesse um trabalho extraordinário, Walt chegaria perto de Marc e diria: "Marc, me contaram que você fez um trabalho maravilhoso". Acredito que Walt tinha certo medo de perder controle, de perder poder, como sugere o caso que relato a seguir.

Certa vez, Ken Anderson, um artista jovem que estava recebendo comentários elogiosos a seu trabalho nos estúdios Disney, foi parado no estacionamento da empresa por Walt, que disse a ele: "Ken, parabéns pelo seu excelente trabalho, pelo que você está fazendo... Mas quero que você saiba de algo... Bem, existe apenas uma coisa que estamos vendendo aqui, uma única coisa, e seu nome é Walt Disney". E acrescentou: "Se você quiser comprar essa ideia e se sentir feliz em trabalhar pelo nome Walt Disney, você é meu homem, faz parte do meu time. Mas, se tiver qualquer pretensão de vender o nome Ken Anderson, o melhor que você faz é esquecer isso agora mesmo".

Walt tinha absoluta confiança em seus julgamentos. Não admitia que alguém o contrariasse, e usava técnicas para garantir isso, quando falava com as pessoas – fixava seus olhos no interlocutor e, se ele tentasse desviar o olhar, simplesmente perguntava: "Você não está interessado no que estou falando?". Dependendo das circunstâncias, era o silêncio que falava mais alto: quando queria repreender alguém, levantava as sobrancelhas e olhava fixamente para quem estava falando.

Muitos de seus funcionários aludem, ainda, a um hábito imperdoável de Walt, que era o de chamar a atenção de qualquer um deles na frente de todos os demais. Esse grave defeito, Walt sempre o reconheceu, e dizia que se sentia um verdadeiro idiota quando procedia assim.

Algumas das razões para essas atitudes talvez fossem a pressão exercida sobre ele para que seus filmes fossem sempre um sucesso, a autoexigência de que sua reputação de gênio não fosse esquecida, e sua necessidade de mostrar a todos quem mandava naquela empresa.

Ainda sobre o costume de Walt de levantar as sobrancelhas em sinal de desaprovação, meu grande amigo Maurício Alexandre, que se reportava diretamente a mim no Brasil e hoje é diretor do SeaWorld, ao ler os originais deste livro, opinou que talvez isso explique por que muitos dos personagens "temperamentais" dos filmes Disney fazem o mesmo. Maurício chegou a brincar sobre o assunto, dizendo que talvez essa tenha sido uma forma de seus artistas homenagearem o grande Walt.

Ao reler este capítulo, recordei-me também dos milhares de Mickeys escondidos em todas as instalações da Disney – uma celebração do principal personagem da companhia e, portanto, da memória de seu idealizador, Walt Disney. Digo "Mickeys escondidos" por se tratar, na verdade, de alusões ao camundongo feitas em objetos, paisagens ou superfícies que podem passar despercebidas ao primeiro olhar, nas áreas de parques, hotéis e, até, em setores de navios. Não se trata, portanto, do uso explícito da imagem de Mickey para decorar ambientes ou brinquedos, mas de uma espécie de reiteração camuflada da identidade da empresa feita pelos imagineers (engenheiros de criação da Disney, profissionais que criam hotéis, atrações, etc.), que assim coroam seus trabalhos e homenageiam aquele que paga as contas:

Mickey Mouse. Uma simples tampa redonda em uma calçada, por exemplo, fechando o acesso a uma caixa de inspeção de instalação elétrica ou de telefonia, pode surgir ornada, aparentemente de forma displicente (mas na Disney, é bom lembrar, nada é deixado ao acaso), com seixos cuja disposição, se analisada com cuidado, revela o contorno da cabeça do famoso camundongo. Esse costume dos imagineers, que não deixa de ser, também, um jeito de brincar com os convidados, já se tornou até objeto de livros de fotos cujos autores se esmeraram em encontrar as menções disfarçadas a Mickey.

Como afirmei anteriormente, Walt não media gastos ao produzir um novo filme, pois julgava que o importante era primar pela qualidade e pela criatividade, não importando o custo que isso pudesse implicar. Preferia fazer poucos filmes com excelente qualidade a fazer muitos com péssimo acabamento. A propósito, segundo Disney, sequências de filmes demonstram falta de criatividade, raciocínio que não deixa de fazer sentido. Na concepção pura de Walt, filmes como *Toy Story 2*, *Toy Story 3*, etc. não deveriam existir.

No livro *Creativity, Inc.* (2014), o presidente da Pixar e da Disney Animation, Ed Catmull, apesar de concordar com essa visão, apresenta um argumento razoável para justificar a produção de sequências: os riscos são bem menores. Se um filme faz grande sucesso, se desperta emoções que o espectador gostaria de reviver, é possível que uma sequência exerça forte atração sobre ele, reconduzindo-o às salas de exibição onde reencontrará os personagens que o cativaram.

Aí está, entretanto, a aguda diferença entre a filosofia dos estúdios atuais e a de Walt Disney. Walt preferia correr riscos, mas ser criativo, a simplesmente fazer o mais fácil.

Há uma frase em que ele expressa categoricamente essa opção: "Gosto do impossível porque lá a concorrência é menor".

Com relação aos empréstimos que era obrigado a contrair para dar curso às sofisticadas criações dos estúdios Disney, Walt, certa vez, desabafou diante de um dos executivos do Bank of America, Joe Rosenberg:

> Estou desapontado com você, Joe. Pensava que você fosse um tipo de banqueiro diferente, mas você não passa de um banqueiro comum. Você me empresta um guarda-chuva em um dia ensolarado, mas o toma assim que começa a chover. (Thomas, 1976, p. 202)

Durante o período em que *Branca de Neve e os Sete Anões* estava sendo feito, Walt resistia aos constantes pedidos dos banqueiros para que reduzisse o custo da produção, dizendo que eram todos um monte de "filhos da mãe" (*Ibidem*). Anos depois, confessava que "queria apenas fazer o que pensava ser certo, bem-feito, com qualidade; nada de volume, nada de cortes na produção" (*Ibidem*). Em 20 de maio de 1935, Walt emitiu um comunicado para os funcionários em que dizia o seguinte:

> Tudo o que esperamos de nossos artistas é que mantenham seus trabalhos com a melhor qualidade possível, e que isso venha a ser refletido em seus salários. Não podemos pedir menos que isso. Esperamos que todos assumam suas responsabilidades, pois todos sabem quais são elas. Todos sabem qual o seu trabalho e o que fazer com ele. Não desejo forçar sua cooperação. Se você não cooperar para o seu próprio bem ou o bem da própria organização, você não tem nenhum lugar nela. (*Ibidem*)

Bill Peet, que começou nos estúdios Disney em 1937 e lá ficou por quase trinta anos – e que por isso conhecia Walt muito bem –, disse em certa ocasião que era preciso entendê-lo de três formas diferentes; ou seja, que havia três "Walts": o sonhador, o realista e o bajulador. O sonhador era o mais constante, pois estivera envolvido com sonhos e projetos por praticamente toda a sua vida. Apesar disso, Walt tinha um senso de realismo diante de seus sonhos, para o qual contribuía seu irmão Roy, que exercia certa influência para trazer a realidade à vida dele. Finalmente, Disney era bajulador no sentido de motivar sua equipe. Já sabemos que essa "bajulação" era feita de uma forma indireta, ou seja, Walt elogiava um colaborador usando palavras de outra pessoa. Ele dizia, por exemplo, algo mais ou menos assim: "John, o Marc me disse que você fez um trabalho extraordinário". Bill acrescentou que, por causa disso, sempre dava uma ligada para a portaria da empresa, pela manhã, para saber qual dos "Walts" estava chegando. Ele observa ainda que Walt, como qualquer déspota da história, odiava gatos, por não conseguir fazê-los se curvar a seus desejos, a suas vontades.

Jack Cutting, outro animador, dizia que Walt não se preocupava com as críticas que recebia da imprensa, rebatendo-as com o argumento de que não estava tentando agradar aos críticos – preferia correr seus riscos com o público. Quando alguém ousava discordar de suas ideias, ele reagia como se tivessem jogado um balde de água fria em sua cara. E aí vinha a parte mais difícil para quem o havia confrontado: Walt levantava as sobrancelhas e, de repente, ficava claro quem mandava naquele estúdio, naquelas ideias.

O amor de Walt por seu público e sua indisposição com relação aos críticos podem ser ilustrados pela fala reproduzida a seguir. A propósito, a declaração foi extraída do depoimento dado por Walt Disney quando ele decidiu entrar no ramo de parques temáticos, usando a televisão como sua aliada.

> Sempre tive confiança de que esse era o caminho, desde que perdi Oswald e criei Mickey Mouse. A partir daí, decidi que iria, de todas as maneiras possíveis, construir tudo baseado no meu público, manter a confiança de meu público. E, você sabe, nós não estamos nem um pouco preocupados com o que vem no meio [...] O público tem sido meu amigo. O público descobriu Mickey Mouse muito antes dos críticos e muito antes dos donos dos cinemas. Até esse momento, eles não davam nenhum espaço para mim [...] Em resumo, quero dizer que esses críticos, esses donos de cinemas só se preocupam depois. Por isso, vamos direto ao público [...] E, se existe uma maneira de chegarmos a ele, a televisão será o meu caminho, passando por cima daqueles que ficam sentados, simplesmente julgando nosso trabalho. (Thomas, 1976, p. 254)

Outro excelente exemplo de como Walt gostava de mandar é contado por um de seus fiéis colaboradores, Ben Sharpsteen, que dirigiu os estúdios durante muito tempo. Era ele quem contratava, cuidava da parte administrativa, estabelecia os cursos para os iniciantes. Ben conta que, depois de ter se aposentado, decidiu viver em uma fazenda no nordeste da Califórnia e que, um dia, Walt decidiu fazer-lhe uma visita. Ao chegar, Walt começou a fazer recomendações de como ele deveria desenvolver aquela área rural: "Você pode fazer uma estradinha aqui, criar um cercado para o gado ali; você pode fazer um curral…".

Após escutar as primeiras "sugestões", Sharpsteen teve de relembrar Disney, de uma forma sutil, que aquela terra era sua e que ele faria o que realmente achasse necessário. Ben recordou, naquele momento, quão difícil tinha sido trabalhar para um homem que queria mandar em tudo – tudo mesmo.

De sua parte, Sharpsteen sabia que, no fundo, Walt era uma grande pessoa – apesar de sua postura autoritária e de, muitas vezes, não saber dizer "obrigado". Quanto a essa última deficiência, o fato é que Walt tinha levado consigo, nessa mesma visita, o Oscar conquistado em 1958 por *Ama Girls*, filme em cuja realização Sharpsteen tinha se esforçado ao extremo. Walt apenas colocou a estatueta sobre a mesa, permanecendo em silêncio após fazer isso. Naquele instante, o silêncio resultava do orgulho de Walt, que o impedia de expressar sua gratidão ao amigo.

O perfeccionismo de Walt acarretou outras situações que, embora possam parecer anedóticas, foram difíceis de suportar para seus colaboradores. Em certa ocasião, por exemplo, Harry Tyle, um dos maiores desenhistas dos estúdios Disney, comentou que um de seus desenhos tinha sido odiado por Walt. Então, Harry disse a Disney que ele não deveria ficar tão aborrecido e que o funcionário merecia ao menos uma nota "E" pelos "esforços" empregados no trabalho que levou meses para ser concluído. Disney apenas respondeu que daria nota "P" pela "porcaria" de desenho apresentado.

Atitudes e reações como as descritas até aqui são, sem dúvida, imperdoáveis em um homem que lidera uma equipe, mas Walt não era perfeito – o que, aliás, não tira o mérito de sua genialidade. Meu ponto de vista é que, quando avalio suas boas e suas más qualidades, as primeiras sobressaem, superando em muito as últimas.

Apesar da conduta questionável em relação à sua equipe, creio que Walt adorava seus animadores. Se agia de maneira arrogante ao tratar com eles, fazia-o simplesmente por saber que dependia desses artistas, uma vez que seu negócio era o desenho.

Walt nunca foi um bom desenhista e sempre o admitiu. Assim, se havia um trabalho nos estúdios que ele seria incapaz de executar era justamente o de desenhar. Diante da inevitável dependência que vivia em relação a seus animadores, tentava "intimidá-los" com seu ar de superioridade.

Essa é minha interpretação a respeito das atitudes de Walt; ainda assim, e apesar de parecer tentar justificá-las, penso que, na realidade, ele estava errado ao agir de tal maneira.

Acredito que os líderes não sabem tudo, mas que são geniais ao escolher seu time. Ou seja, o presidente de uma empresa, por exemplo, tem seu mérito baseado no fato de saber escolher os executivos certos para a área de finanças, a de marketing, e assim por diante. Nem por isso ele precisa odiar o fato de não entender dessas áreas.

Analisando a personalidade de Walt mais profundamente, acho até paradoxal que ele tenha se conduzido assim, pois isso sugere que sua autoestima estava muito baixa. Acho paradoxal essa inclinação porque, em geral, seu pioneirismo em tudo o que fazia revelava exatamente o contrário, ou seja, uma autoestima bastante elevada. Mas tudo isso são conjecturas...

Esse Walt, esse egocêntrico, esse dominador, esse dono da verdade originou-se, em grande parte, do golpe que foi, para ele, perder Oswald para a Universal. Para além das consequências desse incidente que o marcou tanto, Walt continuou sendo um genial contador de histórias. Não devemos, aliás, jamais esquecer essa qualidade tantas vezes demonstrada por ele, pois é nela que reside a razão de seu sucesso. Walt sabia contar histórias e sabia contratar talentos para convertê-las em desenhos; além disso, contava com Roy, que sabia lidar com dinheiro – esses elementos foram o grande segredo de seu êxito.

Voltando mais uma vez a Mickey, é importante ter em vista que ele surgiu em um momento em que o país precisava desfrutar de um pouco de alegria – afinal, a Grande Depressão eclodiria no ano seguinte, 1929, estendendo-se até 1942.

Mickey Mouse traria contentamento e diversão a uma fase de dificuldade, a um momento em que as pessoas precisavam sorrir. Não tenho dúvida de que Walt Disney não teria prosperado tanto se não tivesse lançado os primeiros desenhos de Mickey na mesma época em que estava se iniciando a Grande Depressão. Era um remédio perfeito para combater o abatimento dos americanos: situações engraçadas, criatividade e certa irreverência.

A propósito da capacidade de Walt de fazer da diversão e do entretenimento um grande negócio, adianto um comentário sobre sua ideia de criar parques temáticos – assunto sobre o qual me estenderei mais adiante, em outro capítulo. Disney foi duramente criticado por supostamente querer, por meio de sua obra, alienar as pessoas, fazer com que elas vivessem em um mundo de fantasia, de magia, completamente diferente daquele em que elas realmente viviam. Essa desaprovação, já manifestada antes em relação a seus filmes, estendeu-se aos parques. Mas não seria o caso de indagar se, afinal, procede condenar alguém por proporcionar às pessoas uma pausa em meio a suas preocupações, fazendo-as sorrir? Aliás, segundo a concepção de Disney, alguém que entre em um parque temático não deve viver senão a fantasia. Walt queria e quer que o visitante esqueça o mundo real, que entre com ele em uma viagem fascinante através da magia e do sonho. Qualquer pessoa que tenha ido a um parque da Disney sabe que aquele é um lugar para brincar, para esquecer as contas a pagar, o emprego negado, as coisas negativas. De nenhuma atração de um parque em Orlando, por exemplo, se avista qualquer elemento de paisagem que remeta à realidade: não se vê edifício, rodovia congestionada ou qualquer obra que venha a lembrar a cidade onde você vive. Quer mais? Tente comprar um jornal ou uma revista dentro dos parques. Não existem, por um simples motivo: trariam o mundo real, de crimes e guerras, para dentro de um mundo de fantasia. Disney estava e continua certo na sua simples filosofia. O tempo tem provado!

Para encerrar este capítulo, em que analisei o quanto a perda de Oswald determinou mudanças de atitude de Disney, reproduzo algumas opiniões de Walt sobre Charlie Mintz.

Indagado, em certa ocasião, se voltara a encontrar-se com Charlie após o episódio envolvendo Oswald, Walt declarou:

> A Universal me ligou e estava muito interessada em continuar comigo. No dia em que fui ao escritório para me encontrar com os altos executivos, vi Charlie e simplesmente

o cumprimentei com um "oi, Charlie". A Universal queria que eu trabalhasse para eles. Eles queriam ter controle total e eu não faria aquilo por nada, apesar de estar necessitando de muito dinheiro. Nós não tínhamos outro filme; as coisas estavam realmente complicadas. Nossas casas [a de Walt e a de Roy] estavam hipotecadas. Mas eu simplesmente caminhei em direção a Charlie Mintz e disse: "Adeus, Charlie". E me retirei imediatamente. (Thomas, 1976, p. 97)

Quando perguntado se odiava Charlie, Walt respondeu:

Não me lembro de ter estado triste em algum dia de minha vida. Poderia ficar bravo com algumas pessoas, mas nunca carreguei rancor por muito tempo. Realmente, não poderia odiar uma pessoa por muito tempo. Senti muita pena de Charlie Mintz quando soube do que aconteceu com ele. Exatamente o que eu tinha previsto. Eu havia dito a ele: "os meus meninos [os desenhistas que haviam abandonado Walt para ir trabalhar com Charlie] farão o mesmo com você, Charlie. Tome cuidado; é tudo o que posso dizer a você". Eles o deixaram, exatamente como tinham feito comigo. Charlie Mintz perdeu todos os poderes que tinha na Universal. Então veio uma outra pessoa, Walter Lantz [criador do Pica-Pau], para comandar a empresa, e nos dávamos muito bem. Ainda vi Charlie mais uma vez e não podia me sentir feliz por ele. Não sei explicar. Charlie estava doente. E apesar de tudo o que se passou entre nós, senti muito por ele. (Thomas, 1976, p. 97)

Walter Lantz, criador do Pica-Pau, foi quem recebeu a incumbência de dar sequência aos desenhos de Oswald. Mas o que aconteceu ao Coelho Sortudo depois que a produção de sua série foi encampada pela Universal? Nada. Absolutamente nada. Isso quer dizer que Walter não sabia desenhar? Não, de modo algum.

Em meus programas de negócios utilizo a transferência de Oswald da Disney para a Universal para explicar que o segredo do sucesso de um personagem não está no desenho em si, mas em quem o realiza e na conexão que mantém com o personagem. Se retomarmos a definição que forneci, anteriormente, de "animação" (movimento da alma, vida, em uma tradução livre), verificaremos que, segundo essa concepção, se o personagem não tiver "alma", ele morre. Foi isso o que aconteceu a Oswald. A energia do criador está dentro de cada personagem. Obviamente estou fazendo uma generalização, mas o conceito é claro. O sucesso de Oswald estava relacionado muito mais à conexão dele com Disney, seu criador, do que com o próprio desenho.

Do ponto de vista do estudo de liderança, esse exemplo é importante. Você pode ter um produto excepcional nas mãos, mas, se entregá-lo às pessoas erradas, ele correrá o risco, sim, de deixar de ser extraordinário.

Charles Lindbergh e Mickey Mouse em seu primeiro voo solo

Quando escrevi o título acima, pensava em trazer informações superdetalhadas do primeiro desenho animado de Mickey Mouse. Muita gente não sabe, mas Charles Lindbergh e Mickey Mouse têm muito em comum.

Nascido em 4 de fevereiro de 1902, um ano após Disney, Charles foi o primeiro aviador a cruzar o oceano Atlântico em voo solitário e sem escalas, em 20 de maio de 1927, pilotando o pequeno avião monomotor *Spirit of St. Louis*. Eram 6h52 quando decolou do Condado de Nassau, no estado de Nova York. Após 33 horas, 29 minutos e 30 segundos, aterrissou em Paris. Hoje, quando podemos realizar o mesmo percurso em cerca de oito horas apenas, a bordo de aeronaves comerciais pressurizadas, é difícil avaliar o feito desse homem, que voou, sozinho, em um avião de pequena envergadura, desprovido de piloto automático e de outras tecnologias de navegação aérea. A mesma travessia já fora concluída com sucesso antes por outros pilotos, mas que a executaram em duplas, certamente se revezando no comando de seus aeroplanos, além de dividir outras tarefas.

Infelizmente, Charles é mais lembrado pelo sequestro de um de seus filhos – ocorrido em 1 de março de 1932 –, que foi morto após o pagamento do resgate de 50 mil dólares.

Esse fato lamentável fez, aliás, com que Walt e outras personalidades famosas na época evitassem ser fotografadas por jornais ao lado de seus familiares.

O êxito do voo transatlântico efetuado por Charles Lindbergh tornou-se um dos acontecimentos mais comentados do ano. Walt e Ub concordaram que deveriam aproveitar o tema, de forte apelo, em um novo filme. Os dois começaram, assim, a fazer o primeiro desenho de Mickey Mouse, *Plane Crazy* – a portas fechadas, pois temiam que a ideia fosse roubada. Outro motivo por que estavam trabalhando em segredo era o fato de ainda terem filmes da série *Oswald* a entregar para a Universal, cujo contrato precisavam cumprir.

Quando estive em Hollywood, no final de 2014, para pesquisar sobre o assunto, descobri que o desenho fora desenvolvido na garagem da casa de Walt, na avenida Lyric – não confundir com a garagem em que Roy e Walt fundaram a empresa em 1923, na casa do tio Robert.

Plane Crazy conta a história de Mickey Mouse tentando imitar Charles Lindbergh, com o objetivo de impressionar Minnie Mouse e, assim, conquistar seu amor. Mickey improvisa um avião e a convida para voar com ele. Durante o voo, insiste em receber um beijinho de Minnie, que o nega o tempo todo. Então, Mickey decide recorrer a um estratagema: começa a fazer acrobacias, para amedrontar sua amada e, desse modo, "obrigá-la" a ceder. Mas, no final, depois de beijá-la à força, tudo o que obtém de Minnie é um certo desprezo irreverente.

Desde esse primeiro voo, Mickey nunca mais deixou de ganhar as alturas – e de atingir cada cantinho do mundo.

Plane Crazy estreou no dia 26 de maio de 1928, em versão sem som.[1] Disney já se preparava, então, para criar o segundo desenho, *The Gallopin' Gaucho*. Esses dois filmes não despertaram muito interesse por parte dos distribuidores em Hollywood. Disney decide, então, contratar um distribuidor em Nova York, por meio de E. J. Denison. Denison procurou, de todas as formas, vender Mickey Mouse, mas os resultados não foram os melhores. Disney tinha, portanto, duas produções de custo alto paradas, sem comercialização.

Walt tenta, na mesma época, convencer seu gerente financeiro – o irmão Roy – a usar o som em seus filmes. Retoma-se uma velha briga: Walt almejando melhorias de qualidade e Roy tentando segurar os custos da empresa.

Então, surge a revolução do som. Desde 1896, Thomas Edison já vinha tentando sincronizar som e imagem nos filmes. Mas só a partir dos anos 1920 foram criados processos básicos para viabilizar esse sonho – amplificadores de tubo de vácuo e alto-falantes de boa qualidade. Naquela década, houve uma corrida para produzir e comercializar vários sistemas, tais como o Photokinema (1921), o Phonofilm (1923), o Vitaphone (1926), o Fox Movietone (1927) e o RCA Photophone (1928).

Embora *O cantor de jazz*, lançado em 1927 pela Warner Bros., se destaque como o primeiro filme sonoro comercialmente bem-sucedido, as películas mudas ainda

---

[1] No livro *Storming the Magic Kingdom* (1987), John Taylor informa, equivocadamente, que a data da estreia foi 6 de outubro de 1927.

dominavam o repertório de lançamentos em 1927 e 1928. É quando Disney, que estava com os dois filmes parados, resolve investir em um terceiro desenho animado do Mickey, dessa vez incluindo som. *Steamboat Willie* viria a ser o primeiro desenho sonoro e é considerado a estreia tanto de Mickey Mouse quanto de sua namorada, Minnie – ainda que ambos os personagens tenham aparecido meses antes em um teste de exibição de *Plane Crazy*. *Steamboat Willie* foi o terceiro filme de Mickey a ser produzido e o primeiro a ser efetivamente distribuído.

A incontornável pergunta que se fazia na época, e cuja resposta podia significar lucro ou prejuízo para realizadores, era se o público aceitaria diálogos e canções "interpretados" por personagens desenhados. Afinal, por mais de 25 anos, Krazy Kat, Koko, Oswald e tantos outros jamais haviam aberto a boca para falar ou cantar. Apesar dos temores que essa incerteza gerava, mais uma vez Walt Disney preferiu abraçar as mudanças, atuando de maneira pioneira e arrojada para conquistar a simpatia do público pelos novos recursos de que podia lançar mão ao produzir um desenho.

Steamboat Willie foi exibido pela primeira vez no Colony Theatre, em Nova York, no dia 18 de novembro de 1928. Embora fosse um filme de apenas sete minutos e meio de duração, acabou suscitando muito mais comentários do que os filmes de longa-metragem que estavam em cartaz na mesma semana. Os críticos adoraram o filme, principalmente pela inovação de incluir som. Em apenas algumas semanas, Mickey Mouse tornou-se uma sensação nacional. E, ao longo dos três anos seguintes, conquistaria a unanimidade e a respeitabilidade de uma verdadeira instituição.

É interessante conhecer alguns detalhes sobre a produção desse filme. Disney faz a voz de Minnie e de um papagaio que gritava "homens a bordo, homens a bordo!".

Vistos hoje (é fácil encontrá-los na internet), tanto *Plane Crazy* quanto *Steamboat Willie* surpreendem por permanecer absolutamente modernos. Neles encontramos a subversão das leis da física (que o Pernalonga da Warner iria usar com abundância), o uso rigorosamente preciso dos sons, o confronto entre o fraco (empregado) e o patrão, as tentativas desajeitadas de romance. Os filmes permanecem divertidos e ainda funcionam como entretenimento.

Mais do que isso, há traços de Marceline por todo o lado. A vida no campo, a ordenha das vacas, os porquinhos mamando. O cenário de Mickey é predominantemente rural – ainda que as cidades estivessem crescendo como nunca. Há certa nostalgia do campo em ambos os filmes.

Por isso insisto tanto em falar de Marceline na vida de Disney. O que ele captou naqueles anos permaneceu transbordando em suas obras. Mesmo em seu trabalho anterior (veja *Trolley Troubles*, da série *Oswald, o Coelho Sortudo*), o trem que tanto encantava o garoto Walt está lá, ainda que sem a elaboração que marcaria os filmes com Mickey.

Costuma-se fixar a data de 18 de novembro de 1928 como a do nascimento de Mickey, pelo fato de *Steamboat Willie* ter levado o personagem e seu criador, Walt, para a fama. Esse filme apareceu em cinemas de Nova York, cidade em que atuava Charlie Mintz.

No entanto, minha opinião quanto a esse ponto é diferente, pois acho que é muito fácil dar destaque ao primeiro sucesso do personagem, sobretudo quando se evita recordar seu processo de elaboração, que implica inevitáveis fracassos. Por isso, considero a data da viagem de Nova York a Los Angeles, no dia 13 de março de 1928, quando Walt tinha acabado de perder Oswald, como a origem da ideia que culminaria na criação de Mickey. O camundongo deve ter nascido em 15 de março de 1928, dois dias depois da partida de Nova York. No cinema, como afirmei mais acima, a estreia do personagem ocorreu em 26 de maio de 1928, com *Plane Crazy*.[2] Portanto, a data de 18 de novembro marca sua primeira aparição em desenho com som sincronizado e seu primeiro sucesso comercial, mas não seu nascimento para as telas.

Em 1930, para surpresa dos irmãos Disney, Ub Iwerks decide deixar a companhia. Aparentemente por causa das exigências de Disney, que insistia, ininterruptamente, no aprimoramento da qualidade dos desenhos.

O que mais aborreceu Disney, na saída de Ub, foi ter sido ele contratado pelo distribuidor de Mickey Mouse, Pat Powers – o sócio de Carl Laemmle, da Universal Pictures. Para entender esse processo, porém, temos de regressar ao ano anterior: em 1929, Powers vendeu a Disney um sistema Cinephone de gravação, para que ele pudesse produzir desenhos animados sonorizados, à semelhança do que fizera ao criar *Steamboat Willie*.

Incapaz de encontrar um distribuidor para seus desenhos sonorizados, Disney começou a lançar suas animações por meio da Celebrity Pictures, companhia de Powers. Após um ano de sucesso de Mickey Mouse e das *Silly Symphonies*, Walt Disney confrontou Powers, em 1930, a propósito do dinheiro devido a partir do acordo de distribuição. Powers

---

[2] *Plane Crazy* foi relançado, dessa vez sonorizado, em 17 de março de 1929.

o retaliou contratando Ub Iwerks com exclusividade, para criar seu próprio estúdio de animação.

Iwerks teve um sucesso apenas mediano, lançando séries como *Flip the Frog* e *Willie Whopper*, distribuídos pela MGM. O estúdio Iwerks fechou em 1936.

Powers produziu cerca de trezentos filmes, a maioria deles mudos, pela Universal antes de 1913, ou curtas-metragens de animação. No entanto, ele é creditado como produtor do filme *Marcha Nupcial*, do diretor Erich von Stroheim, lançado em 1928.

Comenta-se que Ub aceitou o convite de Powers por achar que tinha condições de cuidar de seu próprio negócio. Iwerks, entretanto, além de ser muito tímido, decididamente não era um homem talhado para tratar de vendas. A propósito, ele já havia passado por isso antes, quando fundara com Disney a *Iwerks-Disney Commercial Artists*.

Outro motivo que se cogita para explicar a saída de Iwerks é o reconhecimento internacional que Disney alcançara, ao passo que o desenhista permanecia quase desconhecido. Ninguém falava do artista que tinha conferido a Mickey forma e movimento.

A relação entre Walt e Ub ficou fria por dez anos. Durante esse intervalo, Ub criou vários desenhos animados que não alcançaram o sucesso esperado.

Em 1940, Ben Sharpsteen conseguiu persuadir os dois velhos amigos a se reconciliarem. Ub estava cansado de trabalhar sob a forte concorrência de Hollywood e tinha planos de fazer o que amava: desenvolver processos técnicos de animação. Walt deu as boas-vindas a Ub, que outra vez se tornou um colaborador importante na empresa.

Flowers and Trees

A barreira do som tinha sido quebrada com *Steamboat Willie*. Agora, Walt queria outra inovação: a cor.

Walt sabia que precisava continuar inovando, pois presumia que, apesar do sucesso do desenho *The Skeleton Dance*, da série *Silly Symphonies*, o interesse do público poderia decair com o tempo, como ocorrera com a série *Alice*, o que acarretara o pedido de que fosse criado um novo personagem – Oswald, o Coelho de Sortudo, cuja história já conhecemos.

Diante disso, Disney achava que introduzir o uso de cores em um desenho animado seria um passo importante para impulsionar seus negócios.

Sobre dinheiro e sobre *Flowers and Trees*, Walt certa vez declarou:

> Era o tempo em que eu gastava muito mais dinheiro nos filmes e não tinha retorno financeiro. Meu irmão foi totalmente contra o projeto. A razão é simples e já comentei sobre ela muitas vezes. Roy vivia com os gastos em mente, e eu descobrira que pessoas que vivem apenas com isso na mente não prosperam. No meu caso, queria sempre progredir, fazer coisas novas sem me preocupar acerca de como ou quanto gastaríamos. Não posso culpá-lo, pois ele nunca teve o mesmo tipo de experiência que eu nesses negócios. Ele entrou nesse ramo

> por minha causa e pelo respeito que tinha por mim. Então, simplesmente disse a ele: "Quero cores. Acho que vai ser um sucesso". O argumento de Roy era que tínhamos um contrato para entregar doze desenhos a um preço já estipulado. Mudar para cores iria custar muito mais, e não receberíamos nenhum centavo adicional por essa inovação. (Thomas, 1976, p. 114)

O sistema de cor para filmes (Technicolor) havia sido inventado em 1916 e aprimorado ao longo do tempo. No início, a cor obtida com esse sistema era muito saturada, praticamente irreal.

Por anos, Walt sonhou em ter cores em seus desenhos. Fez várias tentativas frustradas. Nada funcionava. Por volta de 1932, o processo de Technicolor não havia sido testado suficientemente para os filmes com atores, mas podia ser usado nos desenhos. A Technicolor mostrou um teste para Walt Disney, que ficou maravilhado com o resultado. Seu irmão Roy, porém, ainda não estava convencido de que valia a pena investir na utilização do sistema. Segundo Roy, "seremos loucos se gastarmos mais dinheiro nisso, quando já fechamos um contrato com a United Artists. Eles não vão pagar mais dinheiro pela inovação".

Como Walt Disney não desistia facilmente, ele respondeu baseando-se em sua visão do negócio: "Sim, Roy, talvez a United Artists não venha a pagar essa diferença. Mas será que você não percebe que os filmes em cores vão fazer tanto sucesso que vamos ter os filmes por mais tempo nos cinemas, e que isso nos trará o retorno esperado?".

Apesar dos muitos argumentos apresentados por Walt para que a produção em cores fosse incorporada pelos estúdios Disney, Roy continuou irredutível. Somente mais adiante, quando Walt Disney convenceu a Technicolor a firmar um contrato de exclusividade de dois anos, foi que o irmão resolveu ceder.

Flowers and Trees integrava a série *Silly Symphonies* e estreou nos cinemas, pela United Artists, em 30 de julho de 1932. Foi o primeiro filme lançado comercialmente a ser produzido no novo sistema *full-color three-strip* (ou "processo de três tiras"), uma evolução do processo Technicolor e seu mais recente desenvolvimento.

Flowers and Trees já estava em produção como desenho animado preto e branco quando Disncy viu os novos testes da Technicolor.

Decidido que *Flowers and Trees* seria perfeito para a utilização do novo sistema, Walt desmontou o filme e o refez em cores. Alguns historiadores afirmam que a produção do filme já estava praticamente pela metade (40%), em preto e branco, quando Disney interveio. *Flowers and Trees* foi um sucesso comercial e de crítica. A partir daí, todos os lançamentos da série *Silly Symphonies* foram produzidos no sistema de três tiras da Technicolor. A novidade ajudou a impelir a série, que vinha capengando nas bilheterias. Curiosamente, os curtas com Mickey Mouse, a menina dos olhos da Disney, iam tão bem que Walt – por contenção de custos – os manteve em preto e branco até 1935, quando foi lançado *The Band Concert*.

Disney e o Oscar

A premiação do Oscar (ou, tecnicamente, o Academy Awards) havia sido criada em 1929. Sua primeira edição reuniu 270 pessoas e durou apenas quinze minutos. Mas a festa foi ganhando peso, glamour e importância nos anos subsequentes. Em sua quinta edição, a Academia de Artes e Ciências Cinematográficas instituiu uma nova categoria a ser contemplada pela distinção: Melhor Curta de Animação.

Assim, em 18 de novembro de 1932, primeiro ano em que os curtas de animação passaram a ser laureados, foi conferido a *Flowers and Trees* o primeiro prêmio, especialmente pela inovação das cores. Nesse mesmo dia, Walt Disney ganhou também um prêmio especial pela criação de Mickey Mouse. Disney começava, finalmente, a ser reconhecido na sociedade cinematográfica.

Muita gente ignora que esse primeiro Oscar abriu caminho para Walt Disney liderar, até os dias de hoje, a lista das pessoas mais premiadas por suas realizações em Hollywood. Na verdade, Disney é recordista tanto de indicações ao Oscar (59) quanto de Oscars recebidos (31). Além disso, ganhou, também, quatro Oscars honorários. Veja a lista a seguir com os mais importantes.

- 1933: Oscar de melhor curta-metragem de animação para *Flowers and Trees*.
- 1933: Prêmio honorário da Academia pela criação de Mickey Mouse.
- 1934: Oscar de melhor curta-metragem de animação para *Os três porquinhos*.
- 1935: Oscar de melhor curta-metragem de animação para *A tartaruga e a lebre*.
- 1936: Oscar de melhor curta-metragem de animação para *Três gatinhos órfãos*.

- 1937: Oscar de melhor curta-metragem de animação para *The Country Cousin* (*Primo País*).
- 1938: Oscar de melhor curta-metragem de animação para *O velho moinho*.
- 1939: Oscar de melhor curta-metragem de animação para *Ferdinando, o Touro*.
- 1939: Oscar honorário para *Branca de Neve e os Sete Anões*. O prêmio consistiu em uma estatueta em tamanho normal e sete outras, em miniatura.
- 1940: Oscar de melhor curta-metragem de animação para *O Patinho Feio*.
- 1942: Oscar honorário para *Fantasia* (1940), compartilhado com William E. Garity e JNA Hawkins, "por sua extraordinária contribuição para o avanço do uso do som no cinema".
- 1942: Oscar de melhor curta-metragem de animação para *Me dê uma pata*.
- 1942: Prêmio honorário Invirg G. Thaberg a Walt Disney.
- 1943: Oscar de melhor curta-metragem de animação para *Der Fuehrer's Face*.
- 1949: Oscar de melhor curta-metragem em *live action* para *Seal Island*.
- 1951: Oscar de melhor curta-metragem em *live action* para *In Beaver Valley*.
- 1952: Oscar de melhor curta-metragem em *live action* para *Nature's Half Acre*.
- 1953: Oscar de melhor curta-metragem em *live action* para *Water Birds*.

- 1954: Oscar de melhor documentário para *The Living Desert*.
- 1954: Oscar de melhor documentário de curta-metragem para *The Alaskan Eskimo*.
- 1954: Oscar de melhor curta-metragem de animação para *Toot, Whistle, Plunk and Boom*.
- 1954: Oscar de melhor curta-metragem em *live action* para *Bear Country*.
- 1955: Oscar de efeitos especiais para *20.000 léguas submarinas*.
- 1955: Oscar de melhor documentário para *The Vanishing Prairie*.
- 1956: Oscar de melhor documentário curta-metragem para *Men against the Arctic*.
- 1959: Oscar de melhor curta-metragem em *live action* para *Grand Canyon*.
- 1969: Oscar de curta-metragem de animação para *Ursinho Puff e o dia chuvoso*.

Branca de Neve e os Sete Anões

Meu sincero reconhecimento aos meus auxiliares, cuja lealdade e espírito criador tornaram uma realidade essa produção.

(Walt Disney, no lançamento do filme Branca de Neve e os Sete Anões.)

Não se reduz a mera formalidade o agradecimento de Disney a seus auxiliares na produção de *Branca de Neve e os Sete Anões*. Afinal, a obra envolveu o trabalho de 32 animadores, 102 assistentes, 167 estagiários, 20 artistas de *layout*, 25 responsáveis pelos cenários em aquarela, 65 animadores só para os efeitos, 158 pintores e coloristas – que, juntos, produziram 2 milhões de ilustrações pintadas com 1,5 mil tons de tinta.

Mas estamos nos adiantando. Vamos voltar um pouco. A dinâmica da relação entre os irmãos e parceiros Walt e Roy seguiu a trilha rotineira, ao longo da realização desse projeto. Walt, criativo, queria ousar, inovar. Roy, por sua vez, tentava proteger as finanças da empresa.

Walt já tinha inovado com o som, com a cor e, agora, pretendia romper paradigmas com relação ao tempo. Explica-se: até *Branca de Neve e os Sete Anões*, a Disney só havia produzido curtas-metragens. Em 1934, animado com seus primeiros prêmios do Oscar, Walt queria fazer um longa-metragem de animação. O problema é que uma aventura como essa poderia custar até 250 mil dólares, segundo a avaliação do próprio Disney. *Branca de Neve e os Sete Anões*, porém, extrapolou muito esse valor: terminou custando 1,5 milhão de dólares. Diante disso, é possível entender que Roy Disney tinha razões fortes para querer discutir sobre a questão financeira. Quanto a Walt, ele chegava, às vezes, a menosprezar a preocupação de Roy. Conta-se que, certa vez, Walt quis expor uma ideia a Roy e que este, antes mesmo que o irmão começasse a apresentá-la, perguntou: "Quanto tempo essa sua ideia vai levar?". Roy sabia que, quanto mais tempo a execução de um projeto implicasse, mais dinheiro seria necessário. Walt, com ironia, replicou: "Puxa, somos inovadores, fazemos o que há de melhor no mundo da animação, e a única pergunta que meu irmão sabe fazer é 'quanto tempo vai durar o projeto?'". (Thomas, 1976)

Na relação entre os irmãos houve fases de atrito agudo, durante as quais eles nem se falavam. Uma das pessoas que presenciaram essas crises foi Card Walker, que tornou-se, depois, presidente da empresa (1971-1977), CEO (1976-1983) e chairman (1980-1983). Card foi homenageado com uma janela, na fachada de uma das construções da Main Street, no Magic Kingdom, por sua contribuição. Na vidraça está escrito: "Dr. Card Walker – licenciado. Pratica-se psiquiatria e justiça de paz. Nunca fechamos, a não ser para um jogo de golfe." Naturalmente, esse título lhe foi outorgado porque era ele quem ficava no meio das discussões entre Walt e Roy. Houve épocas em que os irmãos não se falaram por meses, limitando-se a trocar recados por intermédio de Card Walker. Por tentar resolver os problemas dos dois, Card foi, mais tarde, apelidado e lembrado como "psiquiatra".

Outro relato sobre esses desacordos entre os irmãos vem de Roy Edward Disney, o sobrinho de Walt. Ele afirmou, em uma entrevista, que sabia quando seu pai e seu tio tinham brigado porque, nessas ocasiões, Roy, ao chegar em casa, batia com força a porta do carro.

O projeto *Branca de Neve e os Sete Anões* deve ter proporcionado muita contrariedade e muitas batidas de porta enfurecidas a Roy Disney, pois era de uma ousadia difícil de mensurar: seria o primeiro longa-metragem animado da história, o que significava, no mínimo, alto custo de produção e nenhuma garantia de retorno do investimento.

Walt Disney teve de lutar muito para realizar seu sonho. Tanto Roy quanto a própria esposa, Lillian, por exemplo, tentaram convencê-lo de que aquilo era uma loucura. Aliás, "a loucura de Disney" foi exatamente a alcunha por meio da qual a indústria do cinema de Hollywood designou seu novo empreendimento.

Disney sabia que a grande dificuldade para obter a adesão de Roy ao projeto estava relacionada com a questão dos empréstimos bancários. Para persuadi-lo, Walt resolveu adotar outra estratégia, em vez de confrontá-lo seguidas vezes: convencer seus animadores de que *Branca de Neve e os Sete Anões* era um grande projeto. Walt achava que o consenso entre os artistas poderia ajudar a mudar a opinião de Roy. Assim, sem perda de tempo, ele convidou os animadores para um bate-papo, sem que Roy soubesse – no estúdio, depois do expediente, quando o irmão já devia estar em casa, provavelmente desabafando com Edna e questionando-se sobre como ajudar Walt.

Para não me alongar, resumo dizendo que Walt Disney convenceu seus artistas argumentando mais ou menos assim: "Vocês já imaginaram como seria criar um filme de mais de uma hora, em que temos todos os elementos necessários para fazer o público rir, chorar e se emocionar? Não existe um filme longa-metragem, ainda, porque não tínhamos uma história completa, e *Branca de Neve e os Sete Anões* é a resposta para isso. O que essa história tem de diferente das outras? Muito simples: tem tudo. Existe uma princesa, um príncipe, uma bruxa, um caçador, a maçã envenenada e, além disso, sete anões. Mas não para aí. Cada anão tem suas características próprias: um é dengoso, outro feliz, outro zangado, outro soneca...". Walt Disney tinha o dom da persuasão. Ele descrevia o filme e ia encantando sua equipe, contaminando seu time com sua visão de grandiosidade.

Não preciso de espelho mágico para afirmar que *Branca de Neve e os Sete Anões* é, de longe, o melhor desenho animado de Walt Disney, superando também os de qualquer outro autor, em todos os tempos. *Branca de Neve e os Sete Anões* elevou a animação à categoria de arte. Nenhum filme jamais poderá ser comparado a ele quanto a seu caráter pioneiro e quanto à qualidade de que Disney o impregnou. Sua condição de excelência é, portanto, única. Examinemos algumas passagens do desenho que demonstram o extremo cuidado de Disney em sua criação:

- Sequência em que Branca de Neve lava o degrau de uma escadaria, no pátio do castelo, indo buscar mais água em seguida. Repare nos movimentos dos pombos a sua volta, na letra da canção que ela canta para os pombos... Note como Branca de Neve, ao ver o príncipe, corre para o interior do castelo, e mais: observe que, ao se esconder, ela olha para o seu vestido rasgado e tenta se compor antes de sair para a sacada do quarto em que se refugiara. São várias as alterações de estado psicológico que se sucedem nesses poucos minutos, todas elas representadas de maneira bastante convincente.

- Sequência em que Branca de Neve fala com o passarinho que se perdeu de seus pais. Sua ternura, ao cuidar do pequeno pássaro, é contrastada com a atitude do caçador, que recebeu ordem para matá-la. A passagem envolve alta dose de suspense e se concluiu com mais uma reviravolta, novamente demonstrando a engenhosidade de composição do enredo.

- Sequência em que Branca de Neve encontra a casa dos anões e entra nela. Branca de Neve comenta que aquela parece ser uma casa de crianças e, ao perceber a sujeira generalizada em seu interior, pensa que as crianças que moram ali podem ser órfãs. Sua primeira preocupação diante do cenário que depara é, portanto, de natureza maternal – o que, de maneira delicada, reforça a relação com o universo das crianças e dos pais na plateia, já estabelecida mediante a maneira como animais e seus filhotes são retratados.

- Sequência da limpeza da casinha, em que os animais ajudam Branca de Neve a executar uma faxina completa: além da bela canção de tom pedagógico, há uma série de instruções detalhando o modo correto de fazer aquilo, como, por exemplo, não jogar sujeira embaixo do tapete... Refiro-me à cena em que dois esquilos varrem pó para debaixo do tapete e são repreendidos, com brandura, por Branca de Neve, por fazerem algo errado. Eles decidem, em seguida, jogar tudo na abertura de uma toca de rato, mas recebem de volta os detritos e, ainda por cima, um sermãozinho daquele ratinho. Há também o cervo que passa a língua no prato para limpá-lo, e que também é repreendido com suavidade... O conjunto de cenas, nessa sequência, é riquíssimo por sua variedade, seu humor e seu conteúdo formativo.

- Sequência em que os sete anões são repreendidos por não se lavarem antes da refeição, e o comentário bonitinho de um deles dizendo "mas, mas não é Natal". Em seguida, há um divertido contraste entre a atitude de Zangado, que resmunga e se recusa a se lavar, e os demais anões, que fazem comentários inocentes ao tocarem a superfície da água em um tanque de madeira, dizendo que ela é molhada e fria. Há quanto tempo eles não tomavam banho?

- Sequência em que os anões cedem suas camas, para que Branca de Neve possa repousar sozinha no quarto: enquanto eles declaram, reiteradamente, que dormirão em qualquer lugar, e que ficarão bem, Dunga, em cena antológica, usa de sua inteligência de moleque travesso e, ao perceber um local mais apropriado para dormir (um sofá de madeira com uma grande almofada sobre ele), se esgueira para ali, a fim de garantir para si uma noite confortável. A propósito, na versão original do filme, havia uma cena – cortada na edição porque o desenho já estava longo demais – em que os sete anões construíam uma cama especial para Branca de Neve. Outro ponto a observar nessa sequência é que todos os anões optam por dormir no pavimento térreo da casa, embora já tivessem conhecimento de que Branca de Neve precisa de apenas três de suas camas para se acomodar. Ainda havia quatro camas disponíveis, portanto... Por que os anões não resolvem ocupá-las? Porque aqui entra a candura de Disney, que retrata a beleza interior dos anões, o respeito que eles dedicam a Branca de Neve: uma princesa deve sempre dormir sozinha, mesmo que isso implique algum incômodo para seus súditos.

- Sequência em que os sete anões, ao saírem para o dia de trabalho, pela manhã, fazem recomendações a Branca de Neve para que tome cuidado com a rainha: Dunga puxa a saia de Branca de Neve em busca de um beijo de despedida, em uma cena de grande pureza. Ele repete o gesto três vezes, sempre fechando os olhos para sentir melhor cada um dos beijos que recebe, completamente entregue à demonstração de carinho da princesa – mesmo que ela beije o alto de sua cabeça, em vez dos lábios que ele, confundindo as coisas, lhe oferece. Já a atitude de Zangado, ao se olhar insistentemente no espelho antes de sair, sugere que também ele deseja ser beijado, e que se prepara para isso. Por ser orgulhoso, deixa-se, porém, ficar por último, para não permitir que seu desejo transpareça – logo ele, que na véspera, entre resmungos, advertira os demais anões: "Eu estou avisando, se cederem um pouco, ela toma conta de todos vocês!". Como se vê, o desenvolvimento das inclinações psicológicas dos personagens desse filme é bastante extenso e pormenorizado, revelando rigorosa coerência – a qual é expressada, em grande parte, por meio de situações engraçadas. Não é qualquer diretor ou roteirista que consegue criar um enredo com lances narrativos como esses; a competência e a sensibilidade de Walt Disney estão por trás desse modo especial de contar uma história.

- Sequência em que os animais da floresta correm para avisar aos anões que Branca de Neve está em perigo. Destaca-se, além do grande número de animais interagindo, a agilidade de seus movimentos ao correr por diferentes tipos de terreno. Durante alguns minutos, o espectador os vê atravessando bosques, um rio e, já trazendo os anões, descendo barrancos e saltando um penhasco; o sentido de urgência é alternado com o diálogo que Branca de Neve mantém com a rainha disfarçada de velha mendiga, outra vez criando um intenso momento de suspense, em que o espectador torce para que os anões cheguem a tempo de impedir que a rainha use de algum feitiço contra a princesa. É difícil imaginar o impacto que tanto a técnica de animação quanto o contraponto entre as duas cenas que se alternam causaram na primeira exibição, em 21 de dezembro de 1937.

- Sequência em que os anões choram a morte de sua princesa: é de se notar o detalhe das lágrimas que correm por seus rostos, ao mesmo tempo que as velas derretem – os animadores tiveram a sensibilidade de transmitir a ideia de que as velas também estão chorando. Através da vidraça de uma janela, os animais da floresta observam a cena; chove, e gotas d'água escorrem por suas faces, como se também eles chorassem.
- Sequência em que o príncipe beija Branca de Neve, despertando-a: os anões e os animais da floresta comemoram o fato de que a princesa está viva. Branca de Neve está sendo levada embora pelo príncipe, e, quanto a este, é preciso tecer algumas considerações. Ao contrário do que ocorre na maioria dos filmes de Disney, o príncipe de *Branca de Neve e os Sete Anões* está presente apenas em duas cenas. Aliás, ao contrário de outros criados pelos estúdios Disney, ele está ausente nos momentos em que a princesa mais precisa dele: quando ela é ameaçada pelo caçador, quando se perde na floresta e sente medo, ou, por fim, ao conversar com uma estranha (a rainha, disfarçada como uma velha mendiga). Mas, se o príncipe de Branca de Neve jamais a defende de ameaça alguma, isso se dá porque ele é um personagem secundário nesse enredo; quem acolhe e protege a princesa, nessa história, são os sete anões.

É interessante observar que o enredo retrata uma sociedade em que o ambiente próprio da mulher é doméstico:

a mulher é dona de casa, sua função é cuidar do lar. Assim, quando os anões estão em dúvida a respeito de abrigar ou não Branca de Neve, ela os convence ao dizer que sabe cozinhar, lavar roupas e arrumar a casa – trabalhos que ela executaria em troca de teto e comida. Já os anões, na qualidade de personagens masculinos, trabalham fora – saem de casa pela manhã e só retornam a ela ao cair da tarde.

Há uma curiosidade a respeito de um dos sete anões que merece ser comentada: existe a possibilidade de Dengoso ser um anão que estaria apaixonado por Branca de Neve. Entretanto, após reprisar o filme várias vezes, percebe-se que a infantilidade e a ingenuidade de Dengoso são ressaltadas de modo tão intenso, que essa impressão passa, decididamente, a ser secundária. Aliás, não vejo Branca de Neve como um possível objeto de paixão amorosa por qualquer dos sete anões, mas como a mãe que faltava naquela casa – afinal, é ela que orienta sobre higiene, prepara refeições, conta histórias, indica a hora de ir dormir e se despede dos anões, pela manhã, com um beijo carinhoso, quando eles saem para trabalhar.

Destaquei, até aqui, algumas situações particularmente cativantes apresentadas no filme; agora, gostaria de apontar um anão que se destaca no enredo roubando a cena em diferentes momentos e relegando até Branca de Neve, às vezes, a uma posição secundária.

Dunga tem aquilo que chamamos de ingenuidade; uma ingenuidade pura, bonita. Ele é mudo, mas, a partir de seu comportamento, é possível imaginar que belas coisas diria, se conseguisse articular a fala. Dunga representa a criança sem maldade que existe dentro de cada um de nós, apagada pelas circunstâncias do nosso mundo. Ele faz o mundo parecer melhor e belo. Dunga gosta de beijos, é carente. Creio que essa é a palavra-chave para defini-lo – basta relembrar a cena em que se despede várias vezes de Branca de Neve, ao sair para trabalhar. Dunga rouba as cenas porque talvez seja o único personagem que tem de todos um pouco, principalmente do Dengoso, do Feliz e do Mestre, não necessariamente nessa ordem. Dunga agrada a adultos e crianças porque ingenuidade todos nós temos.

A propósito da empatia que Dunga desperta no espectador, lembro que Walt Disney tinha a seguinte opinião sobre o sucesso de *Branca de Neve e os Sete Anões*:

> Em nossos estúdios, temos certeza de uma coisa: que todas as pessoas do mundo foram crianças um dia. Por isso, quando planejamos um novo filme, não pensamos em adultos ou crianças, mas naquela bondade e pureza bem dentro de cada um de nós que o mundo pode nos ter feito esquecer, e que talvez os nossos filmes possam trazer de volta.[1]

A declaração de Disney torna evidente, portanto, que, em sua concepção, não existem filmes para crianças e filmes para adultos, pois o foco de suas produções é tocar certo aspecto da sensibilidade do público que independe de idade cronológica. É interessante ter em vista essa percepção não só quando analisamos os filmes de Disney, mas também ao estudarmos os parques temáticos. Walt não se limitaria a construir um parque para crianças, ou para adultos, mas implantaria um parque onde reinasse aquilo que, segundo acreditava, todos temos: pureza.

---

[1] Disponível em: https://en.wikiquote.org/wiki/Walt_Disney. Acesso em 29-3-2016.

Essa forma de ver seu negócio implicava, para Walt, que a única diferença entre um adulto e uma criança é somente a experiência acumulada, nada mais. Por isso, tudo o que empreendeu destinou-se a todos, não apenas a um público específico. Aí reside, em minha opinião, o motivo do sucesso que sua empresa teve, tem e continuará tendo por muitos e muitos anos.

A realização de *Branca de Neve e os Sete Anões* envolveu aproximadamente 569 pessoas trabalhando por dois anos e alguns meses. De 1934 até a conclusão do projeto, foram consumidos 860 quilômetros de papel para o desenvolvimento de mais de 2 milhões de sequências.

> A primeira coisa que fiz quando consegui dinheiro foi mandar meus desenhistas de volta para a escola. Estávamos lidando com movimentos, com o fluir dos movimentos, com o fluir das coisas, ação e reação, essas coisas... Então, precisamos abrir a nossa própria escola".[2]

Notem que Walt estava ciente de que esse empreendimento teria de dar certo. Os riscos eram grandes, mas, apesar disso, tinha de investir tudo naquele projeto. A empresa Disney é considerada sinônimo de qualidade exatamente por causa da filosofia nela aplicada por seu fundador desde o início. Essa primeira escola para desenhistas foi o começo do que se tornaria mais tarde a Disney University, onde todos os colaboradores passam por treinamentos contínuos. Nos meus quinze anos trabalhando para a empresa, diria que ter dado aulas nessa universidade foi algo marcante. Uma honra para poucos, que guardo com

---

[2] Disponível em: http://www.denofgeek.com/movies/disney/33091/disneys-snow-white-the-risk-that-changed-filmmaking-forever. Acesso em 29-3-2016.

muito carinho no meu coração. Em 1996, por influência de Michael Eisner, foi criado o Disney Institute para que essa filosofia pudesse ser transmitida para executivos que não trabalhassem para a Disney, ou seja, cursos para clientes externos. Também tive o privilégio de ser professor convidado nesta grande instituição.

Vamos entender um pouco mais o porquê de *Branca de Neve e os Sete Anões* ser considerado o desenho que elevou a animação à categoria de arte. Para isso, é preciso levar em conta o ano em que começou a ser produzido – 1934. Naquela época, não estava disponível a tecnologia de que os estúdios de hoje se utilizam. Atualmente, desenhos animados são feitos com o auxílio de computadores que permitem criar cenas de todos os tipos. Ao tempo em que *Branca de Neve e os Sete Anões* foi realizado, porém, tudo tinha de ser feito no lápis e na prancheta – por isso, os desenhistas precisavam ser realmente bons. Não pretendo, com essa observação, desmerecer os animadores modernos; apenas desejo deixar claro que esses pioneiros tiveram de fazer milagres.

Também é importante refletir sobre o que significam as despesas dessa produção em meados da década de 1930. Afinal, são mais de 750 artistas trabalhando em um projeto que levaria mais de dois anos para ser concluído. A quantidade de dinheiro investido é tamanha que uma suposição se torna inevitável: se *Branca de Neve e os Sete Anões* não tivesse sido o sucesso que foi, muito provavelmente Walt e sua empresa teriam falido.

Mas todos esses fatos relacionados com a época em que o filme foi realizado, com o tempo de produção, com os empréstimos contraídos por Disney, tudo isso, apesar de sua fundamental importância, passa a ser secundário quando falamos do que *Branca de Neve e os Sete Anões* representou para a indústria cinematográfica, para a indústria da animação. E, se esse filme entrou para a história, isso se deu não apenas por causa de seu enredo e das técnicas desenvolvidas para concretizá-lo, mas também porque foi o primeiro longa-metragem em desenho animado até então criado.

A envergadura do projeto pode ser mais bem compreendida se lembrarmos que, até o ano de 1937, tudo o que existia no mundo da criação de desenhos animados eram filmes de 3 a 5 minutos. Se tomarmos como referência essa realidade, o anúncio de Disney de que planejava fazer um filme de cerca de 90 minutos, totalmente animado, sem nenhuma garantia de que fosse bem aceito pelo público, o empreendimento dificilmente não pareceria uma loucura. Ao lado disso, há a extensa folha de pagamento das centenas de colaboradores envolvidos, cujos salários foram pagos em dia, mediante empréstimos bancários contraídos por Disney.

Todo o filme foi realizado, portanto, sob esse clima negativista, em meio a boatos generalizados de que estava fadado ao fracasso. Mas Disney tinha certeza do que estava fazendo. À frente da produção, soube manter, entre seus colaboradores, a crença de que aquele sonho poderia se concretizar.

O orçamento inicial do projeto era de 250 mil dólares; foi revisto para 500 mil e terminou somando 1,5 milhão de dólares. Em 1938, estima-se que havia arrecadado 8 milhões de dólares nos Estados Unidos e no Canadá. Em 1993, esses números chegavam a 80 milhões de dólares.

Em 1989, o *USA Today* fez cálculos para levar em consideração a inflação e, assim, esse número certamente excederia o total de 6 bilhões de dólares. Vale lembrar que na época o ingresso custava 23 centavos para adultos e 10 centavos para crianças. Hoje, custa por volta de 12 dólares para adultos e 10 dólares para crianças.

Muita gente não sabe, mas Walt Disney deveu ao Bank of America quase toda a sua vida. Durante a crise gerada pela Segunda Guerra Mundial, a empresa devia ao Bank of America 4,3 milhões de dólares, e os executivos do banco, temendo a insolvência, provavelmente não dormiam, como o próprio Disney dizia. Somente em 25 de abril de 1961, depois de 22 anos devendo àquela instituição financeira, finalmente os estúdios Disney fizeram o último pagamento ao Bank of America. Em parte, essas dívidas foram acumuladas porque Walt Disney sempre quis qualidade em tudo o que fazia, sem se preocupar tanto com os gastos que essa orientação implicava. Foram vários os momentos em que seu irmão ou executivos questionaram Walt quanto ao altíssimo custo que resultaria fazer as coisas conforme ele desejava, e a resposta esteve sempre na ponta da língua: "Perguntei quanto vai custar?". Certa vez, por exemplo, um executivo sugeriu a Walt Disney mudar uma peça original, que custava muito, por uma falsa, barata, e argumentou que tal peça seria instalada no alto do edifício, e que os clientes, por isso, jamais a veriam. A resposta de Disney foi categórica: "Mas eu sempre saberei que é algo falso; portanto, faça como eu quero". É por causa dessa postura, com a qual Disney criou uma cultura espetacular de qualidade, que me tornei admirador desse grande empreendedor.

Em contrapartida, o humor de Walt era incrível. Em certa ocasião, foi repreendido por seu irmão Roy, que o advertiu de que a soma das dívidas da empresa já atingia 24 milhões de dólares. Mas Walt respondeu, simplesmente: "Vinte e quatro milhões de dólares? Que maravilha! Houve época em que nem dinheiro emprestado conseguíamos, e agora devemos essa quantia. É sinal de que a situação está muito boa, Roy!".

De fato, quando *Branca de Neve e os Sete Anões* foi lançado, os Estados Unidos ainda enfrentavam a grande depressão econômica iniciada em 1929, o que torna a arrecadação do filme ainda mais impressionante – a maior já conquistada por um filme até aquele momento.

Os críticos aplaudiram o desenho quase que unanimamente. Charlie Chaplin – que assistiu à estreia – disse ao jornal *Los Angeles Times*: "[O filme] superou até mesmo nossas maiores expectativas. Com o anão Dunga, a Disney criou um dos maiores comediantes de todos os tempos". Esse elogio, vindo de um artista e realizador tão completo como Chaplin, definitivamente não era pouca coisa!

A Disney ganhou um Oscar honorário por sua conquista pioneira, enquanto a trilha sonora do filme (incluindo a famosa balada "Some Day my Prince Will Come", que virou uma favorita de jazzistas como Miles Davis e Bill Evans) foi indicada para o prêmio da Academia.

O estúdio relançou *Branca de Neve e os Sete Anões* pela primeira vez em 1944, durante a Segunda Guerra Mundial; depois, ele foi lançado repetidamente a cada década, padrão que se tornou uma tradição para os filmes animados da Disney. Para o seu 50º aniversário, em 1987, *Branca de Neve* foi restaurado, mas cortado em um formato *widescreen*, uma decisão que incomodou alguns críticos. A Disney lançou uma restauração digital mais completa do filme em 1993. Seu encanto jamais se esgotou: em junho de 2008, mais de sessenta anos depois de seu lançamento nos Estados Unidos, o American Film Institute escolheu *Branca de Neve e os Sete Anões* como a animação mais importante de todos os tempos.

O grande mestre da crítica de cinema Roger Ebert escreveu a respeito desse desenho:

> O que você vê em *Branca de Neve* é uma tela sempre cintilante, palpitante, com movimento e invenção a todo momento. Tudo isso conectado à trama central que, como todos os bons contos de fadas, é aterrorizante – envolvendo a rainha má, o espelho sinistro na parede, a maçã envenenada, o sepultamento no caixão de vidro, a tempestade de raios, o penhasco, a queda da rainha e sua morte. O que ajuda as crianças a lidarem com esse material é que os pássaros e animais são tão tímidos quanto elas, fogem correndo e depois voltam para outro olhar curioso. As pequenas criaturas de *Branca de Neve* são como um "coro" que se sente exatamente como cada criança no cinema…
> *Branca de Neve e os Sete Anões* foi imediatamente saudado como uma obra-prima. (O diretor russo Sergei Eisenstein o chamou de o maior filme já feito.) Ele continua a ser a joia da coroa da Disney, e é provável que mais pessoas tenham visto este filme quando comparado a qualquer outro. A palavra gênio é facilmente utilizada e foi banalizada, mas quando é usada para descrever Walt Disney reflete o homem que concebeu este filme, em toda a sua extensão, com seu estilo revolucionário e invenções de todo tipo, quando ainda não havia nada parecido – e de uma forma ou de outra, todos as animações realizadas depois dele devem alguma coisa a este filme.[3]

---

[3] Disponível em: http://www.rogerebert.com/reviews/great-movie-snow-white-and-the-seven-dwarfs-1937. Acesso em 29-3-2016.

Há várias curiosidades sobre os bastidores da filmagem. Por exemplo, na dublagem dos personagens, os animadores pediram à atriz Lucille La Verne, que faz a voz da rainha, para usar um timbre mais envelhecido e áspero para a caracterização da velha mendiga. La Verne saiu da cabine de gravação, voltou alguns minutos depois e, então, deu um tom perfeito para aquela solicitação. Perguntada sobre como havia feito aquilo, respondeu: "Foi simples. Apenas tirei minha dentadura".

Branca de Neve e os Sete Anões foi o primeiro de muitos filmes de Walt Disney a estrear no mitológico Radio City Music Hall de Nova York. Mas houve um pequeno problema, no caso. Todos os assentos de veludo tiveram de ser substituídos: a razão para isso foi que as crianças ficavam tão amedrontadas com a sequência de Branca de Neve perdida na floresta, que molhavam as calças e estragavam as poltronas!

Um detalhe sobre o filme é como Walt Disney escolheu adaptar *Branca de Neve e os Sete Anões*. Uma das razões já foi explicada; havia vários elementos na história para facilitar o roteiro e a extensão do filme. Mas vale lembrar que Walt Disney, aos 15 anos de idade, viu o filme em versão muda e com atores – a filmagem de 1916, estrelada por Marguerite Clark e dirigida por J. Searle Dawley. A exibição foi realizada no salão de convenções de Kansas City em fevereiro de 1917 e o filme foi projetado em uma tela de quatro lados, com quatro projetores diferentes. A película impressionou muito o jovem entregador de jornais, que estava sentado em uma cadeira da qual podia ver dois lados da tela ao mesmo tempo – e eles não estavam muito bem sincronizados. As histórias que Disney escolhia para seus filmes tinham quase sempre uma bela mensagem: que o bem sempre vence o mal.

Fecho este capítulo com uma reflexão bastante pessoal: penso, a partir de minhas pesquisas, que erradamente acreditamos que gênios como Walt Disney, Steve Jobs, Bill Gates e tantos outros têm suas ideias geniais de uma hora para outra. É como se eles estivessem andando e uma luzinha acendesse em suas mentes, dizendo para fazer uma determinada "genialidade". O processo, entretanto, não se desenvolve assim. Creio que criações geniais são frutos de pura observação. A intuição é o trabalho diário de mentes observando tudo ao seu redor. As percepções que podemos ter por intermédio da intuição não surgem para quem não está se preparando para elas de alguma forma. Sorte não acontece para quem não está lutando. Aliás, existe o ditado que diz que sorte é algo que se dá quando a preparação encontra uma oportunidade. E Walt Disney vinha observando os desenhos animados há anos, antes de decidir fazer *Branca de Neve*.

Walt Disney não se conformava com o status atribuído à animação, que não era considerada uma arte. Os desenhos animados eram tidos como de importância secundária, se confrontados com os filmes protagonizados pelas estrelas de Hollywood de então. Quem comparecia a uma sessão de cinema fazia-o para ver os astros que admirava.

Disney percebeu, entretanto, que as salas de cinema projetavam de um a três desenhos animados, de aproximadamente 5 minutos cada, antes dos filmes principais. Mas notou também que, com o tempo, as salas começaram a exibir de quatro a seis desenhos antes do filme principal. Walt concluiu que esse aumento significava que as pessoas gostavam daquela arte. O que faltava, então, para fazê-la reconhecida como tal? Aí, dá-se o *insight* de Walt Disney:

faltava uma história em que houvesse elementos suficientes para gerar um filme mais longo. Entenda-se, por "elementos", enredo, personagens, etc. E *Branca de Neve* continha todos esses ingredientes: uma princesa, um príncipe, uma bruxa, um caçador, uma maçã envenenada, um espelho mágico, animais e, para completar, sete anões – cada um deles com uma característica própria. São esses elementos que facilitaram a criação de uma história extensa para os padrões da época e absolutamente envolvente, do começo ao fim.

Por fim, não devemos esquecer que Walt Disney conseguiu esta façanha em um centro de produção cinematográfica não inclinado à animação – pois Hollywood era a terra das estrelas de cinema, e Nova York, a cidade que sediava a produção de animações, embora estas não suscitassem, ainda, o glamour que *Branca de Neve* trouxe ao segmento. Disney, portanto, ousou e venceu.

É por causa dos motivos aqui apontados – e por tantos outros que poderia acrescentar – que, para mim, esse filme é um marco na história do cinema, e não apenas da animação.

Período pós-Branca de Neve e os Sete Anões

Não tenho a intenção de falar detalhadamente de cada filme feito por Disney depois de *Branca de Neve e os Sete Anões*, pois meu objetivo é destacar apenas os fatos mais importantes da vida de Walt. Por isso, limito-me a fornecer a relação de seus filmes para que se possa fazer uma ideia de sua obra. Essa lista é mais um exemplo do quanto Disney amava o que fazia. Se considerarmos que a maioria dos filmes enumerados a seguir foram feitos sem a tecnologia de que dispomos hoje, podemos entender a grandiosidade dessa obra. Cito apenas os longas-metragens lançados até pouco tempo depois de sua morte (os títulos que não estão traduzidos não foram lançados em português). Não menciono as centenas de desenhos de curta-metragem. Decididamente, Walt Disney era um homem ocupado e muito produtivo.

LONGAS-METRAGENS DOS ESTÚDIOS DISNEY A PARTIR DE *BRANCA DE NEVE E OS SETE ANÕES*	
Título	**Lançamento**
1. Branca de Neve e os Sete Anões	21-12-1937
2. Pinóquio	7-2-1940
3. Fantasia	13-11-1940
4. O dragão relutante	20-6-1941
5. Dumbo	23-10-1941
6. Bambi	13-8-1942
7. Alô, amigos	6-2-1943
8. Victory Through Air Power	17-7-1943
9. Você já foi à Bahia?	3-2-1945
10. Música, maestro!	15-8-1946
11. Canção do Sul	1-11-1946
12. Como é bom se divertir	27-9-1947
13. Tempo de melodia	27-5-1948
14. Meu querido carneirinho	19-1-1949
15. As Aventuras de Ichabod e Sr. Sapo	5-10-1949
16. Cinderela	15-2-1950
17. A Ilha do Tesouro	19-7-1950
18. Alice no País das Maravilhas	28-7-1951
19. Robin Hood	26-6-1952
20. Peter Pan	5-2-1953
21. The Sword and the Rose	23-7-1953
22. The Living Desert	10-11-1953
23. Rob Roy, The Highland Rogue	3-2-1954
24. The Vanishing Prairie	16-8-1954

(cont.)

LONGAS-METRAGENS DOS ESTÚDIOS DISNEY A PARTIR DE *BRANCA DE NEVE E OS SETE ANÕES*	
Título	*Lançamento*
25.	20.000 léguas submarinas	23-12-1954
26.	Davy Crockett, o rei da fronteira	25-5-1955
27.	A Dama e o Vagabundo	16-6-1955
28.	The African Lion	14-9-1955
29.	The Littlest Outlaw	22-12-1955
30.	The Great Locomotive Chase	8-6-1956
31.	Davy Crockett and The River Pirates	18-7-1956
32.	Secrets of Life	6-11-1956
33.	Westward Ho The Wagons!	20-12-1956
34.	Johnny Tremain	19-6-1957
35.	Perri	28-8-1957
36.	O meu melhor companheiro	25-12-1957
37.	The Light in The Forest	8-7-1958
38.	White Wilderness	12-8-1958
39.	Tonka	25-12-1958
40.	A Bela Adormecida	29-1-1959
41.	The Shaggy Dog	19-3-1959
42.	Darby O'Gill And The Little People	26-6-1959
43.	Third Man On The Mountain	10-11-1959
44.	Toby Tyler, Or Ten Weeks with A Circus	21-1-1960
45.	Kidnapped	24-2-1960
46.	Pollyanna	19-5-1960
47.	Jungle Cat	10-8-1960
48.	Ten Who Dared	18-10-1960

(cont.)

LONGAS-METRAGENS DOS ESTÚDIOS DISNEY A PARTIR DE *BRANCA DE NEVE E OS SETE ANÕES*	
Título	**Lançamento**
49.	A cidade dos Robinson	10-12-1960
50.	O signo do Zorro	18-11-1958
51.	101 Dálmatas	25-1-1961
52.	O fantástico super-homem	16-3-1961
53.	Operação cupido	12-6-1961
54.	Nikki, o valente indomável	12-7-1961
55.	Meu leal companheiro	17-7-1961
56.	O mundo encantado dos brinquedos	14-12-1961
57.	O incrível homem do espaço	9-2-1962
58.	Bon Voyage!	17-5-1962
59.	Big Red	6-6-1962
60.	Almost Angels	26-9-1962
61.	A montanha do lobo solitário	7-11-1962
62.	As grandes aventuras do capitão Grant	19-12-1962
63.	O fabuloso criador de encrencas	16-1-1963
64.	Ao passo do vendaval	29-3-1963
65.	Na trilha dos apaches	1-6-1963
66.	Doce verão dos meus sonhos	7-7-1963
67.	A incrível jornada	30-10-1963
68.	A Espada Era a Lei	25-12-1963
69.	As desventuras de Merlin Jones	22-1-1964
70.	Um tigre caminha pela noite	12-3-1964
71.	Um grande amor nunca morre	4-6-1964
72.	O segredo das esmeraldas negras	2-7-1964

(cont.)

LONGAS-METRAGENS DOS ESTÚDIOS DISNEY A PARTIR DE *BRANCA DE NEVE E OS SETE ANÕES*	
Título	*Lançamento*
73. Mary Poppins	29-8-1964
74. Emil And The Detectives	18-12-1964
75. Somente os fracos se rendem	28-1-1965
76. O maravilhoso homem que voou	23-6-1965
77. O diabólico agente D.C.	2-12-1965
78. Um amor de companheiro	4-2-1966
79. O fantástico Robin Crusoé	29-6-1966
80. The Fighting Prince of Donegal	1-10-1966
81. Nunca é tarde para amar	11-12-1966
82. Este mundo é um circo	2-2-1967
83. Califórnia, terra do ouro	3-3-1967
84. Quando o coração não envelhece	30-11-1967
85. O feiticeiro da floresta encantada	12-7-1967
86. Mogli, o menino lobo	18-10-1967

Esses filmes foram produzidos no período em que Disney ainda vivia. Note que, quando ele faleceu, no final de 1966, o último filme, *Mogli, o menino lobo*, ainda estava em desenvolvimento. Após sua morte, o número de lançamentos cai, o que mostra que sua ausência afetou a produtividade dos estúdios Disney.

Diante do sucesso de *Branca de Neve e os Sete Anões*, os distribuidores pediam uma sequência do filme, mas Walt resistiu a encampar esse tipo de projeto. Para ele, um filme, uma vez pronto, estava definitivamente encerrado. Disney preferia partir para novos desafios. Para ele, repetir algo significava falta de criatividade, como escrevi em outro capítulo deste livro. E, se pararmos para pensar, Walt tinha certa razão ao pensar desse modo. Hoje, se um filme faz sucesso, logo é seguido por continuações, cujo número é variável. Essa opção constitui uma garantia de menos riscos comerciais, mas representa, também, certa falta de criatividade – uma variação sobre um tema já explorado.

Disney soube preparar sua empresa para que seus sonhos fossem levados adiante mesmo quando ele já não vivesse. São vários os filmes produzidos após sua morte. Houve, é verdade, uma grande especulação sobre o destino dos estúdios Disney após seu falecimento – pensava-se que a empresa não teria como prosseguir sem seu mentor. Entretanto, apesar das dificuldades iniciais, a cultura empresarial fundada por Disney permitiu que surgissem executivos capacitados a dar continuidade à sua missão. Isso não impediu que uma crise se instalasse na empresa nos anos 1980 – mas mesmo ela foi superada, a partir da gestão do CEO Michael Eisner e da presidência de Frank Wells. Tudo o que a empresa é hoje nos transmite a ideia de que realmente o sonho de Disney não se encerrou com sua morte. Afinal, muitos projetos vieram depois dele, como, por exemplo, todos os parques construídos após a Disneylândia e os muitos sucessos conquistados no cinema.

Isso quer dizer que o futuro é reflexo do passado? Óbvio que não! Para ser honesto, depois de mais de duas décadas em grandes corporações, sempre me pergunto como é possível que elas continuem existindo – pois há muita coisa errada, muita incoerência com livre curso dentro delas, as quais passam despercebidas por causa do tamanho e da complexidade dessas instituições. Penso, aliás, que esses muitos deslizes talvez sejam o maior perigo para essas megaempresas, incluindo a Disney. A história está cheia de exemplos de impérios que ruíram de uma hora para outra; o nariz empinado muitas vezes explica essas derrocadas. Assim, humildade e trabalho sério ainda são os melhores remédios para prevenir desmoronamentos.

Greve nos estúdios

Ao mesmo tempo em que o filme *O dragão relutante* estava sendo distribuído, acontecia uma greve nos estúdios Disney, uma das maiores da história do cinema. A maioria dos artistas estava revoltada com a administração Disney e proclamava pelas ruas acusações de práticas ilegais de trabalho, carregando cartazes com dizeres como: "Somos camundongos ou homens?", "Um gênio e 700 anões". Fizeram também um grande dragão, para aludir ao novo filme, e colocaram a cabeça de Walt no lugar da cabeça do monstro. Os grevistas organizaram piquetes diante do portão da empresa, para paralisar as atividades do estúdio.

Em fevereiro de 1941, George Bodle, advogado de um dos sindicatos existentes, o Screen Cartoonists Guild (SCG), abriu um processo contra a Walt Disney Productions, acusando-a de práticas desleais de trabalho. Por meses, tentou-se um acordo entre as partes; diante do fracasso das negociações, porém, a SCG decretou a greve em 28 de maio. A paralisação estendeu-se até 15 de setembro de 1941, contando, inclusive, com a ajuda do governo americano.

As reivindicações dos artistas surgiram em um momento difícil para Disney. Afinal, a Europa estava em guerra, o que afetava a economia no mundo inteiro; assim, desde o outono de 1939, os desenhos animados não apresentavam o mesmo desempenho, no mercado, de antes da eclosão do conflito. Por consequência, a saúde financeira da empresa deixava a desejar.

A estrutura salarial era um dos principais objetos de contestação dos trabalhadores. Não que os artistas fossem mal pagos; o problema era que alguns ganhavam fortunas, ao passo que outros, muito pouco. Ou seja, a estrutura de remuneração precisava ser revista. Um exemplo desse descompasso verificou-se no fim dos anos 1930, quando o estúdio trouxe dezenas de novos animadores de Nova York para a produção de filmes como *Branca de Neve e os Sete Anões*. Esses artistas foram contratados por salários superiores aos dos veteranos, o que deixou estes muito aborrecidos. E, para piorar a situação, os veteranos tinham de ensinar aos recém-incorporados as técnicas de animação dos estúdios Disney – ou seja, aprendizes estavam ganhando mais do que artistas experientes.

Particularmente, penso que o motivo de esses artistas terem sido contratados com salários mais altos do que os dos veteranos pode ser explicado pelo traslado que tiveram de fazer, de Nova York para Hollywood; dificilmente um profissional aceitaria se mudar de cidade sem uma compensação financeira. Além disso, Nova York era o centro da produção de filmes de animação; Disney estava à frente de um projeto que demandava a atuação de grande número de desenhistas, dificilmente encontrável em Hollywood. Quanto à necessidade de os veteranos ensinarem aos novos artistas, trata-se, na verdade, de adequações que esses desenhistas nova-iorquinos, todos eles competentes e talentosos, tinham de fazer para produzir para os estúdios Disney – algo, portanto, muito mais relacionado a treinamento do que a ensino de formação.

Outra crítica feita a Walt Disney era que aprendizes eram contratados para fazer estágio ganhando uma miséria e sem garantia de efetivação no emprego. O sistema de bônus também era muito injusto. Conta-se que depois de *Branca de Neve e os Sete Anões*, alguns artistas receberam um bom dinheiro em bonificações, enquanto muitos outros não receberam nada. À medida que as notícias indicavam que o filme estava sendo um sucesso e que, a cada dia, mais dinheiro entrava nos estúdios, aqueles funcionários descontentes por não terem recebido nenhum bônus começaram a se sentir muito insatisfeitos e a reclamar da ausência de gratificações.

Outra questão que desencadeou essa complicada greve foi o fato de Disney não dar créditos a algumas pessoas que participaram da produção de seus filmes.

Walt considerou esse período como o mais difícil de toda a sua vida. Na realidade, já tivera problemas, antes, com sindicatos, o que o tornara reticente em relação a essas associações: em 1928, quando estava tentando fazer o primeiro filme sonoro de Mickey Mouse, encontrou muitas dificuldades impostas por organizações trabalhistas existentes na época. Em carta para seu irmão Roy e seu amigo Ub Iwerks, Walt declarou que "os sindicatos eram duros na negociação".

Walt estava muito magoado com seus colaboradores; afinal, mesmo diante da crise desencadeada pela guerra, ele nunca havia despedido funcionários ou reduzido salários. Durante a greve, Walt pediu a um fotógrafo para registrar os grevistas, e ficava furioso quando via a foto de alguém que jamais imaginaria que pudesse traí-lo.

Somente em 28 de julho de 1941 um acordo preliminar foi firmado, segundo o qual os estúdios reconheciam alguns dos direitos reivindicados: aceitação dos grevistas de volta ao trabalho com os dias parados pagos e nenhuma forma de represália; classificação oficial de trabalho e melhor classificação de salários; férias pagas, entre outros. Além disso, as duas partes concordaram que, por causa da situação econômica dos estúdios, seriam necessárias algumas demissões. Em 13 de agosto, os estúdios Disney demitiram 256 trabalhadores alegando problemas financeiros. Naturalmente, o sindicato foi contrário a essa medida, e novas negociações começaram. Como as conversações não avançavam, no dia 18 de agosto a Walt Disney Productions fechou por quatro semanas. Um novo acordo foi celebrado após esse período, ao fim de muitas discussões.

Essa greve é considerada por alguns estudiosos como o fim da era dourada dos desenhos animados Disney. Com o lançamento de *Dumbo* em 1941 e de *Bambi* no ano seguinte, a fase de lançamento de longas com temas originais praticamente estancou até o fim da Segunda Guerra Mundial.

Disney viria a confessar, depois, sua mágoa com o episódio daquela longa greve:

> A sujeira e os meios injustos usados contra mim nesta luta jamais serão esquecidos. Fui chamado de rato, empregador ilegal e explorador de trabalho... E o pior, fui acusado de estar milionário. Isso me deixa magoado principalmente porque tudo o que tenho está nesse negócio. Estou completamente desanimado; desistiria de tudo alegremente, para tentar outros negócios, se não fosse pelos amigos leais que acreditam em mim... (Thomas, 1976, p. 175)

Para piorar essa conjuntura já por si árdua, em 7 de dezembro de 1941, algumas semanas após a greve ter sido resolvida – o que fazia os irmãos Disney acreditarem que os estúdios voltariam à normalidade –, aviões japoneses atacaram Pearl Harbor. Um dia depois dessa ofensiva, Walt recebeu um telefonema do gerente dos estúdios, que disse: "Walt, o exército está vindo para cá. Eles me avisaram que vão entrar no estúdio de qualquer maneira".

Assim, quinhentos soldados do exército dos Estados Unidos instalaram-se nos estúdios por oito meses. Outro contingente de soldados ficou pelas montanhas em volta de Los Angeles, para proteger as fábricas de aviões.

Foi por meio desse acontecimento dramático – e da ocupação dos estúdios por soldados – que teve início o relacionamento de Walt Disney com o governo americano e com a guerra. Pode parecer estranho, mas Walt acabou tirando proveito dessa situação.

Walt Disney foi duramente criticado por seu envolvimento com a guerra. Ele produziu, naqueles anos, filmes patrióticos sobre os Estados Unidos; educativos; e motivacionais, para os soldados em campanha. São exemplos desse tipo de desenho, entre outros: *Regras náuticas*, *Proteção contra armas químicas*, *Eletricidade automotiva para veículos militares*, *Saúde dentária*, *A comida ganhará a guerra* (patrocinado pelo Ministério da Agricultura).

Dessa época, um filme que ficou famoso foi *The New Spirit*, que motivava os americanos a pagar em dia os impostos governamentais para que os Estados Unidos pudessem continuar na guerra. O principal personagem era o Pato Donald, que de início foi rejeitado pelo secretário do Tesouro, Henry Morgenthau. Walt, irritado, argumentou: "Estou oferecendo Donald. Em nosso estúdio, ele equivale ao Clark Gable da MGM". Com essa fala, Walt convenceu Morgenthau. O filme mostrava o Pato Donald lidando com o imposto de renda federal e apontava o benefício de seu pagamento: o apoio ao esforço de guerra americano.

Para muitos analistas, a contribuição mais importante de Walt nesse período foi a de incentivar o patriotismo americano, instruindo a população sobre habilidades necessárias para a guerra ao abordar um assunto tão sério com humor. O governo americano via a Disney como o principal estúdio para fortalecer o moral público e oferecer treinamento e instruções para soldados e marinheiros, incentivando a nação, por meio da arte da animação, a vencer a guerra.

A pedido da Marinha, os estúdios Disney produziram, em apenas três meses, cerca de 27,5 mil metros de filmes para educar os marinheiros em táticas de navegação. Animadores da Disney também trabalharam em estreita colaboração com o produtor e diretor Frank Capra, criador do que muitos consideram ser a mais brilhante série de propaganda de guerra: os sete episódios de *Why We Fight*.

Durante a guerra, mais de 90% dos funcionários da Disney estavam ocupados com a produção de filmes de treinamento e de propaganda. Ao todo, os estúdios Disney produziram, nesse período, cerca de 68 horas contínuas de filme.

Donald também combateu Hitler – mais precisamente no filme *Der Fuehrer's Face* (originalmente *Donald Duck in Nutzi Land*).

Nesse filme de oito minutos produzido em 1942, vemos uma banda militar, cujos membros incluem o imperador japonês Hirohito e o primeiro-ministro da Itália, Benito Mussolini. Eles se dirigem até a casa do Pato Donald e o acordam para trabalhar, com um golpe de baioneta. O café da manhã de Donald consiste em uma fina fatia de pão que tem de ser cortada com um serrote. A banda obriga Donald a ler um trecho de *Mein Kampf* (*Minha luta*), o livro escrito por Hitler, e o leva para a fábrica de armamentos em que ele trabalha.

Donald tem de finalizar a montagem de projéteis de diferentes dimensões, que passam diante dele em uma esteira rolante. A esteira traz também, de vez em quando, uma série de retratos de Hitler, que devem ser saudados um a um, com o braço direito esticado e a expressão *Heil Hitler* (Salve Hitler!), sem que, porém, Donald deixe de trabalhar enquanto rende homenagem ao líder nazista. O ritmo da esteira torna-se cada vez mais rápido. Perturbado por causa do volume de trabalho e com a velocidade com que tem de realizá-lo, Donald começa a ter alucinações em que as imagens recorrentes são projéteis. No auge de sua agitação, Donald de repente acorda em sua cama, nos Estados Unidos, e percebe que tudo foi um pesadelo. Ele diz "como é bom ser um cidadão dos Estados Unidos da América!", e, ao final, um tomate atinge a face de Hitler, formando as palavras *The End* (Fim).

Dirigido por Jack Kinney, esse curta foi lançado nos cinemas americanos no primeiro dia do ano de 1943 pela RKO Pictures. Venceu o Oscar de melhor curta de animação e foi eleito o 22º melhor curta de animação da história do cinema americano.

É importante ressaltar que foi nesse período que Walt, cansado de tudo o que estava ocorrendo, principalmente a greve de seus artistas, aceitou um convite feito por Nelson Rockefeller para visitar a América do Sul.

Rockefeller era chefe do Departamento de Coordenação de Assuntos Interamericanos, uma agência recém-criada pelo governo dos Estados Unidos para promover a cooperação entre os países do continente americano durante a década de 1940, especialmente em áreas de grande interesse comercial e econômico. Criado em agosto de 1940 pelo presidente Franklin Delano Roosevelt, que nomeou Rockefeller para chefiá-lo, esse organismo chamou-se, inicialmente, Gabinete de Coordenação de Relações Comerciais e Culturais entre as Repúblicas Americanas.

A função da agência era distribuir notícias, filmes, publicidade e transmissão de rádio para toda a América Latina, para contrabalançar as ações de comunicação dos governos italiano e alemão direcionadas àquela região. Os Estados Unidos se preocupavam muito com a simpatia dos latinos pelos regimes totalitários vigentes na Europa – até certo ponto explicável pelos vínculos muito fortes que parte de seus habitantes, na qualidade de migrantes, tinham com a Europa (principalmente italianos estabelecidos no Brasil e na Argentina).

O convite para Walt procedia, pois Mickey Mouse, Pato Donald e outros personagens já contavam com grande popularidade entre os sul-americanos. A princípio, Walt recusou a oferta, mas depois reconsiderou sua decisão, ao perceber que a viagem proporcionaria a oportunidade de se desligar um pouco de suas preocupações imediatas – os problemas relacionados à greve em sua empresa. Além disso, poderia aproveitar a ocasião para se fazer acompanhar por artistas que, assim, pesquisariam sobre possíveis personagens para filmes futuros. Seguiram viagem com

Walt, em meados de agosto de 1941, sua esposa Lilly e mais quinze artistas.

A primeira cidade em que Disney colocou os pés, no Brasil, foi Belém, no Pará, quando o avião fez escala para reabastecimento. O destino era o Rio de Janeiro, onde Walt permaneceu por alguns dias, hospedado no famoso hotel Copacabana Palace. Em seguida, ele se dirigiu para Buenos Aires, enquanto parte dos artistas que o acompanhavam foi visitar o norte da Argentina para estudar a vida rural do gaúcho, e outros rumaram para a Bolívia, o Peru e o Chile.

Frank Thomas, um dos animadores participantes da viagem, conta que era difícil trabalhar, pois, por onde quer que passassem, eram recebidos com festas, jantares e outras cerimônias. Depois de várias semanas juntando material, o grupo embarcou em um cruzeiro de dezessete dias para Nova York e, finalmente, chegou à Califórnia no fim de outubro de 1941.

Walt tencionava apenas fazer alguns curtas de animação sobre o que viram e presenciaram na América do Sul, mas acabou realizando dois longas: *Alô amigos*, lançado nos Estados Unidos em 6 de fevereiro de 1943, e *Você já foi à Bahia?*, lançado em 3 de fevereiro de 1945.

Alô amigos foi o sexto filme de animação da série da Walt Disney Animated Classics e o primeiro de seis filmes realizados pela Walt Disney Animation Studios na década de 1940. Dividido em quatro segmentos – dois deles estrelados pelo Pato Donald e um pelo Pateta –, essa produção documenta a viagem dos artistas dos estúdios Disney por diferentes países e regiões da América do Sul e sua pesquisa para a criação de novos personagens. Sequências filmadas e desenhadas se alternam. Na última parte do filme, intitulada "Aquarela do Brasil", é mostrada a criação do personagem Zé Carioca, um papagaio brasileiro, que apresenta ao Pato Donald o samba, introduzindo-o no conhecimento desse ritmo.

Alô amigos estreou no Rio de Janeiro em 24 de agosto de 1942 – antes, portanto, de ser lançado nos Estados Unidos. Recebeu críticas muito positivas e só foi reeditado uma vez, em 1949, ao ser exibido em um programa duplo com *Dumbo*. Sobre ele, o crítico Connor Denney[1] escreveu:

> É um olhar interessante para a cultura sul-americana e uma combinação única para a arte da animação. Ao mesclar documentário com sequências animadas, vemos o Brasil, a Argentina e o Chile como eles são realmente. Vemos também o processo de animação, de modo que ele pode ser entendido não apenas como um documentário sobre a América do Sul, mas também sobre a arte da animação em geral. Este fato é reforçado pelas sequências nas quais o pincel atua como outro personagem na tela, mostrando a onipotência do pintor e seu instrumento se mesclando com atores reais... Neste sentido, *Alô amigos* carrega a marca das invenções revolucionárias que Disney vinha implantando desde *Branca de Neve e os Sete Anões*".

Fantasia não decola, mas *Dumbo* voa sobre a Disneylândia

A viagem à América do Sul foi duplamente gratificante para Walt Disney. Além de colaborar com o esforço cívico

---

[1] Disponível em: https://letterboxd.com/connordenney/film/saludos-amigos/. Acesso em 30-3-2016.

para a união das Américas, ele esteve fora do centro da controvérsia provocada pela greve deflagrada em seus estúdios, o que permitiu que outros intermediassem as conversações e resolvessem a questão com os funcionários.

Mas há quem diga que o cristal havia se partido, e que o clima de cooperação e amizade que reinava no estúdio saiu seriamente arranhado do episódio.

Quando Disney chegou da América do Sul, o filme *Dumbo* estava praticamente terminado e, tanto do ponto de vista de qualidade quanto do econômico, foi um sucesso. Com 64 minutos de duração, *Dumbo* custou apenas 700 mil dólares e trouxe cenas e canções inesquecíveis.

Na sequência, Disney apostou em algo mais grandioso e dramático: *Bambi*. As plateias de 1942, talvez saturadas com a tristeza do espírito de guerra, não se entusiasmaram muito com o filme. Pode ser que estivessem procurando algo mais leve, e que por isso *Bambi* – apesar de sua incontestável qualidade – não tenha conquistado, na ocasião do lançamento, o sucesso que merecia.

A já citada parceria com o governo americano, entretanto, garantiu ao estúdio o fôlego financeiro que *Bambi* não proporcionou. A tudo isso se soma aquela que talvez tenha sido a pior aposta de Disney em toda a sua carreira: *Fantasia*, de 1940. Disney queria um veículo para sua maior estrela, Mickey Mouse, e fez uma obra tão à frente de seu tempo que, além de quase quebrar o estúdio, esteve no centro da questão da greve.

Considerado esse quadro de dificuldades financeiras, *Cinderela*, de 1950, marcou uma nova era para a Disney. Este foi o primeiro longa de animação desde *Bambi* e uma tentativa de resgatar o brilhantismo estético e o apuro dos filmes anteriores do estúdio. É um grande filme, mas quem rouba a cena, no enredo, são – para variar – dois camundongos: Jaq e Tatá, em sua luta contra o gato Lúcifer. Os filmes que se seguiram – *Alice no país das maravilhas* (1951) e *Peter Pan* (1953) – apresentaram, para os mais severos, oscilações de qualidade. São longas que os estudiosos pensam terem feito concessões demais para o gosto do público, o que comprometeu parcialmente a visão artística de Disney.

Não que os filmes fossem ruins – Disney parecia incapaz de produzir algo que não fosse excepcional –, mas podem ser considerados peças que não tiveram o mesmo impacto de suas obras anteriores. Esses filmes talvez reflitam o fato de que a atenção de Disney começava a se voltar também para outros negócios: não só a entrada em uma nova mídia, a televisão, mas principalmente o investimento em parques temáticos. E esses caminhos viriam a se cruzar de forma extremamente positiva.

Há tempos, Disney pensava em construir um "parque mágico", onde pais e filhos pudessem passar algumas horas juntos e se divertir em família. Seu plano original era usar um parque de 8 hectares próximo aos seus estúdios de Burbank, na Califórnia. Porém, veio a Segunda Guerra Mundial e o plano foi colocado na gaveta – mas não esquecido. Durante a guerra, Walt teve tempo para pensar em novas ideias para incrementar o parque – e logo chegou à conclusão de que 8 hectares não dariam nem para o começo. O projeto ficou substancialmente mais caro do que o inicial, pois terminou em 65 hectares. Por isso, Disney foi buscar apoio naquela nova mídia que estava se mostrando tão generosa com ele: a tevê. A Disneylândia de Walt Disney tornou-se uma série de televisão de boa audiência e, por meio dela, Walt conseguiu o apoio financeiro necessário à criação de seu parque.

A construção começou no dia 16 de julho de 1954,[2] meros doze meses e um dia antes da inauguração anunciada. Foi um processo exaustivo. Walt acompanhava tudo de perto, visitando as obras diversas vezes por semana. O custo final foi de 17 milhões de dólares.

A Disneylândia foi inaugurada por Walt Disney em 17 de julho de 1955 em Anaheim, na Califórnia. A abertura foi um desastre: nada funcionava bem, milhares de visitantes entraram com ingressos falsos (eram esperadas 6 mil pessoas, mas compareceram nada menos que 28 mil visitantes), e uma inédita onda de calor derretia o asfalto recém-colocado.

Mas o empreendimento "pegou": apenas em seus dez anos iniciais de funcionamento, 50 milhões de pessoas passaram por seus portões. Um sucesso que nunca parou de se expandir. Compreensivelmente, nessa fase, em que o primeiro parque monopolizava as atenções de todo o grupo, os estúdios Disney passaram a privilegiar filmes com atores em vez de animações, por serem menos custosos e de execução mais rápida. Entretanto, nem por isso Walt parou de inovar no ramo da animação.

Seu desenho seguinte, *A Dama e o Vagabundo*, de 1955, foi o primeiro a usar o sistema de cinemascope. *A Bela Adormecida*, de 1959, foi a última obra a usar o caríssimo processo de desenhos manuais em cada frame de celuloide;

---

[2] Alguns autores apontam 21 de julho de 1954 como a data de início das obras; já o biógrafo de Disney, Bob Thomas, afirma que a construção foi começada em agosto daquele ano.

custou 6 milhões de dólares e foi um desastre financeiro para o estúdio.

Talvez por isso no desenho seguinte, *Os 101 dálmatas*, de 1961, tenha sido usado o apoio de imagens xerocadas, alcançando uma grande economia de escala. Os *Dalmátas* também trazem outra inovação: é o primeiro desenho dos estúdios com tema contemporâneo.

Mas o resgate da grande fase da Disney na área de animação teria de aguardar até *Mogli, o menino lobo*, de 1967. Disney decidiu caprichar, usando todo o seu talento nessa produção para mostrar que o estúdio mantinha sua relevância no universo da animação. E conseguiu. O filme foi um triunfo.

Só que Walt nunca chegou a vê-lo, pois faleceu em 15 de dezembro de 1966.

Treinamento

Inicio este capítulo com alguns números interessantes divulgados pelos sites cia.gov, census.gov e gemconsortium.org. Trata-se do levantamento sobre a força de trabalho dos 7 bilhões de habitantes do planeta Terra. Exponho esses números, de que tomei conhecimento no começo de 2015, para falar da importância de treinamento para a área de serviços.

ÁREAS DE ATUAÇÃO DA FORÇA DE TRABALHO MUNDIAL	
1,7 bilhão	Trabalham em serviços
1,4 bilhão	Trabalham na agricultura
800 milhões	Trabalham na indústria
577 milhões	Têm mais de 64 anos de idade
430 milhões	São desempregados
400 milhões	São empreendedores
1,9 bilhão	Têm idade entre 0 e 15 anos de idade

Nota-se, na tabela, que a área com o maior número de postos de trabalho ocupados é a de serviços – e é esta área que direta ou indiretamente envolve treinamento. Se produtos e tecnologia podem ser copiados, o que nos resta no mundo competitivo é a inovação enquanto diferenciação humana. Qualquer um pode copiar um hotel, por exemplo. Basta ter dinheiro. Mas não se pode copiar as pessoas que nele trabalham. Daí a importância de saber como escolhê-las – é a arte da contratação. Depois disso, é hora de polir. É hora de dar mais brilho a quem já é brilhante, por meio de treinamento adequado. O Seeds of Dreams Institute tem o propósito de fazer um mundo melhor por intermédio do que chamamos de transcendência em serviços.

Costumo dizer que marketing é o conjunto das ações que trazem um cliente até a empresa. Treinamento é o que prepara os colaboradores para fazer esse cliente voltar e se tornar fiel. Em uma analogia, o marketing é como uma isca. O produto ou serviço é o peixe. Usei a palavra isca porque existem muitas empresas que utilizam o marketing de forma totalmente equivocada, atraindo clientes com promessas falsas. Isso, na verdade, não é marketing.

A respeito de treinamento, há a velha história de um executivo que argumenta não valer a pena investir nisso, fazendo a seguinte pergunta: "E se a gente treinar os colaboradores e eles não ficarem?". A resposta mais sensata a essa questão é outra pergunta: "E se a gente não os treinar e eles ficarem?". Não se deve subestimar o valor de programas educacionais dentro de uma organização. De cabeça, além da Disney, lembro-me de que a The Container Store, nos Estados Unidos, treina seus funcionários, no primeiro ano, por trezentas horas, em média. E qual seria, hoje, a média geral no varejo? Oito horas por ano, apenas. Quer saber por que citei a The Container Store? Pesquise sobre essa empresa e você se maravilhará com a filosofia de seu CEO, Kip Tindell, um dos idealizadores do "capitalismo consciente".

Sobre esse tema, escrevi um artigo intitulado "Educação é cara? Tentem a ignorância".[1] Essa frase foi dita pelo ex-presidente da Universidade Harvard, Derek Bok, ao responder a alguém que opinara que sua escola era cara.

Walt Disney é sinônimo de qualidade em todo o mundo. Quando se ouve esse nome, as pessoas sabem que o produto ou o serviço oferecido é bom, para não dizer ótimo. Vejamos, entretanto, como essa qualidade, pela qual Disney era obcecado, deriva de treinamento.

O sucesso de uma empresa está diretamente relacionado a treinamento e foco. Walt Disney foi fascinado por esse tópico durante toda a sua vida; não é por acaso que o exemplo da Disney University foi e ainda é seguido por muitas corporações. Ao longo dos anos em que ensinei nessa universidade, pude entender ainda mais a importância do treinamento em uma corporação.

A década de 1930 foi a época áurea da animação Disney. Por incrível que possa parecer, isso ocorreu durante a Grande Depressão, quando não havia empregos nesse mercado. De 1932 até o fim daquela década, Disney fundou sua própria escola de artes para treinar seus artistas. Chamava-se Disney Art School, e ele a criou porque percebeu que não era suficiente enviar seus artistas para o Chouinard Art Institute, em Los Angeles. Sua escola era única porque usava seus próprios métodos, e em muito pouco tempo tornou-se objeto de admiração pelo mundo inteiro.

Pode-se dizer que a Disney Art School foi o começo da Disney University – que se concretizaria somente anos

---

[1] Disponível em www.seedsofdreams.org/blog/educacao-e-cara-tentem-ignorancia. Acesso em 30-3-2016.

depois (oficialmente, em 1962), com a entrada de Walt Disney no negócio dos parques temáticos, em 17 de julho de 1955.

O treinamento oferecido por Disney a seus artistas, por meio de aulas, começou formalmente na noite de 15 de novembro de 1932. Walt nunca se arrependeu dessa iniciativa, mesmo investindo em média 100 mil dólares, anualmente, para sua realização – quantia extremamente alta para a época. Detalhe importante: ele pagou o custo dessa atividade de seu próprio bolso. Enquanto isso, o mundo começava a assistir a suas obras-primas. Originalmente, as aulas aconteciam uma vez por semana, sempre após o trabalho. Em seguida, duas vezes por semana, e chegou ao ponto em que Walt teve de comprar um edifício para acomodar todos os seus artistas. O progresso foi tanto que as aulas passaram a acontecer todas as noites, e também durante o dia.

Os temas das aulas eram os mais variados, abarcando da física da luz à composição das cores, da música à psicologia do humor. Também eram incluídas na programação palestras de grandes nomes da época em outras áreas, como o muralista francês Jean Charlot, o artista ítalo-americano especialista em animais Rico Lebrun, entre muitos outros.

As expectativas de Walt Disney sempre foram altas, muito altas. Ou o colaborador fazia o melhor, ou estava fora dos planos dele. A seguir, reproduzo um memorando que Walt enviou para o professor Donald Graham, no dia 23 de dezembro de 1935.[2] É um pouco longo, mas importante para entendermos como Walt se preocupava em ter os melhores artistas na equipe.

---

[2] Disponível em http://www.lettersofnote.com/2010/06/how-to-train-animator--by-walt-disney.html. Acesso em 30-3-2016.

Logo após o feriado, quero me encontrar com você e elaborar um treinamento muito sistemático para jovens desenhistas, e também um plano de treinamento para os nossos mais experientes.

No momento, alguns deles são deficitários em muitos aspectos, e penso que devamos desenvolver uma série de cursos para que eles adquiram mais conhecimento naquilo que lhes falta.

Naturalmente, a primeira e mais importante coisa para qualquer artista é saber como desenhar. Como consequência, será necessário que tenhamos uma aula de desenho. Mas você deve lembrar, Don, que apesar de termos muitos homens que se sairão bem nesse curso e que, na sua visão, parecem futuras promessas, esses mesmos homens podem não ter conhecimento de outras fases do negócio, o que é essencial para o sucesso deles como desenhistas.

Descobri que os homens respondem muito melhor a aulas que lidam com problemas práticos do que com problemas teóricos. Como consequência, acho que seria uma ideia muito boa conduzir essas aulas com o lado prático em mente. Em outras palavras, tente mostrar nessas aulas que eles podem aplicar o que estão aprendendo de forma imediata.

As palestras dadas por Fergy, Fred Moore, Ham Luske e Fred Spencer foram entusiasticamente bem recebidas por todos. Imediatamente após essas palestras, notei um grande avanço nos desenhos. Alguns deles chegaram a quase 100% de desenvolvimento nos desenhos e no tempo de trabalho. Isso evidencia que esse deve ser o caminho para um método próprio de ensinar no futuro.

Como método de procedimentos, isso é o que me ocorre no momento:

Pegue os mais recentes desenhos – analise de forma extremamente minuciosa todos os negócios, ações, resultados, usando as melhores cenas do desenho como exemplos, com o seguinte em mente:

1 – Qual era a ideia a ser apresentada?
2 – Como a ideia foi apresentada?

3 – Qual foi o resultado?
4 – Após o resultado, o que poderia ser feito ao desenho para melhorar?

Incentive a participação de todos; se possível, traga desenhistas para falar sobre os problemas que enfrentaram nos filmes e o que fariam se tivessem a oportunidade de refazer aquele trabalho.

Também penso que essas aulas poderiam ser combinadas para apresentação a todos os desenhistas, aos jovens e aos mais experientes também.

Não seria nada mal se você criasse uma lista de qualificações, por ordem de importância, de um desenhista. Com isso, todos poderiam ver o que é necessário para ser um desenhista e poderiam fazer uma autoanálise para saber se estão perto ou dentro dessa perfeição desejada.

A lista começaria com a habilidade do artista em desenhar. Depois, a habilidade para visualizar ação, dividindo cada ação em desenhos, e para analisar o movimento, a mecânica da ação. A partir daí, nós chegaríamos à habilidade para as caricaturas, pegando o lado humano da ação e vendo o lado exagerado e engraçado da mesma, antecipando o efeito ou a ilusão criada na mente da pessoa que está vendo aquela ação.

É importante também, para o desenhista, estudar a sensação e sentir a força atrás dessa sensação, para que possa, então, projetar essa sensação. Ao mesmo tempo, ele deve saber o que cria um riso e o que é engraçado na visão das pessoas.

Em outras palavras, um bom desenhista combina todas essas qualidades:

– Bom desenho;
– Conhecimento de caricatura, de ação e também de filmes;
– Conhecimento na arte de atuar;
– Habilidade para inventar situações cômicas;
– Conhecimento em criar história e conhecimento do público;
– Conhecimento e entendimento de todos os detalhes da rotina mecânica envolvida no trabalho, com o objetivo de ser capaz de aplicar outros conhecimentos em qualquer momento do processo.

> Isso é apenas um rascunho, apenas um monte de pensamentos confusos, mas o que planejo é uma reunião com você logo após os feriados, como sugeri acima, e realmente ter esses planos trabalhados em detalhes. Então, temos de nos esforçar ao máximo para que todos tenham a oportunidade de se desenvolver conforme as linhas determinadas.
> Estou convencido de que existe um lado científico para o nosso negócio, e penso que não deveríamos desistir até descobrir tudo o que podemos para ensinar a esses jovens colegas como funciona o negócio.
> A primeira responsabilidade de um desenho não é duplicar ações reais ou coisas como elas realmente acontecem, mas dar uma caricatura de vida à ação. É colocar na tela coisas que correm na nossa imaginação, trazendo sonho e fantasia para a nossa vida.

Levando em conta a extensão do documento, a primeira pergunta que nos vem à cabeça é a seguinte: isso é um memorando ou uma carta? É verdade que se trata apenas de um memorando, mas justamente o grau de detalhamento empregado na redação de uma mensagem que deveria ser simples possibilita fazer uma ideia da dimensão de conhecimento e visão de Walt Disney. É possível entender, por meio de sua leitura, por que Disney era "fera" na área de animação: ele tinha controle de tudo e sabia exatamente o que queria. A data do memorando é igualmente reveladora: Walt Disney o escreveu dois dias antes do Natal, o que demonstra o quanto ele trabalhava. Também não nos esqueçamos de que Walt, na época, já estava a todo vapor com o projeto *Branca de Neve e os Sete Anões*. Ele estava colocando toda a sua fortuna nesse filme, e precisava provar uma vez mais para o mundo que não era louco. A maioria de seus projetos era considerada pura insensatez. Assim fora com o primeiro desenho com som (*Steamboat Willie*) e com o primeiro desenho colorido (*Flowers and Trees*); *Branca de Neve* era, seguramente, a maior de suas loucuras até aquele momento.

A superioridade dos desenhos Disney, por volta de 1934, já os elevava à condição de arte. Isso, no entanto, era apenas a ponta do iceberg, já que Walt queria uma visão muito mais completa de seus desenhistas. Não era somente uma questão de saber desenhar, mas de entender o negócio, entender o todo. Vejamos mais um comentário sobre essa concepção, extraído de um artigo de David Johnson publicado na revista *Animation Artist Magazine*.

> A necessidade de um processo analítico para cada problema em um desenho é fundamental [para Disney]. Podemos encontrar uma solução para praticamente todos os problemas se utilizarmos uma simples aplicação de lógica. Em muitos casos de cenas incorretas, a lógica não foi aplicada e é absurdo pensar que uma pessoa de inteligência tenha deixado escapar esse detalhe. E não é falta de cuidado, zelo, é puramente falta de análise. As pessoas que tiveram esse problema não foram inteligentes em encontrar uma simples lógica que determinaria se o desenho iria ou não funcionar. (Johnson, 2000)

Em resumo, na Disney, talento não era suficiente. Todos tinham de *pensar*. Essa cultura vigora até hoje. Quando trabalhava na empresa, muitas vezes me via pensando dia e noite sobre uma ideia, mas tinha de provar por A mais B que ela funcionaria. Apesar dessa exigência relacionada a raciocínio, não devemos esquecer que uma empresa como Disney envolve muita emoção. Seu produto é pura emoção.

Era quase impossível imaginar, na época, que um desenhista tivesse tanto treinamento voltado para o desenvolvimento de sua capacidade de pensar no todo. Os outros estúdios queriam que os desenhistas simplesmente desenhassem, nada mais. Na Disney, a coisa era – e continua sendo – muito mais complexa. Aí está a explicação de como a empresa chegou aonde chegou e, também, a indicação de um dos traços da genialidade de Walt Disney.

Um parêntese para um comentário importante. A maioria dos que escrevem sobre a filosofia Disney – inclusive eu, quando relatei, em capítulos anteriores, sobre as habilidades dos irmãos Disney – sempre afirma que Walt era o homem criativo, genial da empresa, e que Roy era a mente financeira do negócio. Essa interpretação não deixa de corresponder à verdade, mas não a traduz inteiramente. O fato é que não faltava a Walt visão analítica e financeira de tudo o que dizia respeito à sua empresa.

Ainda sobre essa questão, as habilidades de Roy Disney também não se restrigiam a finanças. Esse engano, aliás, é ainda mais frequente por Roy ter trabalhado nos bastidores, preferindo não se expor – ele não estava e não desejava estar sujeito a tanta visibilidade quanto Walt. Roy, ao contrário do que muitos possam pensar, também tinha aptidão para lidar com a exigência de criatividade que o negócio implicava. O melhor exemplo é o Walt Disney World Resort. Walt morreu em 15 de dezembro de 1966, e Roy Disney foi quem terminou o projeto do parque, provando que era bom não apenas na área financeira, mas também na criativa e na operacional.

Assim, na realidade, os dois irmãos entendiam das duas áreas, tanto a financeira como a criativa; cada um deles apenas elegeu a de maior interesse.

A importância de Walt Disney para o desenvolvimento da indústria da animação pode ser mensurada, também, pelo brevíssimo tempo que ele despendeu para obter avanços determinantes nessa arte. Afinal, no intervalo de apenas nove anos, Disney lançou o primitivo *Steamboat Willie*, o primeiro desenho completamente sonorizado, *Flowers and Trees*, o primeiro em cores, e *Branca de Neve e os Sete Anões*, a primeira animação de longa-metragem da história do cinema.

A explicação para ser bem-sucedido nessa trajetória pioneira é uma só: treinamento, treinamento e treinamento. Tudo o que escrevi sobre a qualidade que Walt tanto sonhava para seus desenhos remete à busca de refinamento cada vez maior de habilidades e de talentos.

A propósito de treinamento, aproveito para contar um episódio engraçado que vivi.

Na Disney, mesmo quem ocupa cargos de liderança tem oportunidade, durante o ano, de trabalhar em outras áreas, desempenhando qualquer função. Eu, por exemplo, anualmente trabalhava nos parques, por algumas horas, em diversos setores, limpando o local, fritando batatas ou atendendo o público nas lojas e nas atrações.

Como cuidava da estratégia de treinamento global na empresa, viajava o mundo falando da filosofia Disney para a indústria do turismo. Se não me engano, em 2005, realizei um seminário em São Paulo, no teatro Renaissance. Nessas apresentações, o foco era mais a história de Walt Disney e as técnicas de como vender o produto (hotel, cruzeiro, ingresso, etc.) – não abordava temas internos, como o da possibilidade, oferecida pela empresa, de eventualmente desempenhar funções em qualquer setor. Pois bem; na ocasião falei para cerca de 450 pessoas (acredito que é essa a capacidade do teatro), em uma quinta-feira pela manhã e, à noite, embarquei para Orlando.

Na terça-feira seguinte, fui passar quatro horas no Magic Kingdom trabalhando no setor de limpeza do parque. Lá chegando, recebi instrução, coloquei a roupa dos colaboradores de limpeza e tratei de pôr a mão na massa, para usar uma expressão popular. Por coincidência, duas pessoas que haviam assistido à minha palestra no Renaissance, na semana anterior, estavam no Magic Kingdom, passeando. De repente, elas me reconheceram de longe e ficaram sem entender absolutamente nada. Como poderia o Claudemir "cair" tanto na empresa em menos de uma semana? Como poderia o Claudemir estar em uma quinta-feira falando num Renaissance para tanta gente e, na terça-feira seguinte, ser visto "rebaixado" ao time de limpeza do parque?

Conversamos, e eu expliquei como tudo funciona na Disney. Foi engraçado, porque os dois achavam que a empresa havia cometido algum tipo de injustiça comigo, e eles não se conformavam com o que estavam vendo.

Essa passagem é interessante, pois ilustra um aspecto da cultura vigente nesse grande império, a qual tornou a empresa uma referência mundial. A grande arte, no caso, reside no fato de o fundador, o próprio Walt Disney, ter dado o exemplo. Se ele limpava o ambiente de trabalho, por que os colaboradores não poderiam seguir seu exemplo?

Atitude versus habilidade

A forma por meio da qual a Disney contrata seus colaboradores é bastante específica. A filosofia básica é que devemos "contratar um sorriso e depois fornecermos as técnicas". Traduzindo, devemos contratar atitudes porque podemos treinar as habilidades. Na minha empresa, sigo esse modelo, pois acredito em sua eficiência. Para mim, currículo é importante, mas atitude, ainda mais. Não se treina atitude. Costumo brincar que, na Disney University e no Disney Institute, nunca ensinei ninguém a sorrir. Você já viu algum curso sobre como sorrir? Praticamente não existe, porque sorrir é algo que tem a ver com atitude. Em resumo, se um candidato tiver um PhD em Harvard, mas não tiver atitude, escolho alguém que não tenha nem o segundo grau completo, mas que tenha atitude. Isso quer dizer que menosprezo currículos? Óbvio que não, pois o exemplo é apenas uma hipótese. Conseguir reunir as duas coisas (atitude e habilidade) é o que vai fazer a grande diferença na contratação. Lee Cockerell, que foi vice-presidente operacional do Walt Disney World Resort, usava a máxima "contrate pelo talento, não pelo currículo". Segundo ele, 40% dos currículos vêm com exageros, mentiras – especialmente na área educacional, ao mencionar títulos obtidos, e ao citar responsabilidades anteriores. Também eu fico impressionado com a maneira como as pessoas exageram em suas qualificações. É comum, para mim, ouvir pessoas dizerem que têm quatro pós-graduações, ou que fizeram quatro faculdades no período de dois ou três anos de estudo. Entretanto, ninguém pode fazer quatro pós-graduações sérias em dois anos. Afirmar o contrário é tão absurdo quanto declarar, como fazem alguns coaches, que a cura para a depressão e para o câncer pode ser alcançada em um fim de semana. Eu, por exemplo, sou membro vitalício da Harvard Medical School Postgraduate Association e estudo nessa instituição, em geral, três a cinco vezes ao ano, participando de cursos de até uma semana, e, sim, poderia usar isso como marketing pessoal – mas não poderia dizer que me formei em Harvard. Há uma longa distância entre uma condição e outra. Não consiste, porém, um demérito não possuir um título de graduação universitária – afinal, gênios como Steve Jobs, entre outros, nunca se formaram em nenhuma instituição.

Uma das coisas que mais me impressionaram durante minha negociação para contratação na Disney – algo que não tinha visto na Eastern Airlines, na American Airlines nem na United Airlines – foi a quantidade de entrevistas por que passei antes de ser contratado. Além do headhunter, fui entrevistado por pelo menos dez outros altos executivos da empresa em Orlando. Detalhe: esses executivos – com exceção de Margarita Puleri, que viria a ser minha líder, na época, e a quem sou muito grato – eram todos de áreas totalmente alheias à de minha atuação. Havia executivos de finanças, por exemplo, me entrevistando; outros de marketing, outro de hotelaria, etc. A razão para isso é que a Disney não deseja incorrer em deslizes ao proceder a uma seleção. Todas as impressões registradas pelos diversos entrevistadores são comunicadas a quem realmente irá efetuar a contratação – em meu caso, Margarita –, e ela decide baseando-se não só em sua análise, mas também verificando o que foi observado pelos demais entrevistadores.

Um segundo aspecto muito específico do *modus operandi* da empresa, ao contratar, é que a discussão sobre salário e benefícios é feita por outra área, especializada em negociação. Esse departamento, que poderíamos chamar de recursos humanos, é quem faz a oferta salarial, e não o líder com quem você vai trabalhar.

O processo seletivo, tal como estruturado, é interessante porque, na etapa das entrevistas, gera comprometimento de vários setores em relação a uma contratação e, na fase de apresentação de benefícios, entram em ação pessoas especializadas em conseguir os melhores talentos pelos melhores valores que a empresa pode oferecer.

Outro detalhe interessante na contratação na Disney é que, dependendo da área em que o colaborador vai trabalhar, um vídeo é passado sobre as expectativas que a empresa cultiva referentes a novos colaboradores. Por exemplo, não se podem usar tatuagens e piercings visíveis, brincos grandes, etc. A razão é simples: um colaborador não pode "ser o show".

Para Walt Disney, uma pessoa torna-se o show quando usa algum adereço que a faz particularmente notável – e, como dizia ele, a Disneylândia é o show, é o protagonista, e todos os que trabalham na empresa são coadjuvantes.

Uma curiosidade relativa à aparência pessoal diz respeito ao uso de bigode. Por muito tempo, a empresa proibiu que fossem usados, mas desde 28 de março de 2000 os colaboradores passaram a ter o direito de escolher se os usavam ou não. Muitos diziam que não fazia sentido aquela proibição, uma vez que Walt Disney sempre incluíra os bigodes na composição de sua imagem. A esse argumento, entretanto, a empresa retrucava, até o ano de 2000, que Walt não tinha contato direto com o público, o que é questionável. Por fim, quando a proibição foi anulada, o uso de bigodes foi autorizado com uma ressalva que talvez explique por que essa empresa é digna de admiração: o cast member (membro da equipe) só pode participar do show quando o bigode estiver "pronto". Isso significa que ele tem de tirar alguns dias de férias, deixar o bigode crescer e só então retornar ao trabalho. À primeira vista, parece ser um exagero, mas não se pode esquecer de que a Disney é uma empresa que zela pelos detalhes. Deixar um bigode crescer enquanto se está no "show" não é um "good show", pois pode causar a impressão de desleixo.

Voltando ao tema treinamento, lembro-me de um episódio esclarecedor, a respeito da filosofia que pode norteá-lo, ocorrido durante uma visita à empresa Nordstrom, sediada em Orlando. No programa de negócios Varejologia do Seeds of Dreams, visitamos várias empresas de varejo – uma delas, a Nordstrom. Em 2015, quando meu grupo estava sendo recebido por líderes dessa empresa, um de meus clientes perguntou: "Como vocês treinam a equipe aqui?". Resposta: "Nós não treinamos nossos funcionários". Diante dessa afirmação, todos, no grupo que eu conduzia, ficaram surpresos, e um silêncio de espanto se instaurou. Ninguém entendia nada. Então, o líder da Nordstrom continuou: "Quem treina nossos profissionais são os pais deles". Essa explicação final evidencia o quanto atitudes cultivadas no ambiente familiar são importantes, naquela empresa, para decidir uma contratação.

Ainda sobre a Disney University, uma dúvida recorrente é se todos os funcionários da corporação Disney contam com ela em suas divisões. A resposta é não. A Disney University foi criada pela divisão Parks & Resorts e hoje é utilizada apenas por ela. Em raríssimas ocasiões, houve pedido do CEO Michael Eisner para desenvolver um treinamento específico para todas as áreas, mas isso se conta nos dedos de uma só mão. Portanto, um colaborador da divisão, por exemplo, de licenciamento ou de comunicação, não passa por nenhum treinamento na Disney University.

Na Disney existe muita rivalidade entre as divisões de negócio. Por exemplo, os colaboradores da Disneylândia não se importam com os comentários dos colaboradores de Walt Disney World Resort quando estes afirmam que ela é pequena, e eles, gigantes. No caso da Disneylândia, o argumento é: "Fomos o primeiro parque". O pessoal que trabalha no Magic Kingdom emula com as equipes dos outros parques se vangloriando por ter sido ele o primeiro construído na Flórida; já o pessoal do Disney's Grand Floridian Resort & Spa argumenta que ele é o melhor e o mais luxuoso. Essa concorrência chega aos níveis dos segmentos por razões normais: quando o CEO Robert Iger recebe, de todas as divisões, pedidos de investimentos, ele analisa qual dará maior e mais rápido retorno. Portanto, são brigas de "cachorro grande" mesmo dentro da mesma corporação. Com certeza, a Disney University tem um simbolismo muito forte – além de ser motivo de orgulho – para aqueles que pertencem à divisão Parks & Resorts.

Jabuticabas e Édith Piaf

Vivi duas experiências, em particular, que comprovam muito do que escrevi nos parágrafos anteriores sobre treinamento.

Em uma delas, eu estava no Royal Palm Hotéis e Resorts, em Campinas, São Paulo, por apenas dois dias, para fazer uma palestra pela Disney. Na tarde do primeiro dia, estava passeando pelo jardim quando deparei com um pé de jabuticabas. Fazia tempo que não via uma árvore tão linda e tão carregada de frutos. Fiquei observando-a por um momento. Uma colaboradora do hotel percebeu minha admiração e se dirigiu a mim. Noele Rodrigues começou a conversa mais ou menos assim: "Senhor Oliveira, este pé de jabuticabas foi plantado para o senhor. É todo seu. Desfrute". Eu não sabia se me deliciava pela perspectiva de me servir das frutas ou se pelo atendimento espetacular de Noele. Achei que ela estava brincando, mas Noele se aproximou da árvore e me convidou a chegar mais perto das frutas. Resumindo, quase não jantei naquele dia. Nosso diálogo durou, no máximo, cinco minutos. Falei algo sobre minha infância, e de há quanto tempo não comia jabuticabas.

Ministrei a palestra naquela noite e na manhã seguinte fiz o check-out logo cedo, pois tinha palestra em São Paulo naquela mesma semana. Quando estava saindo, após pagar a conta, um funcionário pediu para que eu esperasse um pouco, pois havia uma mensagem para mim no computador. Para minha surpresa, em vez de uma mensagem, o rapaz me trouxe, instantes depois, uma caixinha branca. Ao abri-la, encontrei seu interior cheio de jabuticabas e, sobre elas, um bilhete que dizia mais ou menos o seguinte:

> Senhor Oliveira, obrigada por seu tempo ontem e por ter me falado de sua infância e de sua paixão por esta fruta. Espero que tenha uma excelente viagem, e que estas jabuticabas possam trazer muita alegria e sucesso em sua jornada. Obrigada, e volte em breve.
>
> *Noele Rodrigues*

Não é de arrepiar?

Na Disney, existe um programa chamado "Take 5" (tome cinco minutos de seu tempo para encantar um cliente). Noele fez isso sem nunca ter trabalhado para a Disney. Sua atitude é ouro puro. Não existe treinamento para algo desse nível, a que nem classifico como excelência, pois o gesto revela uma postura que está além disso. Tenho um artigo e um programa de negócios em que utilizo o nome "transcendência em serviços". É importante ter em vista que o "Take 5" e iniciativas semelhantes não significam bater papo, mas sim instaurar uma interação entre colaborador e cliente com um propósito.

A segunda experiência sobre a qual desejo falar, a vivi em Rondonópolis, no Mato Grosso. Fui à cidade fazer uma palestra a convite de um grande amigo, Tiago Martins. Ao chegar para fazer o check-in no Hotel Piratininga, presenciei uma cena que jamais esqueci. João Ricardo é o nome desse funcionário que promoveu uma grande experiência a partir de um simples encontro com um cliente. Enquanto esperava Tiago para uma reunião, chegou um cliente francês. O colaborador do hotel era uma pessoa simplíssima. A língua era seu grande desafio; fiquei observando seu empenho para atender aquele francês da melhor maneira possível. Usava gestos e mais gestos para tentar se comunicar. Conseguiu pedir um documento de identificação, por meio daquela gesticulação. Embora eu tivesse estudado o idioma francês por vários anos, permaneci quieto, para ver aonde aquela interação iria chegar. Em um determinado momento, o funcionário conseguiu que o cliente se sentasse em um sofá para aguardar que ele terminasse o processo do check-in. Então, de repente, no som ambiente – cujo volume estava baixo, quase imperceptível – surge a voz de ninguém menos que Édith Piaf. Isso mesmo, Édith Piaf! E a música? *La vie en rose.*

Fiquei anestesiado. Que sensibilidade, que show, e tudo de graça. E eu ali, presenciando aquele momento mágico, grandioso. Repito, não existe treinamento para isso.

Atitude é algo que devemos buscar dia e noite em nossas contratações. Usei esses dois episódios como exemplos, colocando-os em correlação com a filosofia Disney, para mostrar que excelência em serviços se encontra em qualquer lugar. O segredo, volto a repetir, está na arte da contratação. As empresas que entenderem isso estarão sempre na frente.

Projeto comportamental

Em 1995, quando entrei na Disney, meu contrato obrigava-me a manter em sigilo o projeto da empresa, que abriria um escritório no Brasil. Ao, finalmente, anunciarmos a instalação desse escritório, eu já estava na empresa fazia alguns meses. Depois compreendi o motivo para guardar segredo. Logo que iniciei atividades, fui informado de que a empresa precisava de minha ajuda para resolver um problema sério. Era uma época de "invasão" dos parques da Disney em Orlando por grupos de brasileiros, constituídos, em sua maioria, por adolescentes. O Magic Kingdom recebia dezenas de cartas, diariamente, com reclamações de clientes – americanos e de todo o mundo – que afirmavam não mais voltar aos parques enquanto aqueles grupos de adolescentes os frequentassem. Os problemas gerados pelos brasileiros eram inúmeros, mas os principais eram gritar nas filas e cortá-las e, por não falarem inglês, a grande demora nas filas dos restaurantes. Nos hotéis, as queixas relacionadas a eles iam desde ficarem em piscinas depois do horário permitido a andar de skate de madrugada no lobby ou jogar bola de madrugada. Além disso, havia alguns casos isolados de vandalismo.

Para lidar com essa primeira missão, disse que precisaria observar as ocorrências que os queixosos relatavam nos parques, durante um mês inteiro, para me inteirar do que realmente estava acontecendo. Fui para Orlando, sem que ninguém soubesse, ainda, por causa do segredo a que meu contrato me obrigava, de que eu já era funcionário da Disney. Só queríamos anunciar minha contratação quando eu tivesse encontrado uma solução para aquele desvio de comportamento. Em um mês, consegui entender o que estava ocorrendo e propus aos executivos em Orlando uma estratégia para recuperar o equilíbrio na rotina dos parques.

A partir de minha observação, levantei informações relativamente simples. Percebi que o problema não eram os adolescentes. O grande desafio não era atuar sobre eles, mas sim criar uma interação mais produtiva e proveitosa com os guias de turismo – profissionais que admiro muito, mas que, naquela conjuntura, infelizmente estavam falhando ao desempenhar suas funções.

Ao discorrer sobre esse episódio, exponho, na realidade, uma distorção bastante pontual – e que, aliás, só pôde ser corrigida com o auxílio de vários profissionais da área de turismo que se comprometeram a remediá-la. Feita essa ressalva, esclareço que o cerne do problema residia no fato de que os guias estavam sendo enviados a Orlando sem nenhuma preparação. Tratava-se, portanto, de uma deficiência de liderança. Os donos de operadoras ou agências de viagens realizavam um volume de vendas bastante alto, mas não se preocupavam tanto com a qualidade dos guias, limitando-se a enviar um atrás do outro, já que as vendas cresciam a cada dia. Em minhas andanças pelos parques, vi guias tomando sorvete na sombra, ou dormindo em banquinhos, enquanto os grupos de adolescentes permaneciam soltos, sem orientação e sem comando. Então, concluí que a solução incidia sobre esse ponto. Não se tratava de tentar educar os jovens turistas, pois seu comportamento decorria da condição de falta de liderança a que estavam relegados. O que urgia fazer era estabelecer um diálogo sério com nossos operadores, para conscientizá-los da necessidade de selecionar melhor o pessoal que contratavam e, sobretudo, de treiná-lo na liderança de grupos.

Além da proposta de treinamento intensivo no Brasil inteiro para guias de turismo, pedi a autorização à Disney para dar ingressos de todos os parques e cupons de almoço a todos os guias, todos os dias. Essa parte foi difícil, pois não preciso dizer o quanto isso representou para a empresa. Basta fazer alguns cálculos elementares para concluir que estamos falando de milhares de dólares. Esse investimento, que a empresa concordou em fazer, só fez aumentar minha necessidade de responder à altura a meu primeiro grande desafio no novo emprego.

Por que solicitei ingresso e almoço grátis para os guias? Queria motivar meus clientes operadores oferecendo-lhes uma economia bastante significativa, ao dispensá-los do pagamento de ingressos para os guias que contratavam; paralelamente, desejava estimular estes últimos, que não mais precisariam deduzir de seu ganho diário o custo da refeição. Ao criar facilidades para operadores e guias ao mesmo tempo, conquistei sua predisposição para as mudanças que pretendia efetuar – a parte mais importante de todo o processo de solução do problema.

Treinamos praticamente todos os guias de turismo, no Brasil inteiro, antes da temporada seguinte. O treinamento visou ao desenvolvimento da capacidade de comandar grupos; era, em suma, um curso de liderança. Pedimos aos operadores e às agências que fossem mais cautelosos nas contratações; entre outras medidas, solicitamos que pelo menos um dos guias (em geral, viajavam um guia e um assistente por grupo) falasse inglês. Nesse particular, minha expectativa era a de que, uma vez que pelo menos um dos guias falasse inglês, não tivéssemos tantos problemas nas filas dos restaurantes, pois os adolescentes receberiam ajuda na escolha de seus pedidos antes mesmo de chegar ao caixa.

Outra providência que tomei com a equipe em Orlando foi estabelecer que todo guia iria receber um crachá que conteria informações da empresa na qual trabalhava, telefones para contato, etc. Durante o treinamento, eu advertia os participantes de que haveria, além de mim, outros funcionários da Disney observando tudo no parque. Portanto, se notássemos um guia dormindo em um banquinho, enquanto o grupo de adolescentes pelo qual era responsável ficava solto, nós literalmente iríamos acordá-lo. Sim, fui bastante incisivo, mas pedi que me ajudassem na aplicação das diretrizes desse programa, pois queríamos mudar para melhor. Os proprietários das operadoras e agências de viagens estavam nas nuvens – felizes como nunca. Imagine a situação: esses proprietários já não precisavam pagar os ingressos dos parques, a Disney ajudava seus funcionários com as refeições franqueadas, estávamos treinando todos os seus guias totalmente de graça, com a qualidade de liderança Disney, e, ainda por cima, estaríamos fiscalizando, nos parques, o cumprimento de seus deveres.

Veio a temporada seguinte, depois dos treinamentos. Eu, naturalmente, estava muito ansioso por resultados, uma vez que se tratava de meu primeiro grande projeto na empresa. Ansioso, também, porque os parques tinham investido muito, acreditando no projeto. Quanto a esse ponto, é importante destacar que todo o investimento foi feito pelos próprios parques, e não por minha área específica, o que representava um profundo grau de comprometimento para atingir o objetivo.

Depois da temporada, constatamos resultados extraordinários. O Magic Kingdom recebia dezenas de cartas de reclamação diariamente, como comentei anteriormente. Reduzimos esse montante, de forma muito positiva, no primeiro ano de implantação do programa de treinamento. Naturalmente, não estou usando números exatos para preservar informações internas da companhia. Mas o sucesso da iniciativa foi grandioso. Trabalhei dia e noite com uma equipe fantástica para concretizá-la, mas tivemos muito o que celebrar, depois.

Logo nas primeiras semanas pós-temporada, tivemos reuniões em que os parques, extremamente satisfeitos, indagaram o que mais eu gostaria de fazer nos anos seguintes, a fim de manter a boa conduta que acabáramos de recuperar entre os turistas brasileiros.

Naturalmente, solicitei a continuidade dos treinamentos em todo o Brasil, para capacitar outros guias de turismo que não puderam participar do programa no ano anterior. Aliás, todos os cursos tinham vagas esgotadas rapidamente, após a abertura das datas.

Nesses treinamentos, além de técnicas para comando de grupos, colocamos muita ênfase na questão cultural, nas diferenças entre a cultura brasileira e a americana. Pedi aos executivos dos parques que me permitissem ministrar, pessoalmente, alguns cursos sobre cultura brasileira para os cast members americanos, principalmente para os que trabalhassem nos hotéis onde os brasileiros se hospedavam e para os que ficassem nas entradas dos parques, pois eram estes os que tinham o primeiro contato com os clientes. Meu argumento, ao fazer essa solicitação, era o de que não adiantava apenas falar da cultura americana para os brasileiros, sendo fundamental também o trabalho inverso, ou seja, falar com os americanos sobre nossa cultura, nossa forma de ser, etc.

O sucesso, na temporada seguinte, foi novamente estrondoso. Os parques já não sabiam o que fazer para nos agradar, então. Os hotéis também começavam a sentir o efeito positivo desse treinamento. Nas reuniões pós-temporada, ressurgiu a pergunta de um milhão de dólares: "Claudemir, de que mais você precisa para continuar esse trabalho?".

Mantive os treinamentos por todo o Brasil e, já que estava com a faca e o queijo nas mãos, achei que não custava pedir algo mais, pois sabia que seria atendido.

Colaboradores brasileiros nos parques

Pedimos para ter cast members – "membros do elenco" (notem que estou usando propositadamente essas palavras para realçar que a Disney usa uma linguagem própria de cinema) – que falassem português. Eu sabia que o departamento de contratação da Disney já tinha experiência em contratar estrangeiros para trabalhar nos parques, principalmente no Epcot. Por isso, presumia que seria atendido. A resposta que recebi foi afirmativa: havia como contratar, por temporadas, estudantes universitários americanos que falassem português. Mas, ao fazer minha solicitação, pretendera me referir não apenas à língua portuguesa, mas a toda uma cultura. Então, expliquei que, na verdade, o ideal seria contratar brasileiros. Antes que me perguntassem o motivo para isso, forneci alguns exemplos de como um brasileiro trabalhando nos parques seria mais interessante. Aventei, entre outras, a hipótese de se precisar lidar com uma criança brasileira perdida. Se um funcionário brasileiro tivesse de abordá-la, faria isso de um modo totalmente diferente da forma como um americano procederia. As chances de acalmar uma criança desgarrada dos responsáveis por ela eram infinitamente maiores quando feitas por um compatriota.

Hoje, sinto muito orgulho não só do trabalho executado naqueles anos todos, mas, também, do fato de esse programa continuar a ser utilizado dentro da Disney. Ressalto, entretanto, que atualmente os brasileiros não mais são recrutados e treinados para fazer frente aos problemas de comportamento manifestados nos parques durante a década de 1990, mas porque a Disney amou tanto a energia positiva desses jovens que continuou os trazendo temporada após temporada. Uma das razões de minha transferência para os Estados Unidos, em 2000, está diretamente ligada a esse projeto, pois a empresa desejava que eu ministrasse esses treinamentos em nível global.

Disney Summer Nights

Na mesma época em que trabalhamos com os parques e hotéis para minimizar as queixas relacionadas aos frequentadores brasileiros, conseguimos, também, que fosse implantada mais sinalização em português e que fossem impressos cardápios nessa língua, o que agilizou o acesso aos restaurantes e o processo de compra de refeições, fazendo com que as filas dos caixas andassem mais rápido.

E, para coroar toda essa nova estratégia de hospitalidade, lançamos, já no segundo ano de sua implementação, um projeto chamado Disney Summer Nights.

Tratava-se de um programa customizado para o segmento de turistas brasileiros, espetacular para promover a superação das queixas que havia em relação a eles.

Na época – e durante a alta temporada –, a Disney-MGM Studios (hoje Disney's Hollywood Studios) fechava o parque às 22h para o público geral e permitia que ficassem no parque apenas os grupos de adolescentes brasileiros. Às 21h30, eles se dirigiam para o show do Indiana Jones, que era totalmente falado em português. Para quem não conhece esse show, informo que ele transcorre em interação total com o público; fazer isso em nossa língua era algo inimaginável até então.

Notem que, ao ser criado o Disney Summer Nights, aproveitei muitos conhecimentos adquiridos com o setor operacional do parque. Enquanto os adolescentes estavam assistindo ao show do Indiana Jones, entre 21h30 e 22h, o público normal do parque estava fazendo o quê? Estava saindo do parque. Depois do show, os adolescentes se dirigiam para a Sunset Boulevard, onde ficam as duas principais atrações do parque: a Rock'n' Roller Coaster e a Torre do Terror. Nessa mesma rua, colocamos DJs brasileiros e customizamos tudo segundo as regiões de onde esses adolescentes vinham. Enquanto eles estavam dançando, as duas atrações permaneciam abertas, até as 2h, sem filas. Eles podiam ir e voltar sem parar, da pista de dança para as atrações e vice-versa... Dá para imaginar? Para encantar ainda mais nossos clientes, na mesma área em que era tocada música, colocamos vários personagens Disney, para que os adolescentes pudessem tirar fotografias ao lado deles e pedir-lhes autógrafos.

Como se pode deduzir do que expus até aqui, todo esse projeto foi detalhadamente pensado para proporcionar bem-estar a nossos clientes e contornar as dificuldades que eles criavam na ocasião.

Primeiro, resolvemos o problema dos guias com os treinamentos que lhes oferecemos. Agora, estávamos administrando também a questão das filas. Como os adolescentes sabiam que, depois das 21h30, teriam o parque apenas para eles, é óbvio que, durante o dia, eles não pegavam filas para as três atrações mais procuradas no parque (Indiana Jones, Torre do Terror e a montanha-russa Rock'n' Roller Coaster). Como posicionávamos vários personagens Disney perto da pista de dança, os adolescentes também evitavam filas para posar ao lado deles durante o dia. E, para completar a excelente concepção do projeto, esse evento era pago. Assim, além de atingir todos os objetivos de encantamento do cliente de um mercado tão importante, o evento era bastante lucrativo.

Lembrar a criação do Disney Summer Nights me desperta grande satisfação até hoje. Sou muito grato aos executivos da empresa por terem acreditado no projeto, ao time envolvido em sua concretização, aos operadores e às agências de viagens que o promoveram e, principalmente, aos guias de turismo que me ajudaram, dia e noite, para que tudo fosse um sucesso.

Esse projeto é uma prova de que, sim, treinamento funciona. Treinamento produz bons resultados quando é bem pensado, planejado e executado. No mais, o que é brilhante pode e deve sempre ser polido.

Parques temáticos

Abordei detalhadamente, em capítulos anteriores, o quanto treinamento e foco eram considerados importantes para Walt Disney. Agora, discorrerei sobre foco e parques temáticos – foco, aliás, é uma das maiores preocupações entre os colaboradores da empresa, conforme verifiquei durante os quinze anos em que trabalhei na Disney.

Quando Walt Disney decidiu comprar as terras em Orlando, depois do tremendo sucesso da Disneylândia na Califórnia, muitos críticos e colaboradores acharam, mais uma vez, que Walt Disney estava louco. Imagino a seguinte cena entre Walt Disney e algum executivo nesta época:

– Mas, Disney, não há infraestrutura nas rodovias.
– Por que você está preocupado com as rodovias?
– Walt, você sabe que sem um bom meio de transporte um parque não funciona. Você mesmo me ensinou isso...
– Você ainda não entendeu...
– Mas, Walt, como vamos fazer sem rodovias?
– Para quem você trabalha?
– Ora, Walt, você sabe que trabalho para você...
– E o que nós fazemos aqui na empresa?
– Filmes, parques temáticos, produtos licenciados...
– Alguma vez você ou eu ou nossa empresa construiu rodovias?
– Lógico que não, Walt. Lógico que não!
– Posso fazer então uma perguntinha?
– Claro, Walt, claro!
– Por que você está preocupado com rodovias se nós não entendemos nada desse assunto?

Também imagino um silêncio. Profundo silêncio. Walt Disney não se preocupava com aquilo que não entendia. Sua filosofia era muito simples: fazer bem-feito o que escolhera fazer, e deixar que o resto viesse por si só. Essa foi sua atitude durante toda a vida: ser o melhor no que fazia. A isso damos o nome de foco. Vamos a mais um exemplo fictício, com outro executivo, para ilustrar essa perspectiva:

– Walt, estou muito preocupado...
– Preocupado?
– Sim, Walt, muito preocupado. Aqui na Califórnia, temos uma infraestrutura espetacular no aeroporto de Los Angeles...
– E...
– E que em Orlando não temos quase nada de infraestrutura...
– Por que você está preocupado com aeroporto?
– Mas, Walt, como vamos fazer sem um bom aeroporto?
– Para quem você trabalha?
– Ora, Walt, você sabe que trabalho para você...
– E o que nós fazemos aqui na empresa?
– Filmes, parques temáticos, produtos licenciados...
– Alguma vez você ou eu ou nossa empresa construiu aeroportos?
– Lógico que não, Walt. Lógico que não!
– Posso fazer uma perguntinha?
– Claro, Walt, claro!
– Por que você está preocupado com aeroportos se nós não entendemos nada de aeroportos?

Esses dois diálogos imaginários demonstram, de maneira clara, como a qualidade sempre foi o foco da empresa. Fazer o melhor, não importando como tal objetivo seria atingido.

Fazendo um paralelo com a realidade dos parques no Brasil, relembro uma conversa que tive com Murilo Pascoal, o diretor do Beach Park, sobre a filosofia Disney. Na época, o acesso ao Beach Park, em Fortaleza, era bastante comprometido. Mas, à medida que o parque começou a se destacar, o setor público passou a fazer sua parte. Hoje, o Beach Park investe pesadamente na hotelaria, uma área de negócios que salvou a Disney na década de 1980. O Rio Quente Resorts, em Goiás, e outras empresas seguem a mesma linha.

Voltando à Disney e à questão de foco, creio que um diálogo sobre o tema, entre Walt e algum executivo daquela época, poderia ter transcorrido da seguinte maneira:

– Walt, entendi perfeitamente, mas tenho algo a dizer.
– Sim?
– Walt, estamos passando por um momento de grandes investimentos em outras áreas da empresa, e fazer essa atração exatamente como você quer é praticamente impossível...
– Impossível é uma palavra proibida aqui; você sabe, não sabe?
– É verdade, Walt...
– Então, seja mais preciso no seu comentário.
– Walt, o que estou querendo dizer é que vai custar uma fortuna, e não temos dinheiro para tamanho investimento.
– Posso fazer uma perguntinha?
– Claro, Walt, claro!
– Eu, em algum momento, perguntei quanto custaria essa atração?
– Não, Walt, não!
– Então, por que você está preocupado com esse mero detalhe de dinheiro?
– Bem, Walt...
– Bem, deixe-me ser mais claro com você. A atração vai ser feita exatamente como eu a descrevi. Com relação ao dinheiro, meu irmão é especialista em pedi-lo emprestado... Portanto, não deixe de dormir por causa disso. Faça o que eu estou mandando.
– Sim, Walt. Algo mais?
– Só mais uma coisinha, que espero que seja um grande aprendizado para você: qualidade é tudo nesta empresa. Se existe algo, aqui, que não deixamos de lado por nada, absolutamente nada, essa coisa se chama qualidade. E, para finalizar, lembre-se sempre do seguinte: nossos clientes nos pagam por essa qualidade.

O diálogo da página anterior é outro excelente exemplo de foco: qualidade a qualquer custo. Não preciso me alongar no assunto, pois é realmente simples entender a filosofia de Walt Disney.

Quando Walt decidiu entrar no ramo de parques temáticos, também tinha um foco: a família. Para estabelecê-lo, Disney baseou-se em uma experiência pessoal: todos os sábados, ele levava suas duas filhas, Sharon e Diane, a parques públicos que existiam antes da criação da Disneylândia. Mas, ao chegar ali, percebia que somente elas se divertiam. Ele mesmo ficava parado, sentado, apenas observando suas princesas. Curioso como sempre, Walt olhava para os lados e notava que outros pais e avós estavam igualmente reduzidos à inação: sentados, olhavam seus filhos e netos se divertirem. Walt teve, então, o insight do primeiro foco para a nova empresa, criando um conceito que até hoje se mostra um sucesso: um parque para adultos e crianças, onde pais, filhos, avós e netos se divertem juntos. Um parque onde não existe idade.

O segundo foco contemplou o quesito limpeza. Walt sempre reclamara que os parques aonde ia com suas filhas eram sujos; então, decidiu que o seu seria extremamente limpo. Para isso, Walt não permitia, e a Disney ainda não permite, a venda de chicletes e jornais nas dependências dos parques, o que evita o acúmulo de detritos em sua área. Por sua vez, todos os colaboradores são treinados para limpar os parques, independentemente do cargo que ocupam. Lembro-me de que, quando abri o escritório da Disney no Brasil, ainda não conhecia esse detalhe da filosofia da empresa – por isso, ao caminhar com um vice-presidente nos parques, cheguei a estranhar seu gesto ao perceber que ele se abaixava para recolher qualquer pedaço de papel que encontrasse jogado no chão, pelos caminhos que fazíamos. Mal sabia que isso vinha dos tempos de Walt Disney.

Conta-se que, alguns dias antes da abertura da Disneylândia, em 1955, Walt estava caminhando pelo parque com vários de seus executivos e, ao ver um pequeno papel no chão, abaixou-se para apanhá-lo, sendo "repreendido" por um de seus acompanhantes:

> – Walt, você não precisa limpar o parque, nós temos uma equipe que faz isso!
> – Aqui está uma lição que não quero que esqueçam. Todos aqui limpam o parque, começando por mim, passando por vocês, e chegando à equipe de limpeza.

Durante os anos em que lecionei na Disney University, essa história era contada em todos os programas, quando falávamos da importância da limpeza. Na Disney, a cultura do asseio é tão insistentemente difundida – e tão intensamente assimilada – que, ainda hoje, quando vou aos parques, se por acaso deparo com um pedaço de papel abandonado no chão, imediatamente o recolho e o deposito em uma lixeira. Aliás, um detalhe importante: a Disney faz pesquisas inclusive para saber quantos passos uma pessoa dá antes de jogar um papel qualquer no chão. Segundo essas pesquisas, são catorze (outros livros falam em dezessete passos). Enfim, quando estiver em um parque Disney, observe a distância entre uma lixeira e outra. A filosofia é simples: não adianta pensar em limpeza se não forem disponibilizados equipamentos para o descarte do lixo.

Quanto ao terceiro foco estabelecido por Disney na filosofia por ele criada para nortear o funcionamento dos parques, trata-se de prover os meios para que o visitante se abstraia de seu cotidiano. Disney desejava que, ao entrar em um de seus parques, as pessoas se esquecessem do mundo deixado lá fora, do mundo real, para viver uma experiência de fantasia, de magia, de sonhos e de imaginação.

O que fez Walt para manter seu foco nessa proposta? Muito simples: não se vendem o *Time Magazine*, *The New York Times*, *Folha de S. Paulo* ou *O Estado de S. Paulo* nos parques, porque esses periódicos não combinam com a filosofia do mundo de fantasia – o mundo real fica fora.

Existem aparelhos de televisão nos parques, mas eles estão lá apenas para apresentar as atrações. Não é possível assistir, por meio deles, a nenhum telejornal, de nenhum país... Por quê? Porque a empresa tem um foco e o segue à risca. A Disney poderia ganhar dinheiro, por exemplo, vendendo jornais e revistas, mas isso fugiria a seu objetivo principal, desviaria seu foco.

A propósito da maneira como assimilamos intimamente a cultura da Disney, por admirá-la, costumo dizer que eventualmente podemos sair da empresa, mas a empresa jamais sai de nós. Quando estou com meus clientes em Orlando, é muito comum eu falar como se ainda fosse um colaborador da Disney. É algo espontâneo, despretensioso. Na realidade, continuo vendendo a empresa dia e noite. Indico, durante minhas negociações, até o Disney Institute, que supostamente se considera um concorrente da minha empresa, o Seeds of Dreams Institute. Durante muitos anos, alguns dos treinamentos daquela instituição eram incluídos nos meus programas de negócios. Hoje, porém, os programas do Seeds of Dreams Institute vão além dos propostos pela Disney, pois utilizamos comparação de excelência em serviços entre empresas líderes de mercado.

No caso da Disney, falamos muito do conceito *high touch* (alto toque emocional) e o comparamos com o conceito *high tech* (altamente tecnológico) da Universal Studios. Mas vamos ainda mais adiante: somos recebidos pela Apple e pela Harley-Davidson (com culturas totalmente diferentes, mas também *cases* de sucesso). Por fim, como sou adepto do movimento do "capitalismo consciente", nossos cursos preveem visitas a empresas que criaram esse conceito, como Whole Foods Market, The Container Store, Starbucks, Nordstrom, entre outras.

Mesmo hoje, décadas depois da morte de Walt – em 15 de dezembro de 1966 –, a empresa segue à risca a filosofia que apresentei nos últimos parágrafos. Costumo dizer que, quando a Disney esquecer esses três princípios ou focos (parque familiar, limpeza e exclusão da realidade do mundo da fantasia), será o fim dos tempos para ela. Daí a importância do conceito de storytelling, sobre o qual insisto, para preservar a tradição da empresa.

Um fato interessante sobre os parques é que Walt Disney, egresso da área de animação e desconhecedor da maneira como eles deveriam ser operados, optou por mesclar, em seu novo empreendimento, a cultura do cinema à dos parques. Além de vários outros motivos, Disney se apaixonou por essa ideia por considerar a Disneylândia um filme inacabado. Walt era tão perfeccionista que, quando um filme era lançado e ele o revia, ficava desesperado por querer mudar algumas coisas e já não poder mais fazê-lo. O parque, em contrapartida, funcionava como um filme que ele poderia mudar a qualquer tempo, sempre que desejasse.

Alguns elementos da cultura cinematográfica aproveitados nos parques podem ser facilmente identificados no Magic Kingdom, por exemplo. Quando o visitante chega às catracas desse parque, não consegue avistar o castelo que há nele. Por quê? Porque o castelo é a principal atração do filme, isto é, do parque. E o que há em frente às catracas? A estação de trem, não apenas para relembrar Marceline, mas para funcionar, também, como a "cortina" da sala de cinema. De modo análogo, na passagem por debaixo da estação estão afixados vários pôsteres das atrações, como se fossem pôsteres de filmes. Para completar essa primeira evocação às salas de cinema, há venda de pipoca nas laterais da entrada principal do parque, e as bilheterias estão dispostas como as de uma dessas casas de espetáculo. Uma vez no interior do parque, nota-se que as janelas da Main Street – que é uma réplica do centro de Marceline – exibem nomes de pessoas que trabalharam no filme, ou seja, no parque. São os créditos, geralmente colocados no fim de uma película e não lidos pelos espectadores ao término da história – e que, por isso mesmo, Disney fez questão de tornar visíveis logo no início da caminhada dos visitantes pelo parque.

Esses são apenas alguns dos detalhes reveladores da inter-relação que Walt criou entre o cinema e os parques. No entanto, se quisermos avançar um pouco mais nessa observação, basta atentar para alguns termos e expressões utilizados no jargão da empresa. Designam-se, por exemplo, como good show um trabalho bem-feito e como um bad show o trabalho malfeito; os funcionários, como já expliquei anteriormente, são chamados de cast members (membros do elenco), e o próprio departamento de recrutamento é denominado casting – que, na indústria cinematográfica, é o departamento responsável pela contratação dos atores. Assim, também se designam como on stage (no palco) tudo o que o cliente vê, e backstage (bastidores) os setores a que somente os membros do elenco têm acesso. Estes, aliás, não vestem uniforme, mas sim um "traje" (a melhor tradução que encontrei para *costume*). Quanto aos visitantes, a Disney se refere a eles não como público, mas como audiência. Por fim, é corrente na empresa o dito "se o show não estiver pronto, não abra as cortinas!", também alusivo ao mundo dos espetáculos. Percebe-se, então, diante do uso dessas expressões linguísticas, que o parque, em si, é entendido como um show, um filme.

A ideia da Disneylândia, o primeiro parque da empresa, germinou na cabeça de Walt Disney por anos a fio. Além da relativa frustração vivida nos parques a que levava suas filhas, que já o inclinava a imaginar outra estrutura de serviços de lazer, o sucesso de seus filmes, anos mais tarde, o faria sentir a necessidade de dispor de um local especial aonde levar seus convidados que, ao virem a Hollywood, não contavam com muitas opções de passeio. Vários fãs, por sua vez, escreviam manifestando interesse em conhecer os estúdios. Walt Disney, no entanto, julgava não haver nada particularmente interessante para mostrar em um estúdio de cinema. Ele preferia oferecer algo mais a seus admiradores. Então, pensou, inicialmente, em construir algo de pequenas dimensões, apenas para entreter as pessoas que o visitavam. Nesse momento, a ideia passava longe do projeto da Disneylândia: Disney considerava ocupar uma área reduzida, ao lado do estúdio, para instalar esse entretenimento, chegando a cogitar batizá-lo com o nome Mickey Mouse Park.

Outro fator que contribuiu para a elaboração de seu futuro projeto foram as várias viagens realizadas por ele, durante as quais observava tudo a seu redor. Na Europa, por exemplo, ficou encantado com o parque de diversões Tivoli Gardens, na Dinamarca. Elogiou muito o serviço dos funcionários, a qualidade da comida, a limpeza do local e, também, o preço, que era bastante acessível.

A ideia evoluiu pouco a pouco, tornando-se o que conhecemos hoje como Disneylândia.

Para a concretização do projeto, Disney obteve, como indiquei anteriormente, o apoio da rede ABC de televisão, que respondeu por um terço de todo o capital investido no empreendimento.

Anos mais tarde, Roy Disney – que fora contra a ideia da Disneylândia –, percebendo que o parque era um grande negócio, comprou de volta a parte da ABC. Curiosamente, como também já expliquei em outra passagem, a própria rede ABC, hoje a maior do mundo, seria ela própria comprada pela Disney, pelo valor de 19 bilhões de dólares, em transação operada por Michael Eisner no ano de 1995.

Inaugurado em 17 de julho de 1955 em Anaheim, na Califórnia, o parque levou apenas um ano e um dia para ser concluído, e sua construção foi acompanhada com ceticismo por diversos observadores. Para eles, que não acreditavam no conceito de um parque destinado simultaneamente a crianças e a adultos, o empreendimento seria fechado e esquecido em menos de um ano. A concepção vigente a respeito, naquela época, era a de que parques destinavam-se apenas a crianças.

A abertura foi um desastre: nada funcionava bem, milhares de visitantes entraram com ingressos falsos (eram esperadas 6 mil pessoas, e apareceram nada menos do que 28 mil visitantes) e, para complicar ainda mais as coisas, uma onda inédita de calor derretia o asfalto recém-colocado – dificuldades impensáveis para um show regido pelo padrão de qualidade que Disney cultuava.

Apesar das vicissitudes da inauguração e dos prognósticos desfavoráveis de que foi objeto, a Disneylândia em pouco tempo tornou-se um sucesso – e, ao mesmo tempo, uma certa dor de cabeça para Walt Disney. Explico: o terceiro princípio da filosofia Disney para os parques – para mim, o mais importante dos três –, diz respeito a não haver contato do público com o mundo real; ou seja, o mundo da fantasia não pode se misturar com o mundo real.

Como a maioria das pessoas não acreditava no sonho de Walt Disney, incluindo aí seu próprio irmão, ele foi obrigado a comprar pouca terra. Depois de muito esforço, conseguiu adquirir 65 hectares (originalmente, pensara em apenas 8 hectares, mas percebeu que essa extensão seria muito pequena para o que pretendia). Veio a inauguração, e já sabemos que o parque tornou-se um sucesso. Mas aí começam as preocupações: Walt Disney se dá conta de que, devido ao êxito do parque, as terras ao redor da Disneylândia se valorizam e começam a ser ocupadas por empreendimentos não muito apreciados por ele. Por exemplo, um edifício alto poderia ser visível de dentro do parque, o que caracterizaria uma interferência da realidade no mundo da fantasia. Afinal, se alguém estiver em um ambiente criado para causar a impressão de um mundo encantado e, de repente, tiver a visão de um prédio alto, existe uma grande chance de que se lembre do próprio local onde mora ou trabalha. Essa possibilidade contrariava a filosofia de Walt Disney – ele abominava a ideia de misturar mundo real e mundo mágico. Para piorar a situação, começaram a ser vendidos jornais, sorvetes e chicletes em pontos muito próximos da entrada do parque, o que complicava o zelo pela limpeza – segundo pilar da filosofia Disney.

Hoje, quem conhece a Disneylândia sabe que há poluição visual ao seu redor – essa mistura da realidade com a fantasia é notória. Isso não quer dizer que não consigamos nos divertir, mas, na concepção de Walt Disney, essa sobreposição de planos nunca poderia ter acontecido.

Gostaria de comentar um detalhe da construção da Disneylândia que me parece bem interessante, do ponto de vista de logística. Quando os engenheiros e arquitetos estudaram a planta do parque, acharam estranho que ela previsse somente uma entrada e uma saída. Questionaram Walt Disney a esse respeito, opinando que seria impossível ter um volume muito grande de clientes entrando e saindo pela mesma passagem, e que seriam necessários vários portões ao redor do parque para permitir um bom fluxo aos visitantes. Walt Disney, porém, teria descartado esse reparo, com o contra-argumento de que a colocação de várias entradas e saídas no parque possibilitaria o risco de que os visitantes deixassem sua área sem dar uma volta completa por ela, o que significaria uma redução da experiência pela qual de fato pagaram.

A essa estratégia para induzir a circulação completa das pessoas pelo empreendimento, Walt julgou necessário acrescentar a criação de um ícone, um ímã que pudesse "arrastar" seus clientes da entrada principal para o interior do parque. Esse é o papel do castelo, na Disneylândia. Todos os visitantes, ao entrarem no parque, de pronto o avistam ao longe e querem ir em sua direção imediatamente, para tirar fotografias.

Para proporcionar as melhores opções de deslocamento para seus visitantes, a Disney chega, inclusive, a estudar como funciona a mente humana. Por exemplo: no Magic

Kingdom, em Orlando, na proximidade do castelo, a rua à direita que conduz à Tomorrowland é mais larga do que a rua à esquerda. Por quê? Porque temos a tendência de ir para o lado direito! Portanto, precisamos de uma rua mais larga desse lado...

Os parques pós-Disney também usam a mesma estratégia. A geosfera, no Epcot, o Teatro Chinês, no Disney's Hollywood Studios, a Árvore da Vida, no Disney's Animal Kingdom, funcionam como o ímã que atrai as pessoas, tirando-as da entrada.

Já no caso do Epcot, porém, infelizmente foi cometido um erro gigantesco, pois o parque, originalmente, deveria apresentar suas atrações na sequência inversa àquela em que estão dispostas. Assim, o visitante entraria pelos "países" para depois chegar ao "futuro". Apesar disso, é um parque lindo, embora sem muita identidade – o que, acredito, se deve ao fato de Walt Disney já não estar vivo para levar a cabo sua ideia da comunidade do futuro, quando o empreendimento foi concluído. Aliás, em minha opinião, outro deslize grave desse parque é aquele "cemitério" logo em sua entrada. Quem teria aprovado aquela ideia? Durante as comemorações do milênio, as pessoas podiam comprar um pedacinho do espaço para nele colocar sua foto, e o resultado foi aquela coisa horrível: uma espécie de memorial que interfere negativamente na imagem do parque.

Projeto X – Projeto Flórida

Como expliquei no item anterior, Walt Disney acompanhou, impotente, a implantação de vários empreendimentos vizinhos à Disneylândia e que dela destoavam – não havia dinheiro para a compra de terras adicionais, que haviam valorizado muito, e muitos terrenos já estavam em obras. Assim, tornara-se impossível evitar a invasão do mundo da fantasia pelo mundo real.

Em contrapartida, nasceu, justamente por causa desse problema incontornável, o que internamente foi chamado, a princípio, de Projeto X, depois Projeto Flórida, Disney World e, finalmente, Walt Disney World Resort.

Tratava-se do projeto de construção de um novo parque. Conta-se que vários locais foram estudados para receber sua instalação, como as Cataratas do Niagara (mas o clima, ali, seria um complicador), New Jersey, Kansas City e, supostamente uma localização mais promissora, Saint Louis, no Missouri. O que pouca gente nem sequer imagina é que até Brasília foi cotada para receber a construção do novo parque. Houve sondagens a respeito e Walt Disney chegou a se animar com a ideia; caso as conversas se adiantassem, estaria disposto a viajar ao Brasil mais uma vez para acertar os detalhes da negociação. Infelizmente, porém, isso não ocorreu. Disney acabou se decidindo pela Flórida – terras baratas, com muitos pântanos, onde havia muita laranja, gado e um clima agradável durante o ano inteiro. Outro fator que o inclinou a essa decisão era a oportunidade de estar na costa leste americana. Não faria muito sentido fundar um segundo parque muito próximo da Disneylândia.

A ideia de construir outro parque, maior, surgiu por volta de 1959, quatro anos após a abertura da Disneylândia. Diz-se que Walt sobrevoou pela primeira vez a área que abrigaria o novo empreendimento no dia 22 de novembro de 1963 (por coincidência, dia do assassinato de John F. Kennedy). Alguns autores afirmam que 1 acre, na ocasião, custava 182 dólares – preço que subiu até 80 mil dólares quando se descobriu que Disney comprara uma grande área na região. A essa altura conhecedor dos mecanismos da especulação imobiliária, Walt preferiu usar nomes de terceiros para adquirir aproximadamente 111 quilômetros quadrados (ou 27.258 acres) de terra – até hoje, a Disney não usou nem 50% da propriedade, mesmo com todas as construções feitas anualmente.

A estratégia de Disney para concluir esse negócio com êxito implicou o envio, por meses, de 114 executivos que, em surdina, começaram a comprar terrenos na região. O nome do verdadeiro investidor foi, por meio desse expediente, preservado, o que impediu o inevitável disparo de preços que ocorreria caso se informasse que era Disney o adquirente. Assim, vários nomes fictícios foram utilizados, como Latin America Development, Real Estate Investments e M.T. Lotty – este último, sem dúvida, fruto de uma brincadeira, uma vez que, ao ser pronunciado rapidamente, em inglês, equivale a dizer "lote vazio". No total, foram 47 empresas pagando mais de 5 milhões de dólares pelo total das compras.

As providências de Disney foram eficientes: na época, chegaram a circular rumores de que alguém estaria comprando muitas terras na região, mas não se tinha ideia da quantidade, nem da finalidade da aquisição. Entre outras hipóteses, pensava-se que talvez uma empresa automobilística – especialmente a Ford – fosse construir uma fábrica no local. Também se comentava sobre a possível instalação de uma empresa de aeronáutica, arrolando-se a família Rockefeller, Howard Hughes e até a Nasa. Enquanto isso, seguiam as compras de terras e mais terras.

É importante ressaltar que a opção pela Flórida não foi uma questão apenas de intuição, como muitos pensam. Na realidade, havia pesquisas que indicavam se tratar de uma localização bastante vantajosa. Entre os dados apontados, havia a informação de que apenas 5% dos visitantes da Disneylândia vinham da costa leste americana (a partir do rio Mississippi), onde vivia 75% da população dos Estados Unidos, o que evidenciava a existência de um imenso público em potencial para o novo parque; além disso, os preços dos terrenos eram muito baixos – o que convinha a Disney, que desejava dispor de um espaço grande, a fim de evitar o problema ocorrido na Disneylândia com a proximidade de empreendimentos vizinhos –, e havia rodovias sendo planejadas. Apenas em maio de 1965 essas primeiras terras foram "oficialmente" compradas. Existe uma razão para isso: Walt Disney sabia que, se fizesse os registros individualmente, um a um, iria despertar curiosidade. Por isso, as aquisições, efetivadas pouco a pouco, só foram registradas no ano de 1965.

Disney desejava assumir publicamente as transações realizadas na Flórida no dia 15 de novembro de 1965, mas o segredo não durou tanto. Ocorre que, em outubro do mesmo ano, Emily Bavar, editora da revista *Sentinel Star* (que mais tarde seria *Orlando Sentinel*), estava em Anaheim, na Califórnia, para cobrir a celebração do décimo aniversário da Disneylândia – e, durante uma entrevista, indagou a Walt Disney se era ele quem estava comprando toda aquela terra. A jornalista conta que Disney ficou tão surpreso com a pergunta que parecia que ela tinha jogado um balde de água fria em seu rosto. Recompondo-se em seguida, ele disse que a resposta era negativa, que não havia adquirido tais terras. Outra versão do mesmo diálogo registra que Disney, ao tentar se recompor, procura convencer a jornalista de sua negativa argumentando mais ou menos assim: "Você acha que eu compraria terras onde só existem gado, pântano e laranja? Você acha que eu compraria terra onde ainda falta infraestrutura para tal e tal coisa...". Segundo essa versão, a jornalista conclui perguntando como Walt sabia tanto sobre as terras na Flórida.

Finalmente, no dia 24 de outubro de 1965, o jornal *Sentinel Star* saiu com a seguinte manchete: "Nós afirmamos: a indústria misteriosa é a Disney". Naturalmente, o uso da palavra indústria, nesse título, remete aos boatos em torno da Ford, da Nasa, etc.; no mais, foi a partir dessa reportagem que os preços das terras subiram de 182 dólares para até 80 mil dólares por acre.

No dia 15 de novembro de 1965, Walt Disney finalmente anunciou, com o governador W. Haydon Burns, a construção do maior parque na história da Flórida.

A transação executada por Disney reforça a interpretação de que, ao administrar os seus negócios, ele só se permitia errar uma vez. Mas, ao planejar seu novo parque, Walt foi ainda mais longe para garantir que as atrações não sofressem a interferência do mundo exterior: além de adquirir uma propriedade de grande extensão, pediu aos engenheiros e arquitetos encarregados do projeto para que o desenvolvessem a partir do centro do terreno, o que manteria fisicamente distante e não avistável, de dentro do parque, qualquer elemento do mundo real. Isso faria com que Walt Disney tivesse controle total em não deixar o mundo real entrar ali. Quem já visitou o Walt Disney World Resort, em Orlando, sabe que não é possível ver, de nenhum de seus pontos, um edifício alto ou uma rodovia com veículos trafegando por ela; a imersão no mundo da fantasia torna-se, assim, total.

Para encerrar este capítulo, esclareço o motivo por que o nome do parque, que originalmente foi chamado Disney World, foi alterado para Walt Disney World. O nome original do parque em Orlando tinha de se diferenciar de Disneylândia, nome do parque construído na Califórnia – assim, a designação Disneyworld atendia a essa necessidade, mantendo intacto o conceito de que o empreendimento pertencia a dois irmãos, Walt e Roy.

Meses antes de abrir o parque na Flórida, entretanto, Roy Disney decide mudar seu nome. No primeiro momento, ninguém entendeu o porquê dessa alteração, mas Roy, com toda humildade, logo explicou seus motivos. Ele contou que Walt, antes de morrer, por várias vezes lhe dissera que as terras da Flórida significavam a concretização de seu grande sonho de corrigir o erro cometido em relação à Disneylândia, confinada em uma metragem insuficiente de terra. Na Flórida, finalmente, os convidados (assim clientes são chamados na empresa) não veriam o mundo real enquanto estivessem dentro do mundo da fantasia. Roy, ciente desse desejo, resolve, então, trocar o nome do parque.

Roy faleceu no dia 20 de dezembro de 1971, menos de três meses após a inauguração do parque (realizada em 1º de outubro), o que torna particularmente comovente sua relação com o Walt Disney World, pois parece que ele permaneceu vivo apenas pelo tempo necessário para o cumprir o grande sonho de seu irmão.

Um amigo e empresário, Anthony Portigliatti, lembrou-me, certa vez, de outro episódio fascinante dessa história. Indagada sobre o que sentia por seu esposo não ter visto seu grande sonho realizado, Lilly Disney respondeu: "Não viu? Ele viu antes de todos!".

Parques pelo mundo

Conforme já escrevi, quando Walt Disney teve a ideia de criar a Disneylândia, muitos críticos tacharam a ideia de loucura. Seu próprio irmão não acreditava inicialmente no projeto. A frase mais famosa a respeito, na época, era uma previsão sombria: "a Disneylândia será esquecida e fechada no prazo de um ano".

Walt Disney, entretanto, mais uma vez provou aos críticos que ele sabia não apenas sonhar, mas também realizar. Hoje, há vários parques da empresa espalhados pelo mundo, inaugurados em diferentes anos: na Califórnia (17-7-1955), Flórida (1-10-1971), em Tóquio (15-4-1983), Paris (12-4-1992), Hong Kong (12-9-2005) e Xangai (16-6-2016).

A importância dos parques Disney pode ser mais bem compreendida quando se comparam os seus empreendimentos com os da concorrência. A tabela a seguir apresenta os dez maiores parques do mundo e o número de visitantes que cada um deles recebeu no ano de 2014 (dados da TEA, Themed Entertainment Association).

PARQUES MAIS VISITADOS DO MUNDO	
Parque	Nº de visitantes (milhões/ano)
Magic Kingdom Orlando	19.332
Tokyo Disneyland	17.300
Disneylândia Califórnia	16.769
Tokyo DisneySea	14.100
Universal Studios Japão	11.800
Epcot	11.454
Disney's Animal Kingdom	10.402
Disney's Hollywood Studios	10.312
Disneyland Paris	9.940
Disney California Adventure	8.769

Fonte: adaptado de "Top 25 Amusement/Theme Parks Worldwide", disponível em http://www.teaconnect.org/images/files/TEA_103_49736_150603.pdf.

Como se pode notar a partir do exame dos dados acima, dentre os dez primeiros colocados no mundo em número de visitantes, nove parques ostentam a marca Disney. O parque da Universal que surge em quinto lugar nem é o americano, mas o do Japão. O levantamento nos auxilia a entender porque a Disney domina há décadas esse mercado.

O sucesso comercial da Disney é resultado direto da cultura de qualidade que Walt imprimiu em suas realizações – e, como vimos ao longo deste livro, essa qualidade, longe de se traduzir apenas em apuro técnico e artístico, funda-se em sensibilidade, em compreensão da natureza humana. Destaco uma história que se relaciona a esse ponto para render uma breve homenagem ao Magic Kingdom.

Conta-se que Walt Disney, ao serem iniciadas as obras de seu primeiro parque, pediu que o castelo fosse erguido antes de quaisquer outras instalações. Ao ser indagado sobre o motivo para isso, ele respondeu que aquela seria uma forma de criar motivação para todos os trabalhadores envolvidos no projeto – que, ao poderem observar a beleza do castelo, nela se inspirariam, compenetrando-se de modo a terminar tudo com maestria.

Roy Disney, por sua vez, também se esforçou por estimular os trabalhadores na construção de Disney World, usando de sua visão de negócios. Na época, havia um relógio no prédio do City Hall (prefeitura do parque), e Roy percebeu que os trabalhadores frequentemente o consultavam para saber quanto faltava para encerrar o expediente e irem descansar em casa. Roy, então, ordenou que o relógio fosse retirado e que, em seu lugar, fosse colocado o seguinte recado: "Outubro de 1971". Assim, sem desrespeitar seus colaboradores, Roy os chamou a trabalhar não em função de uma hora do dia, mas em função de um projeto que teria de ser terminado naquela data – mais uma vez, uma questão de foco, mediante o qual esforços foram orientados e unidos.

Diferenças entre os parques

Uma dúvida comum, para quem não conhece todos os parques Disney, é saber qual a diferença básica de um parque para outro, principalmente em países com culturas tão diferentes da cultura dos Estados Unidos. Vou generalizar, por questão de espaço, ao fornecer algumas informações básicas sobre o assunto.

Todos os parques começam com um Magic Kingdom que reproduz as ruas do centro de Marceline. A única exceção é o novo parque de Xangai, inaugurado em 16 de junho de 2016. Nele, em vez de a avenida principal se chamar Main Street USA, chama-se Mickey Avenue. As atrações, em cada parque, são bastante parecidas – algumas, na verdade, idênticas, outras adaptadas para os diferentes países. Space Mountain, por exemplo, em Paris, é bem mais moderna do que a encontrada na Flórida. Quanto a políticas de serviços, o Magic Kingdom nos Estados Unidos, por exemplo, não serve bebidas alcoólicas por ser o tema do parque a fantasia, mas é importante explicar que, no Epcot, por exemplo, elas são permitidas – assim, também em Paris foi preciso adaptar-se à cultura francesa e, por isso, hoje se servem bebidas alcoólicas naquele parque.

No que se refere a castelos, são parecidos apenas, e dedicam-se a diferentes princesas. Por exemplo, na Califórnia o castelo é da Bela Adormecida; em Orlando e em Tóquio, da Cinderela; em Paris e em Hong Kong, também da Bela Adormecida. Então, é fácil lembrar. Em Orlando e Tóquio temos o castelo da Cinderela e, em todos os demais parques, temos o da Bela Adormecida. Bem que Xangai poderia empatar esse jogo, mas a Disney decidiu denominar o castelo The Enchanted Storybook Castle (O castelo de livros encantados), não o dedicando a uma princesa específica. O castelo desse parque é maior e mais alto do que todos os outros construídos até hoje. A Fantasyland será dividida em duas seções: uma com as atrações que já existem em outros parques, que ficará atrás do castelo, e a outra chamada Gardens of Imagination (Jardins da imaginação). O custo do parque é estimado em 5,5 bilhões de dólares.

Curiosidades

As negociações para construir um parque fora do país de origem são mais complexas do que podemos imaginar, pois são feitas não apenas no âmbito de empresas, mas de esferas do governo. Por aí, temos uma noção da natureza do negócio. Existem decisões estratégicas que muitos nem imaginam. Darei alguns exemplos a seguir.

Vamos começar pela China. Vocês acham que a Disney entraria em um mercado gigante como aquele apenas com os parques? Os parques são "átomos" se comparados com a população gigantesca daquele país, e Mickey Mouse quer muito, muito mais do que um parque com grande número de visitantes ao ano. Lembremos que a Disney trabalha com todas as suas divisões em sincronia, seja a de parques, seja a de licenciamento, seja a de cinema. No caso específico da China, com certeza os executivos da Disney estavam pensando não apenas em um segmento, mas em todos eles. Tenho de reconhecer, nesse ponto, o mérito de Michael Eisner, que realmente revolucionou a empresa: a entrada dos parques na China é seguramente uma decisão estratégica para atingir os habitantes com muito mais do que atrações temáticas.

No caso de Tóquio, um dos parques mais rentáveis para a empresa tem muito a ver também com a paixão dos japoneses pelo tema Disney. Quando estive lá, fiquei impressionado ao notar como eles gritavam de felicidade ao ver um dos personagens. Outra coisa diferente que observei ali foram os personagens. Vi, por exemplo, Zé Carioca e Tio Patinhas (personagens mais dificilmente encontrados em outros parques), além, claro, de Mickey, Minnie e sua turma.

Outro fator levado em consideração na construção de um parque tem a ver com a quantidade de terra disponível para sua implantação (lição que vem desde a Disneylândia) e com as vias e os meios de transporte que os visitantes poderão utilizar para chegar a ele. A questão de localização e de acesso passa a ser vital. Além disso, por causa do altíssimo custo operacional, há a necessidade de firmar parcerias: se empresas gigantes não bancarem parte de algumas atrações, qualquer parque fica inviável. É uma dificuldade que podemos constatar também no Brasil: em sua maioria, os parques fecham ou passam por problemas sérios. Fala-se que o preço pago por um ingresso para entrar em uma Universal Studios ou em uma Disney simplesmente cobre custos, e que sobra muito pouco, quando sobra. Sabe-se, porém, que os setores de alimentos e bebidas e, naturalmente, as compras realizadas pelos clientes proporcionam, em contrapartida, muita lucratividade a essas empresas. Existem outros segmentos a considerar quando estudamos o projeto de instalação de um parque, como hotelaria, por exemplo, mas não desejo me aprofundar nisso. É interessante analisar, ainda que brevemente, os elementos que relacionei até o momento, pois, à primeira vista, qualquer pessoa pode pensar que os ingressos garantem grande faturamento, uma vez que custam uma fortuna. Um ingresso, por exemplo, para alguns dias, passa facilmente de 300 dólares – mas, definitivamente, não é somente a sua venda que garante lucro para as operações do parque. Podemos comparar essa condição à de outros negócios que não o do entretenimento. Tomemos a Harley-Davidson, por exemplo, por cuja equipe de loja somos recebidos em Orlando, durante a realização de meus programas de negócios. Para minha surpresa, soube que 70% das vendas realizadas ali não são de motos. Isso mesmo, em uma loja famosa pelas motocicletas, apenas 30% da rentabilidade vem delas. Não é incrível? Por isso, temos de estar atentos à real composição do faturamento de uma empresa. No caso do Seeds of Dreams Institute, qualquer pessoa pode imaginar que o mercado dos programas de negócios é muito lucrativo, uma vez que custa em média 6 mil dólares por participante, por uma semana de duração. No entanto, não se deve esquecer que uma boa parte desse dinheiro vai para fornecedores (hotéis, refeições, ingressos para parques, especialistas que falam durante a semana, etc.). Sim, é um negócio lucrativo, mas sua lucratividade não chega nem próximo, por exemplo, da auferida por um webinar. Claro que não estou falando de volume, mas de lucro líquido.

Voltando à questão da estratégia para a escolha dos países em que a Disney projeta instalar parques, fica claro, diante do exposto nos parágrafos anteriores, que a escolha da China significa um potencial de vendas de produtos e serviços os mais diversos para quase 1,5 bilhão de habitantes. Não há como desprezar esse mercado, e Mickey, apesar de seu ar inocente, sabe muito bem disso.

Disneyland Paris

À primeira vista, parece estranha a decisão, por parte de uma empresa americana, de abrir um parque em um país cuja cultura, segundo o senso comum, se choca com a sua. Entretanto, ninguém senão Michael Eisner foi o grande maestro dessa transação. Teria ele errado? Analisando os fatos relacionados a ela, poderemos, contudo, entender que a decisão foi acertada do ponto de vista estratégico.

Dois países estavam na fase final desse processo de escolha, disputando entre si para ter um parque do Mickey: Espanha e França.

Ambos ofereciam áreas interessantes para a construção de um parque, com terra extra para expansão. De repente, porém, a França rompeu essa situação de equilíbrio ao anunciar a criação de uma estação de trem que ligaria o parque a praticamente todos os países europeus. Esse local se chama Marne-la-Vallée. Eu mesmo fui, por exemplo, da casa de minha irmã, em Londres, para o parque, em três horas de viagem de trem. Do centro de Paris, são necessários apenas quarenta minutos, saindo do aeroporto também próximo. Como expliquei anteriormente, um parque precisa e deve contar com facilidade de acesso – esse pré-requisito é fundamental, e uma boa oferta relacionada a ele dificilmente seria deixada de lado. Por isso, a decisão recaiu sobre a França. Detalhe: a estação Marne-la-Vallée fica na porta dos dois parques. Sim, dois parques, pois anos depois foi aberto o Walt Disney Studios e a área de entretenimento Disney Village por lá. Ao desembarcar do trem, basta subir uma escada rolante e, *voilà*, os parques estão à frente, sem que seja preciso utilizar os carrinhos que, em outros parques, são usados para sair do estacionamento. Por fim, é preciso lembrar que outro fator importante pesou na decisão por Paris: o fato de esta ser a cidade mais visitada do mundo.

O nome original do empreendimento, Euro Disney Resort, não vingou. Uma questão cultural determinou isso: os visitantes de todos os outros países que não a França não sentiam ser o parque europeu, mas sim francês. Assim, depois de vários estudos, chegou-se à conclusão de que seu nome deveria ser mudado para Disneyland Paris. O resultado melhorou consideravelmente o desempenho comercial do parque, principalmente na área de vendas de produtos licenciados, pois visitantes de outros países passaram a se sentir bem em comprar, por exemplo, uma camiseta da Disney Paris, o que não ocorria em relação ao mesmo produto com a marca Euro Disney.

Visitei o parque várias vezes e fiquei com a impressão de que realmente falta a ele alguma coisa. Muitos detalhes, nas construções, deixavam a desejar, desde a pintura nas paredes até alguns papéis pelo chão. A empresa sempre teve problemas desde sua inauguração, mesmo com a entrada de investidores como o príncipe árabe Al-Waleed Bin Talal Bin Abdulaziz Al Saud. Em 2014, a Disney decidiu investir 1,1 bilhão de dólares no parque, passando a deter 51% da empresa. Em minha opinião, Mickey, quando faz essas jogadas, é porque tem segundas intenções. Com 51%, pode começar a dar ordens e, se não for atendido, resolve facilmente qualquer divergência comprando tudo. Foi mais ou menos assim com a Pixar, com Oswald, com a ABC, entre outras empresas.

Um comentário que sempre fazem sobre a Disneyland na França é que ela está longe de Paris. De minha parte, porém, penso que sua localização se justifica, primeiro, pela necessidade de dispor de uma área grande para construir o parque. Em segundo lugar, ainda que se obtivesse uma área de metragem adequada perto de Paris, seu preço seria muito mais alto, o que inviabilizaria a realização do empreendimento.

Não posso deixar de apontar, em relação a esse parque, um outro deslize, muito mais grave do que falhas na manutenção da pintura. Trata-se da estratégia empregada para os hotéis. A Disneyland Paris tentou aplicar, com certeza por influência de Michael Eisner e do sucesso da hotelaria em Orlando, o mesmo modelo adotado nos parques da Flórida. Michael Eisner havia percebido que a hotelaria era a reposta para salvar os parques da Disney em Orlando: montar inúmeros hotéis, colocando os clientes praticamente na entrada dos parques. Deu muito certo. Michael, na época, já sabia que parques temáticos não são tão lucrativos quanto se pensa ao vê-los de fora. Ele precisava enchê-los de visitantes para salvar o negócio como um todo. Existe, inclusive, uma brincadeira a esse respeito na Disney: os parques eram chamados de Besta Fera, pois, para sobreviver, precisavam comer, precisavam engolir muita gente – e os serviços de hotelaria da Disney cumpriam à maravilha essa função. Hoje, empresas como Universal Studios e, no Brasil, Beach Park e Rio Quente Resorts também estão recorrendo à hotelaria para encher os parques.

Pois bem, a Disneyland Paris tentou aplicar o modelo utilizado em Orlando, construindo vários hotéis ao lado do parque (na época era apenas um, o Magic Kingdom). Na ocasião em que este foi inaugurado, já havia 5,8 mil quartos de hotel disponíveis. Há um plano, estabelecido em acordo com o governo francês, para, até 2017, esse número subir para 18,2 mil quartos de hotéis nas proximidades. O número total se refere a acomodações oferecidas por hotéis da própria Disney e, também, de outros empreendimentos. Para quem não conhece a área de hotelaria, esclareço que esse número é bastante significativo. Em Orlando, são mais de 30 mil quartos dentro da propriedade Disney.

O problema em que se envolveu a Disney, ao copiar o modelo bem-sucedido em Orlando, derivou do esquecimento de um mero detalhe. Ocorre que o parque da Disneyland Paris era apenas um, o que permitia que as atrações fossem visitadas em um único dia. Assim, uma pessoa que se hospedasse na Disney por, digamos, uma semana, passaria apenas um dia no parque e, durante os demais, ficaria se deslocando para Paris ou para outras localidades de passeio. Diante dessa perspectiva, os clientes optavam por fazer exatamente o contrário do que a Disney havia imaginado: ficavam nos hotéis de Paris por uma semana e reservavam apenas um dia para ir à Disneyland francesa. É interessante analisar esse caso para compreendermos que mesmo as empresas gigantes cometem erros básicos. Para enfrentar o problema dos quartos vagos, começou a pressão para criar outro parque que viria depois, o Walt Disney Studios e, também, o Disney Village. Além disso, shoppings foram construídos na área. A estratégia, portanto, passava a ser contar com mais parques, com mais locais para compras, a fim de que a permanência por mais tempo em resorts fizesse sentido para os clientes. Desde essa reformulação estratégica, a Disney vem tentando arrumar a casa, mas ainda tem um trabalho enorme pela frente. Uma das provas do que afirmei anteriormente, ao argumentar que parques não são negócios muito lucrativos, reside no fato de que a Disneyland Paris é um parque comparativamente bem visitado, como podemos verificar a partir dos números fornecidos na tabela transcrita no início deste capítulo. Também, se você olhar direito os endereços dos parques, vai verificar que a estratégia da Disney é magnífica: durante 24 horas por dia, nos 365 dias do ano, existe magia no mundo. Sempre há ao menos um parque da Disney aberto. Já ouvi falar que foi estratégia, mas acredito que foi pura coincidência o fato de os parques estarem nessas regiões; mas não deixa de ser interessante saber que o Mickey fica soberano o dia inteiro, por todo o ano.

Parques no Brasil?

Por que é complicado ter um parque Disney no Brasil? Amigos sempre me perguntam por que a Disney não abre um parque no Brasil, uma vez que somos tão importantes para a empresa.

Para responder a essa questão, penso que primeiro devemos definir o que é importante. Se o seu argumento é que os parques vivem cheios de brasileiros, advirto que essa é uma verdade muito parcial. Brasileiros não chegam a 5% do que se vê pelos parques. A maioria esmagadora dos visitantes ainda é de americanos. Justamente por isso, na época em que estava no comando da empresa no Brasil, tive de lutar muito para implantar as soluções (como a confecção de cardápios em língua portuguesa nos restaurantes) para os problemas enfrentados pela Disney com turistas brasileiros; tudo seria mais simples, creio, se a maioria dos frequentadores fosse brasileira, e não americana.

Isso posto, é preciso ter em vista, ainda, que no geral ficamos entre o terceiro e o quarto colocados em número de visitantes no mundo, atrás apenas do Reino Unido e do Canadá e, às vezes, do México. Além disso, temos afinidade com a marca Disney, como a própria empresa sabe. Por fim, levando em conta o número de habitantes, podemos acreditar que não seria descabido termos um parque no Brasil.

A instalação de um parque em país estrangeiro, no entanto, envolve a análise de vários outros elementos, como a situação econômica. Para isso, a empresa não utiliza pesquisas com abrangência de um, dois ou cinco anos. Ela estuda como a economia desse determinado país tem se comportado por décadas, o que certamente excluiria a economia brasileira da categoria de estável.

Para a execução de um projeto desse porte é necessário, ainda, que haja um comprometimento muito grande por parte do governo e da iniciativa privada – o que infelizmente, em nossa realidade, pode significar a tentativa de cobrança de propinas, expediente não tolerado por Mickey. Como se pode perceber, o tema é bastante complexo, de modo que a presente discussão proporciona apenas uma noção dele. Para encerrá-la, acrescento apenas que hipóteses de abertura de um parque em outro país da América Latina, como Argentina, Chile, etc., também me parecem infundadas, dada a reduzida população de cada um. Aliás, o Brasil ocupa a região central da América do Sul, o que favoreceria o fluxo de visitantes dos países vizinhos a um eventual parque Disney. Diante disso, apesar de achar quase impossível a instalação de um parque no Brasil, diria que é o único país com chance mínima para receber esse empreendimento. Nem o México, que também tem grande população, cumpriria os requisitos da Disney para essa empreitada, por situar-se muito próximo dos Estados Unidos. O mesmo ocorre com o Canadá.

Também eu recebia, quase mensalmente, notícias de que a Disney estava vindo para o Brasil. Essas notas, veiculadas na internet ou na mídia impressa, chegavam a citar o nome do CEO da Disney, de algum prefeito, etc., para emprestar legitimidade ao texto, que jamais passaram de boatos. A propósito, alguém acreditaria que a Disney sairia anunciando isso sem que, antes, toda a negociação tivesse sido acertada? As compras das terras em Orlando indicam, um pouco, como a empresa trabalha em silêncio, e como este é, aliás, um dos segredos de seu sucesso.

Minha visita a Marceline e Kansas City

Como parte da pesquisa que fiz para escrever este livro, fiz visitas a muitos lugares, mas vou relatar de forma mais aprofundada minha ida a Marceline.

Em Kansas City, não precisei de mais do que três dias para cumprir meu programa. Visitei a primeira casa, na rua 31 East, 2706, onde a família Disney viveu por um período muito curto e também o imóvel da rua Bellefontaine, onde Walt residiu entre 1914 e 1917 e, depois, entre 1919 e 1921 – no intervalo entre os dois períodos, Walt esteve na França, trabalhando para a Cruz Vermelha, como motorista, logo no fim da Primeira Guerra Mundial. Visitei, ainda, a escola em que Walt estudou – Benton School – e o estúdio onde tudo começou, na esquina da Avenida 31 com a rua Forest. Foi nesse estúdio que Walt se dedicou a alimentar um pequeno camundongo – hábito que, mais tarde, segundo uma das muitas versões correntes, inspirou Walt a criar Mickey Mouse. Fui ao Kansas City Art Institute, na avenida Warwick, onde Walt Disney estudou entre 1915 e 1917 – na época em que ele o frequentou, o instituto ficava na rua McGee, 1020. É importante ressaltar que Walt estudava apenas aos sábados, pois trabalhava durante a semana. Destaco esse fato para que fique claro que Walt nunca foi um homem "estudado". Nesse estabelecimento, tive a oportunidade de conhecer M. J. Poehler, diretora da biblioteca do instituto, que me ajudou muito com material da época. Passei muitas horas nessa biblioteca, buscando informações para este livro. Voltei também ao instituto em todas as viagens que fiz a Marceline, aproveitando que Kansas City era a cidade mais próxima de Marceline a possuir um aeroporto.

Além de Kansas City, fui conhecer Hannibal, cidade às margens do rio Mississippi, a cerca de 150 quilômetros de Marceline, onde viveu o escritor Samuel Langhorne Clemens – mais conhecido como Mark Twain. Essa viagem fazia parte da pesquisa que estava realizando, uma vez que Walt tinha lido muito as histórias desse autor – as quais são repletas da magia que permeia o universo das crianças, da beleza do rio Mississippi, do mistério das cavernas e das aventuras que todo esse cenário pode proporcionar.

No que se refere a Marceline, foram várias as visitas que fiz a essa cidade. Cheguei a permanecer ali por sete dias seguidos, no máximo, e por um fim de semana, no mínimo. Queria conhecer as pessoas, queria conhecer a cidade de forma mais aprofundada. O relato a seguir apresenta algumas das experiências vividas em uma dessas viagens a Marceline, e tem o objetivo de transmitir um pouco da realidade da cidade e de seus habitantes.

Existe apenas um hotel na cidade, o The Lamplighter Motel, que possui treze quartos. Mickey está por todos os lados do hotel. Fui atendido pelos próprios donos, o casal Joe e Annette Sturguess (na viagem que fiz mais tarde, em 2015, soube que eles haviam vendido o estabelecimento), pessoas simpáticas que viria a conhecer um pouco mais nos dias seguintes.

Ao ser recebido, expliquei que trabalhava para a Disney e que era um apaixonado pela história de seu criador, motivo por que estava ali. Disse que um dos meus principais objetivos era conhecer a casa e a fazenda onde Walt tinha vivido. Joe advertiu-me de que isso poderia ser um pouco difícil, pois a proprietária da casa não apreciava muito turistas. Apesar disso, Joe, demonstrando boa vontade, ligou, na minha frente, para Kaye Malins, uma pessoa que se revelaria maravilhosa para mim e, tal como eu, apaixonada pela vida de Walt Disney. Lembro-me bem de que Joe simplesmente falou que havia uma pessoa no seu hotel extremamente interessada em conhecê-la. Em seguida, para minha surpresa, passou o telefone para mim. Diante disso, fui direto ao assunto e expliquei que meu sonho era conhecer a casa de Disney. Não entrei em detalhes, nem disse que estava escrevendo um livro. Kaye marcou encontro comigo para o dia seguinte, às 10 horas, na loja Magnolia Antiques.

Era fim de tarde, e Joe, como é típico de pessoas do interior, me convidou a conhecer o centro de Marceline, que ficava a apenas dois minutos do hotel. Fazia muito calor, e Joe mencionou que precisavam de chuva para as plantações, o que me fez lembrar de meu tempo de criança, quando meus pais rezavam por chuva para que pudesse haver alguma colheita.

Tudo é perto em Marceline, onde viviam apenas 2.558 pessoas – segundo o censo de 2010, esse número baixou para 2.233. Na época de Walt, a população era de 5 mil habitantes. A avenida principal, anteriormente denominada Kansas Avenue, chama-se Main Street USA. Aqueles que já visitaram o Magic Kingdom, na Disney, sabem que a avenida principal, ali, também se chama Main Street USA – Walt se baseou no centro de Marceline para fazê-la. Esse ponto da cidade tem basicamente dois restaurantes – o Susie's Place e o Mom's Restaurant –, duas ou três lojas de antiguidades, um cinema com 288 assentos (assisti a um filme, ali, com mais sete pessoas, ou seja, é grande demais para a cidade, apesar de ser muito charmoso), um consultório odontológico, uma loja grande de roupas, que existe desde a época do menino Walt Disney, uma loja de material para lavoura, outra de eletrodomésticos e uma revendedora Chevrolet. Existe também um parque municipal em homenagem a Disney – que veio pessoalmente, em 1956, para inaugurá-lo –, uma locomotiva na praça principal com o nome Disneyland RR (Rail Road), e a encantadora estação de trem de Marceline, atualmente convertida em um museu que conta a história de Walt Disney.

No dia seguinte, ao acordar, abri a janela de meu quarto e vi que chovia fortemente, o que me fez dar um largo sorriso de satisfação – as plantações, em Marceline, estavam sendo irrigadas, para a alegria dos agricultores locais.

Preparei-me para o encontro combinado com Kaye Malins.

Ao chegar ao Magnolia Antiques, fiquei impressionado com a cordialidade da recepção de Kaye, pois achava que ela iria me receber friamente, como a um turista invasivo em relação a seu lar, interessado apenas em ver a casa na qual Walt Disney viveu entre 1906 e 1911. Ao me apresentar, notei uma simpática senhora ao nosso lado que, minutos depois, fiquei sabendo ser sua mãe, Inez Johnson, também dona da loja. Em seguida, fui apresentado ao pai de Kaye, Rush Johnson.

Faço questão de mencionar todos porque essas três pessoas me ajudaram muito em minhas pesquisas não só naquele momento como dali por diante – afinal, Walt Disney, nas poucas vezes que foi a Marceline, dormiu na casa deles. Outro detalhe importante: Rush Johnson foi a pessoa que negociou com Walt Disney, pessoalmente, a compra da casa e da terra onde Walt havia passado sua infância. Rush contou-me que compraram aquelas propriedades motivados pela ideia que Walt havia denominado Projeto Marceline, cujo objetivo era criar um local turístico para ajudar a economia da pequena cidade.

Walt achava que, no mundo moderno, as grandes cidades faziam com que as crianças perdessem a noção do que era realmente uma família e do que era viver em uma fazenda. Assim, Rush e Walt haviam decidido montar, no mesmo local onde Walt tinha vivido, uma fazenda modelo, para que pessoas do mundo inteiro pudessem visitá-la. Basicamente, haveria animais, a casa decorada, um lago; ou seja, eles queriam que os visitantes experimentassem um pouco da vida rural ao entrar lá. Em determinado momento, indaguei a Rush como ele e Walt pretendiam atrair turistas a um local tão distante como Marceline. Sorrindo, ele replicou: "Também fiz essa pergunta para Walt, que me respondeu rapidamente, dizendo que usaria a mídia para isso". (No capítulo sobre a abertura da Disneylândia em 1955, expliquei como Walt conseguiu viabilizar esse projeto graças à televisão.) O Projeto Marceline não se concretizou porque Walt morreu em 15 de dezembro de 1966. Roy Disney, após o falecimento de seu irmão, entrou em contato com Rush para saber se ele não estava interessado em comprar de volta a parte da propriedade que Walt tinha adquirido. Com isso, o projeto não poderia seguir em frente.

É preciso detalhar um pouco mais as circunstâncias em que esse projeto deixou de ser levado adiante para que entendamos a atitude de Roy: ele tinha acabado de perder o irmão e estava ocupado até o pescoço com a Disney World, que viria a ser inaugurada em 1 de outubro de 1971; sua prioridade, portanto, era realizar o grande sonho de Walt – concluir e inaugurar a Disney World (cujo nome, mais tarde, seria trocado para Walt Disney World pelo próprio Roy, como comentei em outro capítulo, uma vez que ele achava que aquele sonho fora idealizado não pelos irmãos Disney, mas por Walt). Diante dessas urgências, é óbvio que o Projeto Marceline não estava em seus planos. Resumindo a história, Rush acertou com Roy a compra do que Walt tinha investido, mas não seguiria com o projeto sem a participação de Disney, pois não poderia viabilizá-lo sem o uso da mídia, sem Walt.

A conversa com Kaye e seus pais durou horas. O tempo todo estivemos sentados em torno de uma mesa chamada de mágica por Kaye – pois, segundo ela, tudo o que é discutido ao se tomar assento nela dá certo. Sua mãe, uma pessoa extremamente agradável, brincou comigo várias vezes, dizendo que eu iria acabar me mudando para Marceline. Na companhia dessa família, minha viagem começava a ser marcada por gestos de amizade e de carinho – e isso me proporcionava alegria, pois conseguia unir o útil ao agradável.

Sobre Walt, Inez contou que se tratava de um homem muito simples. Recordou que ao hospedá-lo em sua casa, no ano de 1956, ficou preocupada, imaginando que tipo de louça devia usar para servi-lo – até perceber que Walt não dava a mínima importância para esse tipo de cerimônia. Simplicidade era sua principal característica.

No dia seguinte, chegou o momento mais esperado por mim: fui conhecer o local onde Walt tinha passado seus cinco maravilhosos anos, em sua casa, na fazenda. Hoje, Kaye vive ali com seu marido. Eles têm dois filhos, que já deixaram Marceline. Kaye mostrou-se uma anfitriã maravilhosa e, para minha surpresa, acabei conhecendo toda a casa, em detalhes: do quarto onde Walt dormia às janelas dos quartos por meio das quais os irmãos mais velhos fugiram por causa da rigidez do pai e até a parte da casa que Walt pintou com piche; enfim, eu não poderia ter ficado mais feliz. Em seguida, tive a oportunidade de ir ao quintal, muito arborizado, ao lago e à árvore sob a qual Walt costumava brincar, que era chamada de "A Árvore dos Sonhos". Foi um dia mágico.

Kaye me contou também que nas viagens de Walt Disney de Hollywood para Nova York, o trem passava por Marceline, e que ele, ao vê-la, gritava para quem quisesse ouvir que aquela era sua cidade natal. Sua esposa, Lilly, chegava a ficar envergonhada. Walt Disney era tão apaixonado por essa cidade, por sua infância ali, que colocou um trem circulando em volta do Magic Kingdom para evocá-la. Você já fez esse passeio? É mais alguma coisa de Marceline nos parques.

Walt era tão apaixonado por trens que resolveu colocar um no quintal de sua mansão em Hollywood. Isso mesmo: comprou uma briga enorme com a esposa, que não queria que seu jardim fosse modificado. Para resolver o impasse, Walt Disney, como sempre genial, teve a ideia de construir um túnel por baixo do jardim. E, assim, conseguiu agradar à sua esposa, a si mesmo e a suas filhas – pois, afinal, ele fez tudo isso não apenas para relembrar seus tempos de Marceline mas, também, para brincar com Sharon e Diane.

No outro dia, fui até a Elementary School, onde Walt deixou, como recordação, a carteira em que ele se sentava para estudar em 1909, na qual suas iniciais, W. D., estão talhadas. Nesse mesmo local, existem duas bandeiras originais usadas na abertura da Disneylândia, em 1955. Também conversei com o gerente da cidade, uma espécie de prefeito, Mike Leighton. Além disso, conversei com muitos proprietários, que foram unânimes em afirmar que a cidade precisa de ajuda, ou seja, precisa de mais turistas. Não que desejem torná-la comercial, mas certo fluxo de turistas poderia trazer dinheiro a ela. Colhi informações de que as coisas pioraram principalmente depois que a estação ferroviária fechou e, também, após uma editora, a Walsworth Publishing Company, ter mudado para Brookfield, há mais ou menos 20 quilômetros de distância. Os trabalhadores dessa empresa contribuíam para a circulação de dinheiro no comércio local. Entrei em várias lojas e, todas as vezes em que consultava o preço de algum artigo, apenas por curiosidade, os donos sempre tentavam negociar. Para colecionadores de produtos Disney, o local é ideal, pois podemos encontrar peças raríssimas por lá, coisas que nunca vi em minhas andanças pelos parques em Paris, Tóquio, Anaheim ou mesmo Orlando.

Ouvi comentários, enquanto estive na cidade, de que alguns empresários estariam tentando abrir um parque temático por lá, mas, pelo que vi, isso não passava de uma simples promessa.

Voltando à minha amiga Kaye, devo acrescentar que foi ela quem liderou o processo de transformar a estação de trem, que estava fechada, em um museu sobre a vida de Walt Disney. Ela obteve do governo uma doação para a recuperação da parte externa do prédio, e só isso custou 500 mil dólares. A parte interna custaria muito mais. O projeto, no ano de 2000, era apenas sonho, e hoje é realidade. Passar pelo museu é uma obrigação sempre que vou lá. Há muita coisa interessante exposta, como cartas e materiais doados pela família Disney.

Ter conhecido e convivido com Kaye, Rush, seu pai, e Inez, sua mãe, pessoas que tiveram intimidade com Walt, foi de grande importância para a elaboração de meu livro, assim como para saciar minha curiosidade. Saber que hoje posso ligar para eles na hora em que quiser, ou mesmo visitá-los em qualquer ocasião, faz-me sentir muito honrado.

No dia de minha partida, precisava sair de Marceline às 7 horas, pois tinha de devolver às 9h30 o carro que alugara em Kansas City e, em seguida, pegar um voo da United Airlines, que decolaria às 11h15.

Preferi agradecer os proprietários do hotel, já então meus amigos, e despedir-me deles na véspera, à noite, aproveitando para fazer o pagamento de minha hospedagem, para não os acordar na manhã seguinte unicamente para que fechássemos essa conta.

Para minha surpresa, porém, no dia de minha partida o telefone tocou às 6h22. Era o Joe, me convidando para tomar o café da manhã com ele no Susie's Place. Aceitei com o maior prazer, pois queria aprender mais um pouco com aquele homem brincalhão e, ao mesmo tempo, misterioso. Em seu possante e grande Lincoln Ford, nos dirigimos ao restaurante – um percurso pequeno, de apenas dois ou três minutos. O sol já tinha saído. Conversamos muito, falando, entre outras coisas, de negócios, das dificuldades da vida e de seus planos de vender o hotel e mudar-se para Saint Louis, também no Missouri, onde seus filhos moram. Aliás, parece que ele conseguiu, mais tarde, vender o hotel, pois verifiquei que são outros os proprietários dele no momento. Só não sei se realizou seu plano de viver em Saint Louis.

Mas a história mais interessante daquela manhã ainda estava por acontecer. Ao entrar no restaurante, percebi que havia um homem, com olhar sombrio e triste, sentado a uma mesa, olhando pela janela o centro da cidade. Como em qualquer cidade pequena, todos se conhecem e, assim que o viu, Joe o cumprimentou. Sentei-me de frente a Joe, mas sentia uma tristeza imensa naquela pessoa ao meu lado. Continuei falando com Joe que, de vez em quando, fazia alguma piada para o nosso colega, como que tentando animá-lo. Apesar desses esforços para entretê-lo, de repente o homem de olhar triste saiu do restaurante e, só então, pude entender o que se passava. Joe contou-me que, havia dois meses, sua esposa o tinha abandonado, deixando-o sozinho para cuidar de seu filho pequeno. Acrescentou que, nos últimos dois meses, aquele homem ia à sua loja para desabafar, e que ele, Joe, carinhosamente o ouvia.

Não sei ao certo por que narro essa história; talvez apenas para mostrar que, em Marceline, há pessoas de carne e osso, como em qualquer outra cidade – e pessoas que têm coração sentem, sofrem.

Outro homem, chamado Scott, sentou-se próximo, e tentei puxar conversa com ele. Fiquei sabendo que estava desempregado e que ia ter uma entrevista de seleção de pessoal naquela tarde. Comentou que gostaria que o trabalho fosse perto, para que pudesse usar sua bicicleta, pois o preço do litro de gasolina estava alto demais. Estava com seu filho Mark, a quem perguntei se gostaria de conhecer o Brasil. Sua resposta foi positiva, acompanhada de um sorriso maior do que Marceline. Depois perguntei se gostava de carros e que tipos de carros preferia, se grandes ou pequenos. Pequenos, foi a resposta. Seu pai complementou dizendo que o novo fusca era o sonho de seu filho. Meu tempo estava acabando; precisava ir embora. Scott e Mark acompanharam Joe e eu até a porta. O sol de Marceline agora parecia em dúvida quanto a brilhar e, no céu, surgiam várias nuvens carregadas de lágrimas. Disse "até logo" aos dois, comentando que a vida é bela. Ao fechar a porta do carro, percebi que o pequeno Mark me olhava, ao mesmo tempo que pegava sua bicicleta velha. Abri, então, novamente a porta do automóvel, disse a Joe que aguardasse um instante e pedi para tirar uma fotografia com Mark. Sorrindo, ele veio correndo ao meu encontro. Em seguida, pedi ao garoto para registrar o sorriso de seu pai a meu lado. Ensinei-o a disparar a máquina e ele ficou orgulhoso por poder fazê-lo. Scott mencionou que ele já poderia ser um fotógrafo, principalmente tirando uma foto com aquela máquina tão moderna, tão boa. Agradeci de novo, sorri para os dois e me dirigi ao carro. Quando abri a porta, antes mesmo de me sentar, Joe, sorrindo, murmurou: "You made their day" ("Você fez o dia deles"), ao que respondi, sorrindo, que Joe tinha feito o meu dia também, ao me convidar para um café da manhã que acabaria com aquela cena tão própria de uma cidade pequena e especial.

Ao chegar ao hotel, como última recordação entreguei a Joe um *pin* especial que havia ganhado nos cursos da Disney, com o Mickey usando um chapéu de graduação. Não preciso dizer como a felicidade se estampou no rosto do velho menino, diante desse presente.

Como anunciei no início deste capítulo, o relato aqui apresentado se refere a apenas uma das muitas viagens que fiz a Marceline. Nas visitas seguintes, conheci muita gente que teve, de certa forma, envolvimento com Walt Disney. Um deles, como já relatei em capítulos anteriores, foi Ted R. Cauger, um senhor muito simpático cujo pai, Verner Cauger, foi o primeiro chefe de Walt Disney. Conheci Ted quando viajei a Marceline para as comemorações dos 100 anos do nascimento de Walt Disney, realizadas de 21 a 23 de setembro de 2001.

Marceline tem valor especial para mim por várias razões, mas se tornou importante até por um motivo inusitado: quando estava competindo com centenas de candidatos para me tornar um professor da Disney University, um dos fatores que determinaram a escolha de meu nome foi o fato de conhecer Marceline profundamente. Nenhum dos demais candidatos tinha ido a Marceline uma única vez. Eu já tinha visitado a cidade em cinco ocasiões, na época. É por isso que sempre digo: plante suas sementinhas, seus sonhos, e cultive-os de forma constante, com muito amor, e os frutos virão. Ter sido professor da Disney University foi o fruto de meu investimento em conhecer Marceline e tantos outros lugares ligados à história de Walt Disney.

Por isso, faço questão de registrar minha gratidão a essa cidade: obrigado, Marceline!

Disney University e Disney Institute

Para fornecer uma imagem mais completa da Disney, acredito ser importante relatar, ainda que com brevidade, minha experiência na Disney University e no Disney Institute, onde fui, respectivamente, professor e professor convidado durante meus anos na empresa.

Em 1955, Walt escreveu para Van Arsdale France, professor emérito e fundador da University of Disneyland, hoje conhecida mundialmente como Disney University, pedindo para ajudá-lo a criar o lugar mais feliz da Terra. Segundo uma das versões desse acontecimento, a solicitação foi feita meses antes da abertura da Disneylândia. Outra narrativa, no entanto, afirma que somente após a abertura do parque Walt Disney chegou à conclusão de que realmente precisava de um treinamento mais formal e mais interno para seus colaboradores. Conta-se que ele tomou essa decisão após observar a conduta da segurança terceirizada que ele contratara, cujos membros se comportavam como policiais, tratando os convidados de forma muito rude. Essa situação teria deixado claro, para Walt, que o cuidado com seus clientes não poderia ser delegado a estranhos.

Eu, particularmente, tenho muitas reservas em relação à terceirização sem critérios realizada por muitas empresas.

Para mim, se a função terceirizada implicar contato direto com o cliente, pode surgir um grande problema; é como introduzir um estranho no ninho, optando por uma alternativa cujas consequências, a longo prazo, lançarão por terra o argumento de redução de custos.

A University of Disneyland era, inicialmente, mais um treinamento de orientação – nada muito aprofundado. Somente em 1962, sete anos após a abertura do parque, é que a Disney University – nome que se consagrou para designar a instituição – realmentou tomou forma. Ao longo desses sete anos, Walt Disney e Van France perceberam que precisavam de algo mais denso em termos de educação. Com a perda de Walt Disney em 1966, Van France criou um manual intitulado "As tradições de Walt Disney na Disneylândia". Daí, se originou o famoso curso Traditions, que todos os novos funcionários fazem antes de ir para seus departamentos. Ter sido professor desse curso foi talvez uma das melhores experiências nos meus quinze anos na empresa.

Walt Disney e Van France costumavam andar pelos parques, aproveitando para conversar com os funcionários. Assim, não demoraram a perceber que precisavam, realmente, aumentar as horas de treinamento. Mediante essas observações, concluíram também que o melhor seria delegar a pessoas que já trabalhavam no parque esse ensino – filosofia até hoje aplicada na empresa. Aliás, em minha opinião, aí reside o grande segredo do sucesso dessa universidade: não bastou criar uma instituição para capacitação e contratar professores de fora para darem aulas. Penso que talvez outras empresas tenham falhado nesse ponto, quando fundaram suas escolas internas. Em consultoria, procuro deixar isso claro: se uma empresa deseja criar uma universidade, torna-se fundamental estabelecer uma forma por meio da qual quem trabalha ali no dia a dia ensine. Como já expliquei, eu dava aulas na Disney University enquanto mantinha minhas funções. Era como ter dois cargos simultaneamente, cujas atividades tinha de desempenhar. Para dar conta dessa demanda de trabalho, comparecia à universidade uma ou duas vezes, no máximo, por semana e, nos outros dias, recuperava qualquer atraso no cumprimento das tarefas de minha área. Na realidade, a exigência para ser professor da Disney University é exatamente essa: ser capaz de executar dois trabalhos ao mesmo tempo e de mostrar excelência em ambos. Por isso, a escolha de um candidato a professor, na empresa, sempre foi muito criteriosa.

Enfim, Walt Disney, que havia reunido os melhores arquitetos e engenheiros para construir seu parque, precisava, agora, de funcionários à altura da qualidade alcançada nas instalações da Disneylândia. Foi para contratar e treinar seus colaboradores que Disney pediu o auxílio de Van France, idealizando, com ele, o que viria a ser a Disney University.

Conforme já falamos, a Disney chama seus clientes de convidados, algo que acho extraordinário e que diz muito da cultura da empresa – pois, do mesmo modo como tratamos um convidado que vem a nossa casa, esforçando-nos para que ele desfrute de conforto e para que se sinta bem recebido, assim a empresa gosta de tratar seus clientes.

Quando entrei na Disney, em 1995, logo me apaixonei pela história de vida de Walt Disney, e passou a ser um sonho, para mim, um dia morar nos Estados Unidos e ser professor da Disney University.

Assim que me mudei para Orlando, em 2000 (ou seja, realizei o sonho de residir nos Estados Unidos), modifiquei um pouco meu pensamento sobre a necessidade de crescer no mundo corporativo. Antes pensava que dois fatores, apenas, determinavam o sucesso no universo corporativo. O primeiro seria o talento, ou seja, a capacidade de ser muito bom no que se faz; o outro seria a network, ou seja, contar com ótima rede de relacionamentos tanto dentro como fora da empresa. Uma vez instalado em Orlando, em menos de dois meses alterei um pouco minha visão, acrescentando a ela um terceiro fator. Além de talento e network, adicionei o "sistema" à equação a ser resolvida para se atingir o sucesso. Creio que, sobre os dois primeiros termos, é possível exercer certo controle – mas sobre o sistema, a cultura da empresa, dificilmente se pode ter controle. Explicando melhor, percebi que o sistema poderia, por exemplo, me deixar por anos – para não dizer por décadas – na Disney na mesma posição, sem que isso necessariamente significasse que não tinha talento ou que não cultivava excelentes contatos. Portanto, corria o sério risco de permanecer por muito tempo na mesma área. Então, pensei o seguinte: se tivesse de voltar ao Brasil, digamos, em dez anos, preferiria sair da Disney como diretor, ou mesmo como vice-presidente, ou levar na bagagem um mestrado e um doutorado feitos em universidades americanas? Como sempre fui fascinado por educação, minha escolha foi tendendo para a alternativa de estudar e, por consequência, não me preocupar tanto com a perspectiva de crescer dentro da empresa. Isso pode parecer loucura, mas não é. Isso se chama estratégia. Segui, portanto, o plano que estabeleci: fiz um mestrado e um doutorado, além de inúmeros cursos, nos Estados Unidos, e continuo estudando. É claro que, ao tomar essa decisão, considerava a possibilidade de ela se converter em termo de uma outra equação: a que determinava o ingresso na Disney University como professor. Estava ciente, ao analisar essa via de desenvolvimento profissional, que, se eu "subisse" na Disney, chegando, digamos, à vice-presidência, as chances de me tornar um professor naquela instituição seriam praticamente zero.

A razão para isso é simples: uma vez que os professores da Disney University devem continuar trabalhando em suas respectivas áreas, dificilmente teria dois dias durante a semana para me dedicar ao ensino, caso me tornasse um vice-presidente. Assim, como amava o que fazia, deixei de me preocupar muito com cargos.

Meu trabalho, nos Estados Unidos, era liderar estratégias de treinamento global para a indústria do turismo. Viajava pelo mundo, expondo a filosofia Disney e ensinando como vender o produto. Enquanto eu percorria vários países, principalmente da América Latina, meus líderes muitas vezes ficavam presos em seus escritórios das 8 horas às 20 horas. Além disso, eventualmente eu viajava ao Brasil duas vezes no mês, fazendo o que tanto amava e, ainda, desfrutando a oportunidade de rever família e amigos. Levando em conta as vantagens que o desempenho de minha função proporcionava, percebi que poderia ser muito feliz fazendo o que fazia, mantendo-me bastante produtivo para a empresa e, ainda, estudando à noite e durante os fins de semana – para cursar um mestrado, um doutorado e, com tudo isso, alimentar e realizar o grande sonho de ser professor da Disney University. Naturalmente, um projeto como esse não se concretiza do dia para a noite. Só o mestrado e o doutorado exigiram mais de dez anos de aplicação; mas me decidir por eles foi a melhor coisa que fiz.

Para além desses motivos, a questão relacionada a cargos não me afetava mais por outra razão: o Seeds of Dreams Institute já existia em minha mente antes mesmo de minha admissão pela Disney, em 1995. Eu sempre tivera a intenção de empreender. Prova disso é que o Seeds of Dreams Institute foi fundado em 3 de janeiro de 2006 (depois, em 2010, o transformei em LLC, um novo tipo de organização), como projeto do meu doutorado. Minha saída da Disney se deu em 2010. Portanto, meus líderes já sabiam que eu tinha um plano para seguir carreira solo, movido por meus próprios sonhos. Entre 2006 e 2010, não usei meu instituto, por razões de ética profissional e porque era um projeto de pós-doutorado – ou seja, o curso exigia que elaborasse um projeto empresarial em que utilizasse a psicologia positiva, foco do mestrado e do doutorado, quando terminasse os estudos.

A partir de minha própria trajetória, a qual acabo de explanar de maneira abreviada, ofereço aos jovens que estão lendo este livro um conselho sobre carreira: se você se encontrar em uma grande corporação e entender o que disse sobre o fator "sistema", ou seja, se você é supertalentoso, tem excelentes contatos, mas já percebeu que a cultura (sistema) da empresa pode deixá-lo na mesma posição em que está por anos, procure mover-se horizontalmente. Esqueça a hipótese de crescer na vertical, pois muita gente cultiva essa ambição. Crescer verticalmente exige muita sorte, o que significa um grau de incerteza também muito grande. Se eu tivesse esperado crescer verticalmente nas empresas em que passei, provavelmente estaria em uma delas ainda hoje, fazendo as mesmas coisas de sempre, todos os dias.

Imagine, por exemplo, o seguinte quadro: você é gerente de marketing de uma empresa e está nessa posição há dois, talvez três anos. Esse tempo é mais do que suficiente para que você possa entender bem sobre a área, principalmente se você for uma pessoa dedicada. Então, está esperando o quê? Ficar limitado a fazer a mesma coisa por mais dez anos?

Nesse momento, se perceber que o sistema pode complicar seu projeto de carreira, tente mudar de área dentro da empresa. Se surgir uma vaga para um cargo, por exemplo, de gerente de comunicação ou de gerente de vendas – com funções diferentes das suas, mas para o desempenho das quais você tenha o perfil –, não perca tempo. Note, porém, que obviamente estou falando de uma forma geral. Não estou recomendando a você que saia mudando de cargo sistematicamente, não se trata disso. Mas, se você não tem uma possibilidade de ascensão, essas mudanças laterais podem, inclusive, colocá-lo em uma posição mais alta na próxima oportunidade, seja dentro, seja fora da empresa. A United Airlines, quando me procurou, sabia que eu tinha passado por três grandes áreas na American Airlines – lojas, reservas e vendas. Os headhunters da Disney vieram atrás de mim pelos mesmos motivos, ou seja, por causa de minhas mudanças laterais, por meio das quais agreguei muitos conhecimentos. Não estou propondo que você seja um generalista e que fique pulando de galho em galho; essa tem de ser uma estratégia bem pensada, bem elaborada, que o conduza a atribuições que você aprecie exercer.

Voltando à minha participação na Disney University, uma ou duas vezes por semana eu ministrava o famoso curso Traditions, em que dissertamos sobre a filosofia Disney para todos os novos colaboradores. Esse curso, no passado, durava uma semana; depois, a empresa foi paulatinamente cortando dias e, hoje, seu conteúdo é transmitido em apenas um dia. Já ouvi falar, inclusive, que se cogita fazer mais um corte, subtraindo meio dia. Triste? Sem dúvida! Um grande erro, sobretudo para quem, logisticamente, operacionalmente, consegue, como eu, enxergar as consequências das decisões equivocadas de quem está no comando. E não estou falando por falar. É comum, para quem visita os parques há dez ou vinte anos, dizer que, apesar de ainda serem sensacionais, já foram bem melhores em termos de serviços. Óbvio que, para quem os visita pela primeira vez, é impossível fazer essa observação; mas quem conhece cada canto do mundo da magia com certeza sabe do que estou falando. Particularmente, acredito que essa queda de qualidade tenha relação direta com a redução de horas destinadas a treinamento.

Além da Disney University, os colaboradores dispõem de pequenos centros de estudos dentro dos próprios parques. A universidade é gratuita, e existem centenas de cursos que se podem fazer, mas preciso esclarecer algo. Muitas pessoas me perguntam se é uma universidade igual às outras, e a resposta é não. Você não faz um curso de quatro anos, por exemplo, lá dentro. São cursos direcionados para cada área de atuação da empresa. Alguém que vai trabalhar nos parques recebe, depois do Traditions, cursos específicos de segurança, atendimento ao cliente, etc. Líderes fazem o Disney Foundations e dezenas, para não dizer centenas, de outros cursos. Muitos colaboradores não aproveitam o oferecido com a desculpa de que não podem frequentar cursos à noite, em fins de semana, etc. Quanto a mim, não perdia nada. Além de ser professor, envolvia-me com tudo o que aparecia.

Sem contar que, além dos cursos, existiam as palestras com imagineers (engenheiros de criação, os profissionais que criam os parques, as atrações, os hotéis, etc.). Você sabe o que é ouvir um criador do Animal Kingdom, Joe Rohde, por exemplo, e de graça? E Dave Smith, o homem que tem as chaves dos arquivos da história da Disney e é autor de vários livros sobre o assunto? Conversei com eles, e muitos outros, inúmeras vezes. Aproveitei cada segundo na empresa. Enquanto muitos arrumam desculpas, outros, incluindo eu, arrumam o que fazer e o executam. Li outro dia uma frase linda de Herb Kelleher, ex-CEO da Southwest Airlines: "Nós temos um planejamento estratégico: ele se chama 'fazer as coisas'". Fico impressionado ao constatar como as pessoas vivem na fase do "falar da boca para fora". No mundo, nada se cria se não se seguir este processo: pensar-falar-sentir-fazer. Fazer talvez seja a etapa em que a maioria falha. Existe uma razão para isso? Sim. A única fase que custa muito é a execução, e as pessoas estão acostumadas a facilidades. Esquecem que o sabor da vitória está no suor e na paixão do processo.

O processo de seleção

Todos os anos, a Disney University abre as vagas para novos professores. Dependendo da época, entre 55 mil e 66 mil funcionários teoricamente podem participar dessa seleção, pois a Disney prospecta esses professores em diversas áreas. No meu ano, aproximadamente 7 mil candidatos se inscreveram, e fui um dos 25 selecionados. Trata-se, portanto, de um processo complexo e minucioso, que leva em média seis meses para ser concluído. Depois, os candidatos escolhidos são submetidos a cerca de seis meses de treinamento até que sejam autorizados a dar a primeira aula. Esses procedimentos variam de ano para ano.

Os professores, em geral, não podem lecionar por mais de dois anos, com raríssimas exceções. Ou seja, dei aulas durante dois anos e nunca mais pude voltar a fazê-lo na instituição. Pode parecer incoerente a impossibilidade de voltar a lecionar, mas a dinâmica estabelecida na empresa assume essa rotatividade como princípio. A razão é que esses dois anos são muito puxados para os professores que mantêm seus trabalhos paralelamente. A cultura da empresa reconhece a contribuição dos ex-professores agregando-os à história da universidade: os professores de cada ano têm suas fotos expostas permanentemente em um mural na instituição como sendo os responsáveis por treinamento durante aquela fase. Essa prática confere um prestígio imensurável ao professor.

No ano em que concorri a uma vaga, havia seis fases eliminatórias. Em uma delas, por exemplo, o candidato chegava à universidade sem saber qual seria o teste. Era levado a uma sala de aula vazia, colocado diante de uma câmera e, só então, era informado sobre o tema de que deveria falar. Poderia ser segurança, cortesia, etc. O candidato tinha de dissertar, então, durante trinta minutos sobre o assunto, imaginando que se dirigia a um grupo de muitas pessoas.

Após ser aprovado em todas as etapas de seleção, frequentei quase seis meses de curso para entender cada parte do roteiro das aulas. Aprendi, principalmente, a parte disciplinar de como conduzir uma aula, ser rigoroso com o uso do tempo, e por aí vai. Por exemplo, se o horário de intervalo era às 11 horas, eu não podia fazer essa pausa nem 2 minutos antes nem 2 minutos depois do estipulado, por haver dezenas de outras classes que tinham horários predeterminados para liberar os alunos – para facilitar a logística do restaurante, da cafeteria, etc. Quando discutíamos eficiência, nosso teste era sair da universidade, pegar um ônibus que passava ao lado, ir até o backstage do Magic Kingdom, almoçar por lá e voltar para a sala de aula em 45 minutos. Isso mesmo, 45 minutos apenas, e nunca atrasei uma aula. Como se pode ver, a Disney não é o que é por acaso; a empresa treina como nenhuma outra.

A propósito de treinamento, há um dito segundo o qual um colaborador da Disney equivale a mais ou menos três colaboradores das empresas "normais". Algumas experiências comprovam essa opinião. Eu, como gerente de vendas da United Airlines, no Brasil, tinha quinze colaboradores se reportando diretamente a mim. Na American Airlines, tinha sessenta no departamento de reservas e lojas. Na Disney, era responsável por estratégia global de treinamento, viajava semanalmente e tinha só uma pessoa se reportando diretamente a mim. Sim, havia os doze escritórios espalhados pelos continentes que proporcionavam certo suporte, mas o grande trabalho era feito por mim e por minha assistente.

Discorrer sobre treinamento, hoje, invariavelmente me conduz aos conceitos veiculados pelo movimento "capitalismo consciente". Recomendo a todos que se familiarizem com esse sistema de ideias, pois grandes organizações, como Whole Foods Market, Starbucks e The Container Store, estão modificando, a partir dele, seu modelo tradicional de gestão.

O "capitalismo consciente" propõe que as empresas se perguntem sobre o real significado de sua existência. Elas têm uma causa maior que simplesmente funcionar bem no sistema capitalista, um objetivo além da obtenção de lucro – e, por isso, devem pensar nos colaboradores, na sociedade como um todo utilizando sua lucratividade. Kip Tindell, CEO da The Container Store, explica, no livro *Uncontainable: How Passion, Commitment, and Conscious Capitalism Built a Business where Everyone Thrives* (2014), que a empresa segue algo parecido. Com relação a colaboradores, ele afirma o seguinte: um extraordinário colaborador equivale a três bons; um bom colaborador equivale a três medianos, para não dizer medíocres. Contratação, portanto, é o segredo para arregimentar os melhores funcionários, mas muitas empresas erram feio nesse momento tão importante. É como escolher a semente para uma plantação. Pode uma semente ruim dar bom fruto? Os departamentos de recursos humanos precisam ser redefinidos; precisam ser mais estratégicos, ter mais autonomia e tempo para o processo de contratação. Atualmente, são meros departamentos de pagamento, além de promotores de pequenas celebrações, como festinhas de aniversário; ao lado disso, entretanto, são pressionados por todos os demais departamentos para que entreguem sementes maravilhosas quando não têm tempo ou condições para fazer isso. Escrevi um artigo sobre esse tema, intitulado "Recursos Humanos: a terceira revolução",[1] que pode ser encontrado no meu blog.

Depois de conhecer o "capitalismo consciente", mudei, por exemplo, na minha empresa, a palavra missão por propósito. Parece uma mudança boba, mas não é. Assim como o ser humano somente se realiza quando encontra um

---

[1] Disponível em www.seedsofdreams.org/blog/recursos-humanos-terceira-revolução-corporativa-parte-1. Acesso em 7-6-2016.

significado, um propósito na vida, o mesmo princípio é uma das bases do "capitalismo consciente". A CVS, por exemplo, uma grande rede de farmácias dos Estados Unidos, decidiu em 2015 não mais vender cigarros em suas lojas – apesar de as vendas desse produto corresponderem a 25% do faturamento da empresa. Essa mudança sem dúvida resultou da reavaliação do verdadeiro propósito do negócio.

As aulas na Disney University eram, em sua maioria, dadas por dois facilitadores. A única exceção era quando eu ministrava esse mesmo curso em espanhol e em português. Aí, ficava sozinho, pois nem sempre havia outros professores que falassem essas línguas.

Era muito bom dividir a sala com alguém de operações, de marketing ou de limpeza, por exemplo. O processo de reunir experiências diferentes e transmiti-las aos novos colaboradores era de uma riqueza incrível. No curso Traditions, estavam presentes na plateia todos os novos funcionários contratados nos dias anteriores para os parques, para os hotéis ou mesmo para a Disney Cruise Line (que passaram, anos depois, a contar com um treinamento mais específico para sua área). Assim, tínhamos na sala desde altos executivos até ocupantes dos cargos mais simples da empresa. Talvez aí resida outro fator de sucesso da Disney. Ninguém vai para sua área de atuação sem antes passar pelo Traditions, curso em que colaboradores de todos os níveis da organização ouvem, na mesma sala, a mesma mensagem sobre a cultura da empresa.

A Disney University também era responsável, pelo menos na minha época – e não acredito que isso tenha mudado –, pelo treinamento das empresas parceiras da Disney, como Planet Hollywood, Cirque du Soleil, Starbucks e outras. Os funcionários dessas empresas passavam por uma versão de quatro horas de duração do Traditions, em que explicávamos a eles como funciona a filosofia Disney e a importância de estarmos todos alinhados. O foco, como sempre, era a cultura da empresa, e muitos exemplos de excelência em atendimento ao cliente eram apresentados.

Disney Institute

Ao abordar o Disney Institute, serei mais breve por razões óbvias. Fui professor convidado em alguns dos treinamentos deles. O Disney Institute sempre leva profissionais de dentro da empresa para falar de sua experiência para os clientes deles, durante seus programas de negócios. Na época, eu tinha desenvolvido vários produtos para o mercado brasileiro e levava esses casos aos cursos, como exemplos. O Disney Institute funciona como uma empresa independente, não tendo qualquer relação com a Disney University, e deve sua criação a Michael Eisner, que percebeu uma oportunidade de negócios na grande demanda por cursos para outras empresas de que a Disney University era objeto. Michael imaginou, então, fundar um instituto em que os segredos da Disney pudessem ser partilhados com empresas de outros setores. Assim, nasceu o Disney Institute, em fevereiro de 1996.

A data da fundação do instituto e seu desempenho só fazem reforçar minha concepção de que participei dos melhores anos da Disney. Entre 1995, quando entrei, e 2010, quando saí, pude ver a maior expansão que a empresa já teve em toda a sua história.

A título de exemplo, cito as seguintes iniciativas, tomadas, todas, nesse período: abertura do escritório no Brasil, em 1995, um dos motivos por que fui contratado; compra da rede ABC de televisão, em 1996; fundação do Disney Institute, também em 1996; criação do Disney Cruise Line, do Animal Kingdom e do DisneyQuest, todos inaugurados ao longo de 1998; criação, ainda, da Disney California Adventure, em 2001, do Walt Disney Studios na Disneyland Paris, em 2002, e do Hong Kong Disneyland Resort, em 2005.

Voltando ao Disney Institute, aproveito para esclarecer um equívoco: muitos brasileiros vão a Orlando para fazer um curso nessa instituição e retornam ao Brasil dizendo que fizeram um curso na Disney University. Trata-se de uma confusão evidente, pois somente um cast member, ou seja, um colaborador da empresa, pode fazer cursos na Disney University. Então, para facilitar a compreensão das finalidades de cada uma dessas instituições, podemos dizer, de forma simples, que a universidade treina apenas funcionários, ao passo que o instituto treina profissionais externos, de empresas que têm interesse em adaptar a filosofia Disney a seus negócios.

Feita essa distinção geral, é preciso dizer que funcionários da Disney podem fazer cursos no Disney Institute, se desejarem. Mas têm de pagar por eles, pois se trata de uma empresa independente. A necessidade de pagamento por cast members, além de corresponder aos objetivos do instituto, elimina o risco de uma superdemanda – afinal, seria desastroso se 66 mil colaboradores, por ano, decidissem fazer cursos ali. Tive o privilégio de participar de todos os cursos oferecidos pela instituição – paguei por alguns deles, enquanto outros me foram franqueados por causa do interesse do instituto no mercado brasileiro.

Três pessoas me ajudaram muito, em relação à gratuidade de que desfrutei, em alguns casos, no Disney Institute: Ronaldo Camargo, Jim Cunningham e Steve Heise. Os três eram líderes do instituto, e Ronaldo, por ser brasileiro, conhecia o potencial do país para inscrições em cursos. Sabendo que eu comandava o escritório no Brasil, resolveu investir em alguns cursos para mim. De minha parte, comprometi-me a utilizar dias de minhas férias, pagar passagens e estadia. A contrapartida do investimento de Ronaldo seria a possibilidade de que eu, indiretamente, ajudasse a disseminar o instituto no Brasil. Explico porque usei o termo "indiretamente". O Disney Institute não tinha qualquer ligação direta com minha área de atuação. Meu negócio era aumentar as vendas dos hotéis, cruzeiros, parques, ingressos, etc. No entanto, eu tinha acesso aos grandes operadores corporativos, da área do turismo, no Brasil. E estes tinham inúmeras empresas interessadas em convenções nos Estados Unidos.

Para resumir, em 1997, um de meus melhores clientes tinha uma reunião com uma importante empresa, que pretendia levar quinhentos funcionários para Cancun como prêmio pelas vendas daquele ano. Brinquei a respeito, sugerindo que, se eles fossem para Orlando, eu negociaria tarifas especiais não apenas para os hotéis e ingressos dos parques, mas sugeriria cursos que eles poderiam fazer no Disney Institute. Fui além, e disse a esse operador que estaria disposto a comparecer à reunião que ele teria com os representantes da empresa para falar sobre o assunto. É claro que, quando meu cliente explicou que alguém da Disney – no caso, eu – queria participar daquela reunião, todas as portas se abriram. Como já tinha feito alguns cursos no instituto, vendi a ideia de associar estudo e lazer, e esse grupo mudou sua convenção de Cancun para Orlando. Detalhe: gastaram mais de 1 milhão de dólares na transação. Foi minha primeira retribuição à confiança que Ronaldo, Jim e Steve depositaram em mim. A partir daí, todas as vezes em que viajava a Orlando, o pessoal do Disney Institute me perguntava o que mais eu queria fazer...

Steve Heise, hoje, é vice-presidente de uma empresa de recursos humanos em Las Vegas; Ronaldo e Jim, além de terem suas empresas, fazem parte do meu time de especialistas do Seeds of Dreams Institute nos programas de negócios nos Estados Unidos e nos seminários que minha empresa faz pelo mundo.

Fui, sou e serei eternamente grato a esses profissionais, e também ao Disney Institute, pelo qual nutro respeito e admiração. Devo o nível dos cursos ministrados pelo Seeds of Dreams Institute, hoje, a olhá-los como exemplo que têm muito a me ensinar. Como um bom aluno, olho sempre para frente – e espero que eles olhem, pelo menos de vez em quando, para trás.

Cultura, cultura e cultura

Uma das definições da palavra cultura, segundo o dicionário Michaelis, seria:

> Conjunto de conhecimentos, costumes, crenças, padrões de comportamento, adquiridos e transmitidos socialmente, que caracterizam um grupo social.[1]

Ao falarmos da fascinante cultura Disney, portanto, o fazemos segundo essa definição; ou seja, trata-se de nos referirmos ao conjunto de ideias, conhecimentos, padrões e atitudes que caracterizam a empresa.

As muitas histórias de Walt Disney sobre as quais já falamos neste livro fazem parte dessa cultura. Aliás, uma das formas de preservá-la é exatamente contando essas histórias para novos colaboradores. Por isso o nome do curso que todos frequentam ao ingressar no cast da empresa é Traditions –, uma tradição que uma pessoa passa para outra.

Examinarei, a partir desse conceito, os elementos culturais da empresa que são transmitidos diariamente na Disney University e reproduzidos, como aplicação, no dia a dia da empresa.

---

[1] Disponível em http://michaelis.uol.com.br/busca?r=0&f=0&t=0&palavra=cultura. Acesso em 18-7-2016.

Padrões de qualidade

Existem quatro palavras mágicas na Disney, quando o assunto é qualidade. São elas: segurança, cortesia, show e eficiência. Exatamente nessa ordem – explicarei o motivo disso depois. Esses padrões de qualidade existem para estabelecer prioridades operacionais e tomadas de decisão. De acordo com o imagineer John Hench, eles remetem à "atenção extraordinária ao detalhe, às coisas pequenas, às menores, pontos que parecem insignificantes e que outros não têm tempo, dinheiro ou esforço para fazer". Já comentei em outro capítulo que Walt Disney não media esforço, tempo ou dinheiro para realizar algo com perfeição. É essa cultura que faz a empresa ser o que é desde 1923, quando foi fundada. Vejamos o que essas palavras realmente significam na cultura da Disney:

1. *Segurança:* é o princípio básico de proteção aos convidados e membros do elenco, ou seja, clientes e colaboradores, usando uma terminologia "não Disney".

2. *Cortesia:* estabelece que todos os convidados serão tratados como VIPs, mas segundo uma visão bastante peculiar. Todos sabemos o que essa abreviatura significa, mas na Disney ela assume um significado especial: "pessoa muito 'individual'", em vez de "pessoa muito 'importante'". Por quê? Porque, para a empresa, todos são importantes, mas cada um é um indivíduo, e essa individualidade deve ser respeitada.

3. *Show ou espetáculo:* é tudo o que é visto pela audiência (usando um termo de cinema), pelos convidados. São os elementos que criam uma aparência atraente.

4. *Eficiência:* esse conceito indica que a operação é feita de forma tranquila na integração entre sistemas, colaboradores e áreas.

A disposição das palavras nessa sequência geralmente desperta uma pergunta: por que a palavra eficiência é a última da relação, se eficiência é tão importante em uma empresa? Seria a Disney uma empresa ineficiente? Claro que não, apesar de a ordem das palavras facultar essa interpretação equivocada. O melhor, para que se entenda o alcance da escolha dessa sequência para as quatro palavras, é recorrer a exemplos que ilustrem situações concretas vividas pela empresa.

Assim, imaginemos que um membro do elenco esteja trabalhando em Tomorrowland, com o traje típico, específico daquela área, o que impede que possa sair caminhando para a Fantasyland ou para a Frontierland. Mas, de repente, ele percebe que uma criança está tentando entrar em uma área de Fantasyland em que pode se machucar. Por segurança ser o item número um da empresa, esse colaborador pode "quebrar" o show e ir correndo para aquela área, para evitar um acidente.

Imaginemos, para recorrer a outra situação, o calor de julho em Orlando, de quase 40 °C. Todas as portas das lojas estão abertas. Seria isso eficiente, com relação ao uso dos equipamentos de ar-condicionado? Sem dúvida que não. Mas, na ordem das quatro palavras, cortesia é a segunda. Portanto, as portas permanecerão abertas, pois trata-se de uma "cortesia" para os convidados, para que se sintam à vontade para entrar nesses ambientes.

Com relação à eficiência, podemos entender esse conceito analisando a "subida" da Main Street USA até o castelo da Cinderela. Esse aclive resulta do fato de Disney ter feito vários lagos artificiais na frente do parque, aproveitando que, na Flórida, não é preciso cavar muito para encontrar água. A areia oriunda dessas obras foi "puxada" para a construção do Magic Kingdom. Por consequência, o castelo, na verdade, está situado em plano superior em relação à entrada do parque, mas o desnível, para quem caminha até ele, é quase imperceptível.

Essa disposição topográfica relaciona-se com a ideia de eficiência da seguinte maneira: quando as famílias chegam ao parque pela manhã, todos acabaram de tomar o desjejum, estão bem-alimentados e ansiosos por diversão. Então, os pais empurram os carinhos das crianças, pela Main Street USA acima, até o castelo, e não sentem que fizeram esforços. Mas, às 23 horas, quando o parque fecha, como será que estão esses pais? Sim, totalmente cansados, esgotados. A discreta inclinação da rua os auxilia, nesse momento: ao se dirigirem do castelo para a saída, os carrinhos praticamente descem sozinhos a rua, por causa de sua inclinação.

Para auxiliar os clientes durante sua visita, também na Main Street USA foi utilizado um recurso chamado em arquitetura e fotografia de perspectiva forçada. Assim, quando uma pessoa está na entrada do parque e olha para o castelo, tem a sensação de que os edifícios vão baixando até o fim da avenida, o que enfatiza o tamanho dele. Isso a motiva a ir logo ver aquele castelo "gigante". Na volta, a percepção é exatamente contrária: quando a pessoa está para sair, a visão dela do castelo para a entrada do parque é a de que os prédios começam pequenos e vão aumentando, o que transmite a sensação de que se está bem mais próximo da saída. É claro que esse efeito é fantástico para animar quem está cansado a caminhar um pouco mais.

Como se pode perceber, o que está por trás desse tipo de opção de projeto é, sempre, o compromisso da empresa de fazer todo o possível para que não se sacrifique a experiência do convidado.

A ordem em que as palavras "mágicas" são arroladas, portanto, não reflete, necessariamente, uma hierarquia rígida entre os conceitos que cada uma delas transmite, pois as decisões da empresa (que sempre visam, como disse, proporcionar a melhor experiência para o cliente) são tomadas segundo situações específicas, o que faz com que a prioridade entre os conceitos varie.

Para terminar este tópico, relato um episódio que demonstra como a cultura Disney é diferente, por exemplo, daquela das companhias aéreas em que trabalhei (Eastern Airlines, American Airlines e United Airlines) no que diz respeito à cortesia.

Nas companhias aéreas, era comum que os maiores vendedores do turismo me ligassem para pedir um upgrade para a executiva ou a primeira classe de algum cliente VIP. Desde que o argumento fosse forte, se esse cliente realmente vendia muito, e dependendo da ocupação do avião, tínhamos autonomia para fazer essa gentileza.

Quando entrei na Disney, meus clientes eram basicamente os mesmos: grandes agências de viagem e operadoras de turismo. Ao receber, da parte deles, o primeiro pedido de upgrade – de um quarto em um hotel econômico para um quarto em um hotel de luxo –, imediatamente acionei a Disney em Orlando para que concedessem tal serviço. Então, deparei com uma cultura totalmente diferente. Foi-me explicado que o upgrade não poderia ser feito com base, apenas, no argumento de que o tal cliente era importante. Ou seja, na Disney, todos são importantes; portanto, não se poderia fazer um gesto de amabilidade a um cliente sem estender o mesmo benefício a todos os demais, indiscriminadamente. O que a empresa faz é tratar todos como indivíduos.

A partir daquela experiência, aprendi a lição e nunca mais toquei no assunto. Afinal, cada cliente deve ser hospedado segundo a categoria que escolheu e pela qual se predispôs a pagar.

Sete regras de serviços

A Disney chegou a reduzir as sete regras ou princípios que apresentarei a seguir para quatro apenas, mas, de minha parte, prefiro a lista anterior, por considerá-la mais completa.

As regras de serviços, portanto, são as seguintes:

- fazer contato com os olhos e sorrir;
- dar boas-vindas a todos os convidados;
- procurar contato com o convidado;
- resolver imediatamente o problema;
- ter postura corporal apropriada;
- preservar a experiência mágica do convidado;
- agradecer a todos os convidados.

Analisemos, agora, as regras uma a uma, e a maneira como podem ser adaptadas a diferentes tipos de negócio.

- *Fazer contato com os olhos e sorrir.* É uma forma de mostrar ao convidado que você está ali para ele; é uma mensagem positiva que instaura um momento perfeito de interação. Quando lecionava na Disney University, costumava perguntar, durante a aula: "O que é mais importante nesta frase?". As respostas eram variadas. Uns diziam que sorrir era mais importante do que fazer contato com os olhos; outros diziam que olhar nos olhos era o mais importante. Em um determinado momento da discussão, eu intervinha, dizendo que o mais importante, naquele enunciado, era o "e" que unia as duas ações. Para comprovar isso, bastaria executar qualquer uma delas separadamente: olhar nos olhos de alguém sem sorrir ou sorrir diante de uma pessoa sem olhar para ela pareceriam atitudes de um louco. Assim, somente as duas ações, executadas simultaneamente, fazem sentido: olhar nos olhos e sorrir. O que me fascina, nessa primeira regra de serviços, é a ousadia de Walt Disney. Sabemos que é um traço cultural do americano não gostar muito de olhar nos olhos. Mas Walt conhecia tão bem o ser humano que colocou como regra número um esse olhar especial dirigido ao cliente com um sorriso.
- *Dar boas-vindas a todos os convidados.* A empresa está no negócio de hospitalidade e entretenimento e é conhecida internacionalmente pela cortesia. O próprio Walt Disney disse uma vez: "Deixem o parque limpo e amigável, e tudo funcionará muito bem mesmo após minha partida". Ele estava certo, como sempre.

- *Procurar contato com o convidado.* Busque oportunidades de se conectar com os convidados. Eles adoram conversar. É uma oportunidade única de os membros do elenco mostrarem toda sua cortesia na prática. Aliás, segundo pesquisas feitas pela Disney, a razão número um por que os convidados voltam é a atitude dos colaboradores. Não são as atrações, não são os parques, mas sim as pessoas que os acolheram. É o momento de utilizar o "Take 5" e envolvê-los em um momento mágico. Como já expliquei, "Take 5" é a ação mediante a qual um colaborador dedica cinco minutos para encantar um cliente. Como aconteceu comigo, por exemplo, em relação às jabuticabas de que desfrutei no hotel Royal Palm, em Campinas. Infelizmente, a maioria das empresas, hoje, evita contato com o cliente, o que constitui um problema gravíssimo. Um triste exemplo são as companhias aéreas, que simplesmente sujeitam o cliente a "se virar" na internet e que, ainda por cima, cobram dele uma taxa, caso ligue para elas. Para mim isso é um absurdo total, pois significa ser penalizado por buscar comprar algo de uma empresa. O pior, nesse procedimento, é que ele transmite a mensagem de que essas empresas estão nos ignorando, literalmente. Não é por acaso que a maioria delas deve bilhões.
- *Resolver imediatamente o problema.* Encontre uma forma de melhorar a situação. Peça desculpas com sinceridade. Busque alternativas para resolver o problema ou converse com seu líder. Na Disney, algumas áreas dos parques dão autonomia para os membros do elenco resolverem coisas simples como pipocas ou sorvetes que caem no chão imediatamente após a compra. Não se

pergunta nada, não se questiona se foi um erro do convidado; simplesmente se dá a ele um novo sorvete ou uma nova embalagem de pipoca.

- *Ter postura corporal apropriada.* Lembre-se de que você é parte de um show e de que, no script, não está escrito que você vai se apresentar com postura inadequada. Não se encoste em paredes. Sorria, pois este é o seu papel. Mantenha foco total no convidado e lembre-se, também, de que as expectativas dos convidados são altas com relação a você – afinal, no caso da Disney, a ideia é que estamos no lugar mais feliz do mundo. Aliás, a missão dessa empresa é a seguinte: "Criamos felicidade ao oferecer o que há de melhor em entretenimento para todas as pessoas, de todas as idades, de todo o mundo". Mais claro que isso, impossível.
- *Preservar a experiência mágica do convidado.* Nunca saia do seu papel no show. Seja amigável e acessível, mesmo se estiver sob pressão. Seja profissional em qualquer situação. Essas regras servem para todos, do baixo ao alto escalão. Nunca seja rude com os convidados e, mesmo que um deles grite, mantenha sua voz calma e baixa. Não encare qualquer problema como pessoal; afinal, os convidados nem o conhecem. Eles estão furiosos por causa de algum problema da empresa como um todo. E lembre-se de que o "momento da verdade" é quando o convidado está em contato direto com você. No caso da Disney, você é a Disney, sempre que estiver diante de um convidado, não importa em que circunstâncias.

Com relação a este item, tenho algumas histórias interessantes que exemplificam como se pode preservar a experiência mágica do cliente.

Por exemplo, como responder quando uma criança pergunta quantos Mickeys existem? A pergunta é embaraçosa, mas nossa resposta é sempre a mesma: só existe um único Mickey Mouse. Se o cliente disser que estava tomando café com o personagem no hotel e que, logo depois, saiu para o parque, lá encontrando ninguém menos que Mickey – o que é impossível se ele for apenas um –, nossa resposta é mais ou menos a seguinte: "Você acha que o Mickey viria para o parque usando o mesmo sistema de transporte que você? Você nunca ouviu falar do chapéu de feiticeiro? Ele é mágico, pode levar Mickey a vários lugares em milésimos de segundo". Ao agir assim, estamos preservando a experiência mágica do convidado.

Um outro episódio relacionado à preservação da experiência mágica do cliente aconteceu quando uma amiga, Debrah Harrah, que fez mestrado comigo, levou sua filha para passear no Epcot. Fui com minha esposa ao parque para conhecer aquela criança. A menina estava totalmente vestida como Sininho. Comparecemos a uma sessão de minha atração favorita, Soarin' Over California. Para quem não conhece esse espetáculo, basta saber que, ao fim dele, temos a Sininho encerrando o show de fogos na Disneylândia. Quando saímos, após a apresentação, vi a grande alegria que se estampava no rosto da garotinha. Então, comecei a conversar com ela sobre a atração. Fui contando detalhes de tudo o que acabávamos de ver, e ela se mostrava superfeliz por eu estar recontando o show todo. Mas, no fim, percebi o motivo por que a Disney tenta preservar, de todas as formas, a experiência mágica do cliente. Quando disse para aquela criança que, no fim da atração, Sininho vinha e fazia toda aquela cena tão linda, ela parou de sorrir. Percebi que não havia gostado do que eu dissera. Fiquei sem entender. Ela, por sua vez, me olhou nos olhos e perguntou: "A Sininho estava lá na tela?". Eu, inocentemente, respondi que sim. Ela de novo olhou-me nos olhos e, quase chorando, contestou: "Mas *eu* sou a Sininho, e estou aqui na sua frente...". Preciso acrescentar algo? Ali, percebi o poder da fantasia sobre as crianças. Percebi o que Walt Disney tanto quis preservar, ao evitar qualquer possibilidade de interferência da realidade em seus parques.

Um último exemplo de como a fantasia ganha força é um simples vídeo postado por uma amiga, Tatiana Slivnik. Nele, vemos sua filhinha, Bia, cantando uma música do filme *Frozen*. Seu pai, Alexandre, está ocupado, e lá está Bia cantando... De repente, Alexandre comanda: "Vá embora, Bia!". Diante disso, a garotinha, no mesmo instante, responde: "Bia, não! Eu sou a Ana!".

Histórias lindas como as que acabo de reproduzir demonstram que, para as crianças, muitas vezes a fantasia, na verdade, é a realidade – e que precisamos lidar com essa percepção de maneira sensível, preservando-a.

- *Agradecer a todos os convidados*. O momento em que os convidados estão se retirando de um parque Disney é cultivado como uma ocasião para demonstrar gratidão pela visita daquele dia. Quando falamos em agradecer a todos, naturalmente estamos generalizando; mas, no caso da Disney, a empresa faz de tudo para que isso ocorra. Os convidados, por exemplo, veem, ao entrar ou sair, vários membros do elenco acenando com aquelas mãos gigantes e brancas do Mickey. Assim, mesmo de longe os clientes conseguem perceber que há uma mensagem de boas-vindas ou de "até logo" para eles.

Missão e valores

A Disney declara sua missão com a seguinte frase:

> NÓS CRIAMOS FELICIDADE AO OFERECER
> O QUE HÁ DE MELHOR
> EM ENTRETENIMENTO PARA TODAS AS PESSOAS,
> DE TODAS AS IDADES, DE TODO O MUNDO.

E quais seriam os valores escolhidos por essa empresa? Quando dava aulas na Disney University, reuníamos a lista desses valores por meio da sigla ORCHIDB (de *Openness, Respect, Courage, Honesty, Integrity, Diversity* e *Balance*). Ou seja:

- *openness* (abertura) no sentido de que os membros do elenco estão em um ambiente seguro, em que podem expressar suas ideias;
- *respect* (respeito) pelos colegas de trabalho e pelos clientes;
- *courage* (coragem) para tomar decisões;
- *honesty* (honestidade) e *integrity* (integridade) acima de tudo;
- *diversity* (diversidade), porque há pessoas de diferentes nacionalidades, não apenas funcionários da empresa, como visitantes de várias partes do mundo;

- *balance* (equilíbrio), que se refere ao lado pessoal e profissional dos colaboradores.

A Disney usa, também, a sigla TEAM (*Together Everyone Achieves Magic*, ou seja, juntos, todos atingimos a magia). Outra sigla empregada pela Disney para agregar conceitos que são norteadores da empresa é RAVE (*Respect, Appreciate, Value, Everyone*), que significa respeitar, apreciar, valorizar, todos.

Visão de liderança

A Disney acredita que uma organização, para ter sucesso, deve seguir o seguinte modelo:

> EXCELÊNCIA DE LIDERANÇA – EXCELÊNCIA DOS CAST MEMBERS – SATISFAÇÃO DOS CONVIDADOS – FIDELIZAÇÃO DOS CONVIDADOS – RESULTADO FINANCEIRO

Concordo inteiramente com esse modelo. A escolha da liderança é fundamental. Aliás, existem estudos que comprovam que, no geral, as pessoas não deixam as empresas, mas seus líderes. Tenho certeza de que muita gente já passou por algo parecido: adorava a empresa e tinha o maior orgulho pela marca, só que seu líder era um chefe incompetente. Resultado? O profissional, em dado momento, já não o suporta mais e deixa o emprego. Se os donos das empresas soubessem dessa realidade, visitariam mais as unidades, falariam mais com seus colaboradores para sentir o clima da empresa.

Mensurar a satisfação dos colaboradores por meio de pesquisas nem sempre funciona. Lembro-me de uma consultoria que fiz, certa vez, para uma empresa que havia criado uma pesquisa de satisfação dos funcionários, para a qual pediam completa honestidade nas respostas. Todos os colaboradores estavam entusiasmados, pois finalmente poderiam expressar suas opiniões sem o menor temor de sofrer represálias. A pesquisa foi feita e os funcionários responderam honestamente as questões propostas. No geral, ninguém estava satisfeito com o líder. A empresa, porém, deixou de avisar que o feedback do resultado da pesquisa seria feito com o próprio líder. Imaginem a cena: todos os colaboradores se reúnem em uma sala, onde entra o líder, com a cara fechada e com os resultados da pesquisa nas mãos. Os funcionários olham uns para os outros como que dizendo: "Complicou tudo! A empresa pediu para sermos honestos e aqui estamos nós, na frente de quem não gostamos". Clima pesado, horrível e, para piorar, o líder negativamente avaliado inicia o encontro falando mais ou menos assim: "Bem, estive verificando os resultados da pesquisa e não fiquei nada feliz com o que vi. Gostaria que vocês se manifestassem...". Seria necessário dizer algo mais sobre as consequências funestas desse processo de pesquisa mal-estruturado?

As empresas muitas vezes comportam-se de maneira tola. Contratam consultorias e até aplicam o que elas recomendam, mas acabam dando um certeiro tiro no pé. No ano seguinte, por exemplo, a mesma empresa aplicou a mesma pesquisa, novamente solicitando aos funcionários que fossem honestos nas respostas. Como não podia deixar de ser, todos os colaboradores responderam que o líder era maravilhoso, pois sabiam que semanas depois teriam de enfrentá-lo.

Uma empresa demonstra incompetência quando adota um modelo de pesquisa como esse. É o mesmo que pedir para as galinhas opinarem com franqueza sobre a raposa e, depois, colocá-las diante desta última, para resolverem eventuais queixas contra ela. Trata-se de um erro grave, que infelizmente se repete todos os dias, em grandes corporações.

Penso que é interessante ouvir os funcionários para compreender o clima que predomina no ambiente de trabalho, mas a forma como isso é feito tem de ser diferente da apresentada acima. Depois de colhido o resultado, deve-se colocar o líder que foi avaliado negativamente para conversar com seu superior sobre o que está ocorrendo – pois a relação de uma equipe com seu líder reflete diretamente na produtividade do grupo, e esta última é fundamental para os bons resultados da empresa.

Talvez tenha me alongado um pouco nesse tópico, mas não podia deixar de discutir e de exemplificar, detalhadamente, como o sucesso de uma organização começa com uma liderança marcada pela excelência, e que caminhos devem ser percorridos, a partir daí. Assim, depois de firmada uma liderança excelente, precisamos investir tempo e dinheiro para contratar os melhores profissionais. Nesse ponto, podemos recorrer à filosofia da Disney, segundo a qual devemos contratar um sorriso, uma atitude, e não necessariamente um currículo. Uma vez que contemos com excelentes líderes e com excelentes colaboradores, estaremos prontos para encantar os clientes, ou seja, para promover a satisfação dos convidados, a que se segue, naturalmente, a fidelização. Com tudo isso orquestrado, temos o resultado financeiro.

O propósito de minha empresa inclui alguns elementos dessa filosofia:

> ACREDITAMOS QUE PRECISAMOS, PRIMEIRO, ENCANTAR NOSSOS COLABORADORES COM NOSSOS SONHOS PARA DEPOIS CONQUISTAR NOSSOS CLIENTES. A COLHEITA DESSAS DUAS PREMISSAS É A LUCRATIVIDADE, QUE É MULTIPLICADA QUANDO DIVIDIDA PARA O BEM COMUM DA EMPRESA E DA SOCIEDADE.

Para esclarecer esse propósito, utilizamos uma analogia: o colaborador é associado a uma semente (causa); o cliente, a uma árvore (consequência); e o lucro, ao fruto (colheita). Assim como não se pode ter frutos antes de cuidar das sementes, não se pode ter lucros antes de ter excelentes colaboradores e clientes fidelizados.

Continuo insistindo que é um erro considerar que o cliente é o rei, é quem paga a conta. Iludiram-nos com essa concepção por décadas. A grande verdade é que o rei é o colaborador. Ele, sim, paga a conta. O cliente é consequência, não existe se não houver um excelente atendimento do colaborador.

A razão para a visão ultrapassada sobre quem produz o lucro remonta à década de 1950, quando o foco era o produto, passando, depois, a ser o cliente. Embora esta última perspectiva em grande parte ainda persista, o fato é que estamos na era do colaborador.

Em muitas empresas gigantes, vejo algo mais ou menos assim, em termos de prioridade:

- visão do acionista: lucro-empresa-cliente-colaborador;
- visão da empresa: lucro-acionista-cliente-colaborador;
- visão do Seeds of Dreams Institute: colaborador-cliente--lucro (semente-árvore-fruto).

Em meu artigo "Recursos Humanos: a terceira revolução", a que já fiz menção neste livro, investigo mais a fundo esse tema.

O adeus a meu ídolo

Ao longo de 1966, a saúde de Walt Disney declinou rapidamente. Ele sentia fortes dores nas costas e no pescoço. Exames mostraram uma mancha em seu pulmão. O hábito de fumar tinha finalmente cobrado seu preço. Uma cirurgia revelou um péssimo quadro: o câncer não mais se restringia ao pulmão, mas se alastrara para outros órgãos. Os prognósticos davam ao mestre entre seis meses e dois anos de vida.

No fim daquele ano, dores terríveis o levaram a ser internado. Disney percebeu que sua história estava chegando ao fim. Na noite de 15 de dezembro, fez um último pedido: ser colocado diante da janela do quarto do hospital para olhar uma última vez para seu estúdio, que ficava ao lado. Era a despedida.

Diane Disney, filha de Walt, conta que ao chegar ao hospital, naquela noite, recebeu a triste notícia da morte do pai. Ao entrar no quarto em que Walt estava internado, viu seu tio, Roy Disney, junto da cama – de cabeça baixa, ele massageava os pés do irmão. Diane conta no filme *Walt: the Man Behind the Myth* (*Walt: o homem por trás do mito*) que Roy parecia estar dizendo algo mais ou menos assim: "É, irmãozinho, agora você pode descansar".

A cunhada de Roy, Patty, conta que chegou ao hospital logo depois do falecimento de Walt, e que encontrou Roy devastado. "Eu nunca o tinha visto chorar antes. Ainda tentei abraçá-lo, mas ele se afastou. Queria ficar sozinho."

Por ocasião de sua morte, Disney era o homem de cinema mais condecorado e premiado do mundo. Ele havia recebido a Medalha Presidencial da Liberdade e a insígnia da Legião de Honra francesa, além de dezenas de Oscars.

Até o momento em que se viu obrigado à internação hospitalar, Walt esteve imerso em intensa atividade. Meses antes, trabalhara arduamente na produção de *Mogli, o menino lobo* e *Quando o coração não envelhece*. Ao mesmo tempo, Walt pensava em Marceline. Em maio de 1966, ele doou para sua cidade natal o Midget Autopia, uma atração com carrinhos. Foi a única atração a sair de um parque de Disney. Walt e Lilly comemoraram seus 41 anos de casamento ao lado de Diane e seu marido Ron, Sharon e seu marido Bob, além dos netos, em um grande iate nas ilhas próximas a Vancouver, no Canadá.

Diane recorda que, durante a viagem, seu pai não reclamou de dores. Ele se mostrava muito feliz na companhia de seus então sete netos (Christopher, Joanna, Tamara, Jennifer, Walter, Ronald, Patrick) e, às vezes, quando queria descansar, recolhia-se ao ponto mais alto do navio, no qual se isolava. Sentado ali, ficava observando a paisagem, enquanto o vento manso e suave batia em seu rosto. Na época, vinha lendo muitos livros sobre planejamento de cidades, por causa de seu "projeto Flórida" – um novo parque, mais tarde chamado Walt Disney World – que incluiria um parque temático com características de comunidade – hoje conhecido como Epcot (Experimental Prototype Community of Tomorrow, ou modelo experimental da comunidade do futuro).

Logo após essa viagem, Walt realizou alguns exames. Os médicos concluíram que ele precisaria fazer uma cirurgia para aliviar a dor que sentia no pescoço e nas costas. No entanto, poderiam esperar até o inverno. Walt, na realidade, já vinha sentindo essas dores há muito tempo, em consequência de uma queda de cavalo sofrida durante uma partida de polo.

Por essa época, foi indagado a Walt, em uma conferência, qual era sua atração favorita, e ele, ao responder, falou de uma que exibia piratas, navios e tesouros. Essa atração é o que hoje chamamos de Piratas do Caribe – que ainda levaria uns dois anos para ser finalizada e que Walt não chegaria, portanto, a ver pronta. Para que se entenda essa suposta predileção, é importante lembrar que Walt sempre se concentrava naquilo de que mais gostava no momento, ou em algum projeto que estava desenvolvendo. Ou seja, é difícil admitir, sem risco de cometer um erro, que Piratas do Caribe seria realmente sua atração favorita. Era naquele momento.

Os planos de Epcot prosseguiam. Walt Disney decidiu fazer um filme de vinte minutos, em que explicava todo o projeto, com o intuito de "vender" a ideia para seus admiradores. Para isso, pressionou seus colaboradores a terminarem essa produção antes de ele dar entrada no hospital.

No fim de outubro, Walt viaja – acompanhado por sua esposa, Lilly, a filha Diane e seu genro Bob, marido de Sharon – para ministrar uma palestra em uma grande conferência organizada na cidade de Williamsburg, na Virgínia. Ao voltar, queixa-se de dores no peito. Consulta novamente os médicos e, no dia 2 de novembro, alguns exames revelam que ele tem câncer no pulmão esquerdo, que deve ser extraído – um tumor causado pelo hábito de fumar, cultivado por mais de quarenta anos.

Lilly ficou muito preocupada com esse diagnóstico, mas não queria acreditar que o problema fosse sério. Apesar disso, colocou suas filhas, Diane e Sharon, a par do problema. Entretanto, a atitude positiva de Walt Disney fez com que sua família não se alarmasse. Walt pensava que, após a cirurgia, tudo voltaria ao normal.

No dia 7 de novembro, Walt foi internado para se submeter à cirurgia no Providence Saint Joseph Medical Center, um hospital de Burbank, na Califórnia. Suas filhas e sua esposa esperaram ansiosamente pelo fim da operação. Terminada a intervenção, o cirurgião responsável por executá-la foi até elas com um ar não muito otimista. Comunicou que havia retirado o pulmão esquerdo de Walt e, ao fazê-lo, constatou que o tumor havia se espalhado. O prognóstico era que Walt poderia viver, ainda, por um período entre seis meses e dois anos. Walt ficou internado por duas semanas. Ao obter alta, no dia 21 de novembro, pediu para ir imediatamente ao estúdio. Quando chegou lá, todos ficaram espantados ao ver Walt tão magro e tão fraco. Um de seus colaboradores, John Hench, contou que Walt, durante o almoço, disse que seu pulmão esquerdo havia sido retirado, o que eliminara o câncer – assim, bastava que descansasse, na fase pós-operatória, para que se restabelecesse.

No entanto, contrariando o que ele mesmo dissera, Walt insistiu em ficar para trabalhar, no expediente da tarde, por se sentir bem.

Em dado momento, Walt foi ao escritório de Marc Davis, um de seus melhores desenhistas, que o acompanhava desde os anos 1930. Marc havia trabalhado em quase todos os grandes projetos, desde *Bambi*, passando pela Disneylândia e pelos primeiros desenhos de Epcot. Depois de algum tempo, Walt deixa Davis, que o acompanha até a porta. "Eu parei na entrada", conta Marc, "e fiquei olhando para Walt. Ele caminhou um pouco, virou-se e me disse: 'Good-bye Marc' (Adeus, Marc)" (Thomas, 1976, p. 352). Marc Davis comentou que Walt nunca dizia "adeus", mas apenas "até logo". Assim, Marc soube, naquele instante, o que realmente significava aquele "adeus".

Nos estúdios, todos estavam cientes de que a doença de Walt era de fato muito grave. Havia grande preocupação com a saúde dele e com o futuro da empresa.

Walt decidiu trabalhar menos, concentrando-se apenas nos planos do Epcot. Depois de passar o Dia de Ação de Graças com sua família, sofreu um colapso em sua casa, em Palm Springs, sendo levado novamente para o hospital onde fora operado. Seu estado piorou consideravelmente nas horas seguintes, e ele se recusou a receber visitas – queria apenas sua família. Começou a apresentar perdas de consciência com frequência. Passou seu 65º aniversário na cama, com sua esposa ao lado. Roy estava sempre ali, conversando com Walt e tratando, também, dos negócios. Enquanto o irmão dormia, Roy o velava, a seu lado, pensando sobre o futuro.

Durante todo o tempo que levou essa internação, as luzes do estúdio, do outro lado da rua, ficaram acesas 24 horas por dia, por ordem de Roy.

Walt manifestou confusão mental várias vezes, pondo-se a falar coisas sem sentido. Em uma dessas ocasiões, dirigindo-se a Sharon, recomendou a ela que não se atrasasse para pegar o avião. Em outro momento, disse que seu cunhado Ron era seu filho.

Roy o visitou um pouco mais tarde, naquele mesmo dia. Walt parecia fraco, mas lúcido. Os dois conversaram tranquilamente sobre assuntos das empresas. Walt falou muito de Disney World e de Epcot. Diante disso, Roy, assim como Lilly, pensou que Walt estivesse melhorando, chegando a mencionar essa recuperação para sua esposa Edna, tão logo retornou a sua casa.

Às 9h35 do dia 15 de dezembro de 1966, Walt Disney passava desta vida para uma outra, digamos, bem melhor. A causa da morte foi um colapso circulatório agudo.

Atendendo a seu pedido, o funeral foi privado. Walt determinara que seu corpo fosse cremado, e apenas sua família imediata estava presente na cerimônia, realizada no Forest Lawn Memorial Park, em Glendale, na Califórnia, no dia seguinte ao de sua morte. A família pediu que, em vez de enviar flores, seus admiradores o homenageassem fazendo contribuições em favor do California Institute of the Arts.

Sobre o falecimento de seu irmão, Roy declarou:[1]

> A morte de Walt Disney é uma perda para todas as pessoas do mundo. Não existe como substituí-lo. Ele foi um homem extraordinário. Talvez nunca haja alguém como ele. Mas nós seguiremos com a sua empresa. Do jeito que queria e nos ensinou. Todos os planos para o futuro que Walt começou serão levados adiante.

Apesar de necessariamente ter de relatar a perda de Walt, o último capítulo deste livro não deve terminar com morte, mas com vida. Minha visão é a de que temos outras

---

[1] Disponível em http://www.lettersofnote.com/2011/06/there-is-no-way-to--replace-walt-disney.html. Acesso em 30-3-2016.

vidas. A cada dia, essa concepção se fortalece em mim, principalmente depois de ter perdido meu pai, há muitos anos. Após aquela experiência, que se soma à de não ter tido o privilégio de conhecer nove de meus irmãos, que morreram quando crianças, passei a acreditar que quando minha missão chegar ao fim, aqui na Terra, meu pai será a primeira pessoa a me abraçar para uma nova vida. Depois de um abraço forte, de muita alegria, ele me levará a um campo enorme e lindo, cheio de flores, frutas, pássaros, fontes, árvores: um verdadeiro paraíso cheio de paz e muita, muita alegria. Lá, ele me apresentará a todos os meus irmãozinhos, e juntos iremos a um belo parque temático. Nesse belo parque, encontrarei aqueles que me fizeram feliz na Terra e que agora são anjos. Ah, que alegre será esse dia! Pois, também nesse parque, vou finalmente conhecer outra pessoa que tanto admirei e admiro: Walt Disney.

Diante dessa perspectiva, penso que não existe "último capítulo". Aí está a beleza da vida e daqueles que vivem eternamente!

Agradeço aos leitores que me acompanharam até aqui; que as sementes de sonhos lançadas neste livro se transformem em sua melhor colheita. Estou certo de que nos veremos muitas vezes nos campos da vida, para plantarmos outras sementes de sonhos e celebrarmos a vida!

Gratidão a você.

Gratidão a Walt Disney!

Gratidão! Gratidão! Gratidão!

Cronologia

1888 – 1 de janeiro: Elias Disney e Flora Call, pais de Walt, casam-se em Akron, Flórida.
1888 – 8 de dezembro: nasce Herbert Disney.
1888 – Depois do nascimento de Herbert, a família se transfere para Chicago.
1890 – 30 de dezembro: nasce Raymond Disney.
1893 – 24 de junho: nasce Roy Disney.
1899 – 15 de fevereiro: nasce Lillian Bounds, a Lilly, futura esposa de Walt.
1901 – 24 de março: nasce Ub Iwerks, em Kansas City.
1901 – 5 de dezembro: nasce Walter Elias Disney.
1903 – 6 de dezembro: nasce Ruth Disney.
1906 – 5 de março: assinatura do contrato de compra das terras de Elias, em Marceline.
1906 – Abril: a família Disney muda-se para Marceline.
1908 – Os irmãos de Walt, Herbert e Raymond, fogem de Marceline.
1910 – Elias Disney contrai febre tifoide, fator determinante para sua saída de Marceline.
1910 – Elias Disney, parcialmente recuperado, segue sozinho para tentar a vida em Kansas City.

1911 – Terminada a escola dos filhos, em Marceline, a família Disney volta a ser reunir em Kansas City.

1911 – 1 de julho: Elias Disney compra a rota de distribuição do jornal *The Kansas City Star*.

1911 – Walt e Roy começam a entregar de porta em porta os jornais distribuídos pela empresa do pai.

1912 – Roy sai de Kansas City.

1917 – A família retorna a Chicago. Elias compra uma participação na empresa O'Zell Company. Walt ainda fica um tempo em Kansas City.

1917 – Verão: Walt vai ao encontro da família em Chicago.

1918 – Walt alista-se na Cruz Vermelha e segue para a Europa, onde será motorista de ambulâncias em Paris, no fim da Primeira Guerra Mundial.

1919 – Setembro: Walt retorna da Europa. Segue para Kansas City para tentar a vida como cartunista e conhece Ub Iwerks.

1920 – Janeiro: Disney e Iwerks fundam a Iwerks-Disney Commercial Artists.

1922 – 23 de maio: Disney incorpora a Laugh-O-Grams Films.

1922 – Dezembro: produção de *Tommy Tucker's Tooth*.

1923 – Julho: Walt segue para Hollywood depois de três falências em Kansas City.

1923 – 16 de outubro: Walt e Roy fundam o Disney Brothers Studio na garagem do tio Bob.

1923 – Início da série *Alice Comedies* e do relacionamento de Disney com Margaret Winkler, que se casaria em 1924 com Charlie Mintz. A série *Alice* duraria até 1927.

1924 – Junho: Walt convida Ub Iwerks para sair de Kansas City e encontrá-lo na Califórnia.

1925 – 11 de abril: Roy se casa com Edna Francis. Na cerimônia, Walt conhece sua futura esposa, Lillian Bounds.

1925 – 6 de julho: Walt e Roy compram o terreno de seu estúdio, na avenida Hyperion, 2719.

1925 – 13 de julho: casamento de Walt Disney e Lillian Bounds.

1927 – 5 de setembro: primeira aparição de Oswald, o Coelho Sortudo no curta *Trolley Troubles*.

1928 – Walt e Lillian seguem para Nova York para renegociar com Charlie Mintz os direitos da série Oswald.

1928 – Criação de Mickey Mouse (provavelmente em 15 de março, em viagem de trem, no regresso de Walt e Lillian de Nova York).

1928 – 15 de maio: lançamento de *Plane Crazy*, curta com Mickey e Minnie Mouse. Relançado em 17 de março de 1929 com som.

1928 – 21 de maio: Walt Disney registra o nome Mickey Mouse, que passa a ser sua propriedade intelectual.

1929 – Lançamento da série *Silly Symphonies*.

1929 – Em meio a disputas comerciais, o produtor Pat Powers contrata Ub Iwerks para trabalhar com ele, ganhando três vezes mais do que ele ganhava com Disney.

1931 – Os filmes da Disney deixam de ser distribuídos pela Columbia Pictures, que é trocada pela United Artists.

1932 – 30 de julho: *Flowers and Trees*, parte da série *Silly Symphonies*, é lançado, sendo o primeiro curta de animação colorido.

1932 – 18 de novembro: a Academia de Artes e Ciências Cinematográficas dá o primeiro Oscar de curta de animação para *Flowers and Trees*. Disney também recebe um Oscar honorário pela criação de Mickey Mouse.

1933 – Integrando as *Silly Symphonies*, é lançado o episódio de maior sucesso da série, *Os três porquinhos*.

1933 – 18 de dezembro: nascimento da primeira filha de Walt, Diane Marie Disney.

1934 – Início da produção de *Branca de Neve e os Sete Anões*.

1935 – Lançamento de *The Band Concert*, o primeiro curta colorido com Mickey Mouse.

1936 – 31 de dezembro: nascimento de Sharon Mae Disney, filha adotiva de Walt.

1937 – 21 de dezembro: estreia de *Branca de Neve e os Sete Anões*, primeiro longa-metragem de animação.

1939 – 23 de fevereiro: Disney recebe um Oscar honorário por *Branca de Neve*; na verdade, uma estatueta em tamanho normal e sete miniaturas.

1940 – Ub Iwerks volta a trabalhar para Disney.

1941 – Entre 28 de maio e 15 de setembro de 1941, ocorre uma greve dos funcionários dos estúdios Disney.

1941 – O Departamento de Coordenação de Assuntos Interamericanos envia Disney e um grupo de animadores para uma ação de boa vizinhança com a América do Sul. Início da parceria dos estúdios Disney com o governo dos Estados Unidos.

1942 – 24 de agosto: *Alô amigos*, produto da viagem latino-americana de Disney, é lançado em estreia mundial no Rio de Janeiro.

CRONOLOGIA

1950 – 22 de junho: lançamento de *A Ilha do Tesouro*, o primeiro filme da Disney protagonizado só por atores reais.

1950 – Entrada da Disney no meio televisivo, com *One Hour in Wonderland*.

1955 – Lançamento de *Man in Space* e *Man and the Moon*, colaboração da Disney com a Nasa e o projetista de foguetes Wernher von Braun.

1955 – Primeiro programa diário da Disney na TV, *Mickey Mouse Club*, na emissora ABC.

1955 – 12 de janeiro: Walt Disney se torna agente especial do FBI (Federal Bureau of Investigation), distinção oferecida a cidadãos considerados fontes confiáveis e com serviços relevantes prestados ao Estado.

1955 – 22 de junho: lançamento de *A Dama e o Vagabundo*, o primeiro longa de animação da Disney em cinemascope widescreen.

1955 – 17 de julho: abertura da Disneylândia, na Califórnia.

1959 – *A Bela Adormecida* é a última animação a ser desenhada manualmente em cada folha de celuloide.

1961 – *Os 101 Dálmatas* é o primeiro longa de animação da Disney a usar o sistema de imagens xerocadas e, também, o primeiro cuja ação se passa na atualidade.

1965 – Anúncio da criação do Projeto Flórida, em Orlando.

1966 – 2 de novembro: médicos do Providence Saint Joseph Medical Center, hospital localizado do outro lado da rua em que estão sediados os estúdios Disney, descobrem que Walt tem um tumor no pulmão esquerdo.

1966 – 11 de novembro: Disney retira o pulmão esquerdo no Providence Saint Joseph Medical Center, mas os médicos constatam metástase. Estimam que restam a Disney entre seis meses e dois anos de vida.

1966 – 21 de novembro: Disney pede para receber alta e volta a trabalhar no estúdio.

1966 – 30 de novembro: Disney sofre um colapso em sua casa e volta ao hospital.

1966 – 15 de dezembro: morte de Walt Disney.

1971 – 7 de julho: morte de Ub Iwerks em Burbank, Califórnia.

1971 – 1 de outubro: abertura do Magic Kingdom, na Flórida.

1971 – 20 de dezembro: morte de Roy Disney.

1982 – 1 de outubro: abertura do Epcot na Flórida.

1983 – 15 de abril: é inaugurado o primeiro parque internacional da Disney, o Tokyo Disneyland.

1992 – 12 de abril: abertura do segundo parque internacional da Disney, o Euro Disneyland, em Marne-la-Vallée, na França, mais tarde renomeado Disneyland Paris.

1995 – A Disney compra a rede de televisão ABC por 19 bilhões de dólares.

1997 – 16 de dezembro: morte de Lillian Bounds Disney, viúva de Walt.

2005 – 12 de setembro: é inaugurado um novo parque internacional da Disney, o Hong Kong Disneyland Resort.

2006 – Os estúdios Disney readquirem os direitos sobre o personagem Oswald, o Coelho Sortudo.

2006 – A Disney compra a Pixar por 7,4 bilhões de dólares. Mediante essa negociação, Steve Jobs passa a ser o maior acionista individual, com 7% das ações.

2009 – A Disney compra a Marvel Entertainment por 4 bilhões de dólares.

2012 – A Disney compra a Lucasfilm por aproximadamente 4 bilhões de dólares.

2013 – A Disney define as datas de lançamento para vários filmes de animação até 2019, incluindo quatro produções da Disney Animation, além de outras da Pixar Animation. As animações então previstas são: *Divertida Mente* (2015, Pixar), *Zootopia* e *Moana* (2016, Disney Animation), *Procurando Dory* (2016, Pixar), *Toy Story 4* (2019, Pixar) e dois lançamentos da Disney Animation, ainda não revelados, para 2018.

2015 – 17 de dezembro: *Star Wars: O Despertar da Força*.

2016 – 24 de novembro: *Rainha de Katwe*.

2016 – 15 de dezembro: *Star Wars: Rogue One*.

2017 – 16 de março: *A Bela e a Fera*.

2017 – 25 de maio: *Piratas do Caribe: A Vingança de Salazar*.

2017 – 13 de julho: *Carros 3*.

2017 – 15 de dezembro: *Star Wars: Episódio VIII*.*

2019 – 24 de maio: *Star Wars: Episódio IX*.*

2019 – 21 de junho: *Toy Story 4*.*

---

* Sujeito a alterações.

Bibliografia

BURNES, Brian; BUTLER, Robert W. & VIETS, Dan. *Walt Disney's Missouri: the Roots of a Creative Genius*. Kansas: Kansas City Star Books, 2002.

CATMULL, Ed. *Creativity, Inc.: Overcoming the Unseen Forces that Stand in the Way of True Inspiration*. Nova York: Bantam Press, 2014.

COCKERELL, Lee. *Creating Magic*. Nova York: Doubleday, 2013.

_____. *The Customer Rules*. Nova York: Crown Publishing Group, 2013.

COLLINS, Alan C. *The Story of America in Pictures*. Garden City: Doubleday & Company, Inc., 1953.

CONNELLAN, Tom. *Inside The Magic Kingdom*. Austin: Bard Press, 1997.

DUNLOP, Beth. *Building a Dream: the Art of Disney Architecture*. Nova York: Harry N. Abrams, 1996.

EISNER, Michael. *Work in Progress*. Nova York: Random House, 1998.

FINCH, Christopher. *The Art of Walt Disney: from Mickey Mouse to the Magic Kingdoms*. Nova York: Harry N. Abrams, 1995.

FRANCE, Van Arsdale. *Window on Main Street: 35 Years of Creating Happiness at Disneyland Park*. Nashua: Laughter Publications/Stabur Press, 1991.

GABLER, Neal. *Walt Disney: the Triumph of the American Imagination*. Nova York: Alfred A. Knopf, 2006.

GREEN, Amy Boothe & GREEN, Howard E. *Remembering Walt: Favorite Memories of Walt Disney*. Nova York: Hyperion, 1999.

GREENE, Katherine & GREENE, Richard. *The Man Behind the Magic: the Story of Walt Disney*. Nova York: Viking, 1991.

JOHNSON, David. "The Disney Art School – Part one". Em *Animation Artist Magazine*, 2000. Disponível em www.animationartist.com/columns/DJohnson/School01/school01.html.

KENWORTHY, John. *The Hand Behind the Mouse: an Intimate Biography of Ub Iwerks*. Nova York/Los Angeles: Disney Editions, 2001.

LIPP, Doug. *Disney U: How Disney University Develops the World's Most Engaged, Loyal and Customer-Centric Employees*. Nova York: McGraw Hill Education, 2013.

LLOYD, ANN (org). *Movies of The Forties*. Londres: Orbis Publishing Limited, 1982.

MALTIN, Leonard. *The Disney Films*. Nova York: Hyperion, 1995.

MILLER, Diane Disney. *A história de Walt Disney*. Rio de Janeiro: Vecchi, 1960.

MILTON, Joyce. *Loss of Eden: a Biography of Charles and Anne Morrow Lindbergh*. Nova York: HarperCollins Publishers, 1993.

NADER, Ginha. *Walt Disney, prazer em conhecê-lo*. São Paulo: Maltese, 1993.

_____. *A magia do império Disney.* 2ª ed. São Paulo: Editora Senac São Paulo, 2009.

NEARY, Kevin & SMITH, Dave. *The Ultimate Disney Trivia Book.* Nova York: Hyperion, 1992.

_____. *The Ultimate Disney Trivia Book 2.* Nova York: Hyperion, 1994.

_____. *The Ultimate Disney Trivia Book 3.* Nova York: Hyperion, 1997.

SCHROEDER, Russell. *Walt Disney: His Life in Pictures – Photographs from the Walt Disney Archives.* Introd. de Diane Disney Miller. Nova York: Disney Press, 2009.

SCHWEIZER, Peter & SCHWEIZER, Rochelle. *Disney: the Mouse Betrayed. Greed, Corruption, and Children at Risk.* Washington, D. C.: Regnery Publishing, 1998.

SKLAR, Marty. *Dream it! Do it!: My Half-Century Creating Disney's Magic Kingdoms.* Nova York/Los Angeles: Disney Editions, 2013.

SMITH, Dave. *Walt Disney Famous Quotes.* Nova York: Walt Disney Company, 1994.

_____. *Disney A to Z: the Official Encyclopedia.* Nova York: Hyperion, 1996.

TAYLOR, John. *Storming the Magic Kingdom.* Nova York: Alfred A. Knopf, 1987.

THOMAS, Bob. *Walt Disney: an American Original.* Nova York: Hyperion, 1976.

_____. *Disney's Art of Animation: from Mickey Mouse to Beauty and the Beast.* Nova York: Hyperion, 1992.

_____. *Building a Company: Roy O. Disney and the Creation of an Entertainment Empire.* Nova York: Hyperion, 1998.

TINDELL, Kip. *Uncontainable: How Passion, Commitment, and Conscious Capitalism Built a Business where Everyone Thrives*. Nova York: Grand Central Publishing, 2014.

UNITED STATES INFORMATION AGENCY. An Outline of American History. Washington D. C., 1994.

WATTS, Steven. *The Magic Kingdom: Walt Disney and the American Way of Life*. Nova York: Houghton Mifflin Company, 1997.

Vídeos e filmes

FRANK AND OLLIE, their friendship changed the face of animation. Direção: Theodore Thomas. Theodore Thomas Productions/Walt Disney Pictures, 1995.

THE WALT DISNEY STORY. Walt Disney Attractions, Inc., 1973.

WALT, THE MAN BEHIND THE MYTH, a portrait of a legend from those who knew him best. Direção: Jean-Pierre Isbouts. Pantheon Productions Film, 2001.

Casa do tio de Walt Disney, Robert, onde The Walt Disney Company começou, na Califórnia, em 16 de outubro de 1923.

Garagem original onde The Walt Disney Company começou, com 500 dólares emprestados do tio Robert.

Laugh-O-Gram Studio, em Kansas City. Walt Disney enfrentou três falências nesta cidade, antes de seus 23 anos de idade.

Uma das casas em que Walt Disney viveu na década de 1920, em Hollywood. Foi na garagem exibida na foto que o primeiro desenho de Mickey Mouse, *Plane Crazy*, foi produzido, em segredo, depois da perda de Oswald, o Coelho Sortudo.

Griffith Park, em Hollywood. Foi diante desse carrossel, e sentado nesses bancos, que Walt Disney, ao se dar conta de que somente suas filhas brincavam, inspirou-se para criar a Disneylândia, um parque familiar para adultos e crianças.

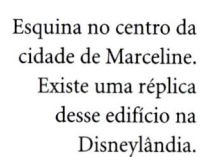

Esquina no centro da cidade de Marceline. Existe uma réplica desse edifício na Disneylândia.

Detalhe do centro urbano de Marceline, cidade que inspirou Walt Disney na criação da Main Street USA, no Magic Kingdom.

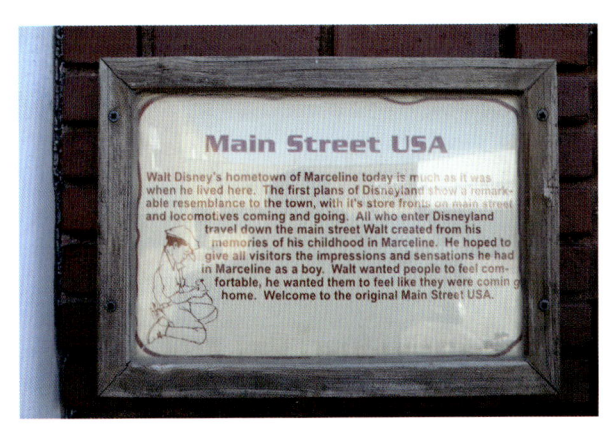

Placa no centro de Marceline com texto explicativo a respeito da influência dessa pequena cidade na vida de Walt Disney e nos parques que ele criou.

Centro de Marceline e seu principal restaurante.

Museu da cidade de Marceline dedicado exclusivamente à vida e à obra de Walt Disney. Originalmente, era uma estação de trem.

Casa onde viveu Walt Disney entre os anos de 1906 e 1911 (ele nasceu em 1901). Foi nesta casa, situada em uma pequena fazenda, que Walt Disney viveu seus melhores anos. Dessa infância, ele trouxe muitas ideias para seus filmes e parques.